La France, une puissance contrariée

SOUS LA DIRECTION DE

Bertrand Badie
et Dominique Vidal

La France, une puissance contrariée

L'état du monde 2022

La Découverte

Composition : Facompo à Lisieux
Création graphique de la couverture : Ferdinand Cazalis
Dépôt légal : août 2021

Si vous désirez être tenu régulièrement informé de nos parutions, il vous suffit de vous abonner à notre lettre d'information sur notre site

www.editionsladecouverte.fr

ISBN 978-2-348-06987-1

Table

II. Les instruments de la politique étrangère française

III. Études de cas

INTRODUCTION

Entre obsession du passé et réalité présente, une politique étrangère décalée

Bertrand Badie
Sciences Po Paris

La France figure parmi les rares inventeurs du premier système international structuré, qui naquit en 1648 à la faveur de la paix de Westphalie. Ses dirigeants successifs, et peut-être même son opinion publique, en ont tiré la conviction qu'elle avait ainsi hérité d'un rôle diplomatique décisif, la fameuse « responsabilité particulière », mise en avant presque à chaque crise internationale, aucune d'elles ne devant la laisser indifférente.

Bien des choses ont changé depuis ce XVIIe siècle qui organisait la vie internationale à la manière d'un club aristocratique, tout juste attentif aux « petits » auxquels on consentait un docile statut de membre passif. Entre-temps, l'Europe a dû partager la gestion de l'ordre international avec les États-Unis, la France a connu la « défaite de 40 », une décolonisation humiliante, une bipolarité excluante et surtout une mondialisation qui défaisait l'onction aristocratique dont se réclamaient les vieilles puissances européennes.

Cependant, presque tout semble demeurer de l'héritage westphalien, comme si les ombres de Mazarin et de son plénipotentiaire, Abel Servien, planaient toujours. Ce confort mémoriel a pu engendrer cécité, illusions, confiance excessive et un dangereux décalage entre le réel présent et l'obsession du passé. Si l'accomplissement des rêves se révèle difficile, on se réfugie dans ce que l'on tient pour essentiel : la sauvegarde, à tout prix, de son rang et de son étiquette.

Cette référence délibérée à l'Histoire n'est pas formelle : elle se veut fortement explicative. On dit des politiques étrangères qu'elles s'imposent comme les politiques publiques les plus stables et pérennes. L'adage est doublement vrai : on est nécessairement davantage contraint à la continuité lorsqu'on s'inscrit dans un ensemble où prolifèrent, à vos côtés, de nombreux acteurs qui revendiquent leur pleine souveraineté et limitent ainsi votre propre marge de manœuvre. Mais on est aussi prisonnier des histoires qui nous ont gâtés, qui, de surcroît, sont connues, louées ou craintes un peu partout, à travers les figures populaires de Richelieu, Louis XIV, Napoléon ou Clemenceau : tout président élu s'oblige à placer ces personnages de légende au centre de sa mémoire.

Pourtant, une politique étrangère est d'abord une capacité de faire, mais aussi une manière pertinente de percevoir le contexte et ses enjeux, et enfin le reflet d'une cohérence entre les instruments mobilisés et les objectifs visés. Bien des questions font alors vaciller l'édifice : comment mesurer la capacité internationale de l'acteur France ? Est-il encore en prise sur l'événement ? Quelle lecture le pouvoir français a-t-il de ce monde dans lequel il prétend agir et qui ne ressemble en rien à celui de Mazarin ? Que valent ses outils diplomatiques, militaires, mais aussi ceux, de différents registres, qui lui sont associés ?

De quelle puissance parle-t-on ?

La France ne cesse de rappeler, par la voix de ses dirigeants, qu'elle fait partie des puissances, de ces États qui ont la capacité de faire, de défaire ou de contraindre. C'est dans ce triple objectif que les politiques étrangères françaises se sont construites durant quatre siècles. Jadis, cette puissance internationale se mesurait à l'aune de la ressource militaire qui rendait la victoire possible dans les batailles décisives ou qui impressionnait suffisamment pour dissuader l'autre d'attaquer.

Tout a commencé à se brouiller à partir de 1940 qui n'était pas une défaite comme les autres, celles de Waterloo ou de Sedan, car elle conduisit à la totale soumission et à une collaboration qui ne s'accordait plus avec le récit multiséculaire de la puissance hexagonale. Les échecs subis durant les guerres de décolonisation ont donné une autre dimension à cette éclipse de la puissance : en 1954, à Diên Biên Phu, l'armée française a été battue par un adversaire plus modeste, tandis que la défaite politique essuyée en Algérie suggérait une mutation substantielle de l'idée même de puissance, une inconvertibilité de la performance militaire en capacité politique. Il fallait donc rompre avec les certitudes portées par l'Histoire tout en en conservant les images flatteuses. Ainsi inaugurait-on la diplomatie *du rang*, qui sauvait suffisamment les apparences pour préserver un statut multiséculaire. Ce pari n'a jamais cessé.

Cette reconstruction symbolique de la puissance était activée par trois considérations inédites, propres à l'après-guerre, déjà antiwestphaliennes ou du moins postwestphaliennes : la puissance, désormais composite, présentait des traits économiques, culturels, technologiques ; elle était confisquée par deux superpuissances qui géraient la bipolarité ; elle était partout mise en échec, comme l'illustrait le désastre américain au Vietnam. Dans ce jeu bloqué, réduisant la capacité de chacun, la question du statut devenait essentielle et consolatrice, pudiquement reconstruite par le général de Gaulle en termes de « grandeur ». Celle-ci trouvait immédiatement trois incarnations qui se révélèrent durables : la symbolique de l'indépendance nationale, l'influence et le leadership, là du moins où ils restaient possibles. Ainsi naissait un « gaullo-mitterrandisme » qui allait devenir le logiciel de la nouvelle politique étrangère française. Il fallait pour cela exposer les marques brevetées de l'indépendance : une arme nucléaire possédée en propre, un commandement militaire autonome et non plus intégré à l'Organisation du traité de l'Atlantique Nord (OTAN), une politique étrangère qui, sur certains sujets-tests – le Vietnam, le Québec, le conflit israélo-arabe –, se distinguait du Grand Frère sans jamais rompre avec lui. Le besoin d'influence se manifestait sur le pré carré africain et le leadership devait s'exercer dorénavant au sein de la petite Europe, dont seule la France pouvait alors être le leader diplomatique.

La capacité de la France s'installait ainsi dans la force du symbole, ce qui ne saurait être négligé, en termes de visibilité, de prestige et donc d'influence, voire de marché, y compris celui des armes : c'est probablement pourquoi aucun des présidents de la Ve République ne s'en est écarté. Une telle équation irrite un peu partout, appelle souvent quolibets ou soupçons d'arrogance. Mais capacité symbolique ne veut pas dire autonomie réelle : ni la technologie ni la capacité monétaire, financière ou surtout militaire, en termes logistiques ou de renseignement, ne se révélaient suffisantes. L'indépendance nationale devait donc s'affirmer sans éteindre l'atlantisme : cette détermination vaut encore aujourd'hui. Certains se risquèrent alors, comme Valéry Giscard d'Estaing, à parler de « puissance moyenne », se référant ainsi à la juste mesure des ressources de puissance accumulées par la France : cette nouvelle évaluation, honnête au regard du produit intérieur brut (PIB) ou des performances commerciales, justifiait un renforcement de l'intégration européenne et la mise en place du directoire occidental que constituait le G7 qui naquit à Rambouillet en 1975. L'étiquetage changeait, au grand dam de certains, mais la politique restait sur les mêmes rails : indépendante dans la forme, atlantiste dans le fond.

La relecture du monde

Il n'est pas sûr que la chute du Mur ait, au total, favorisé un réel repositionnement français. La dissolution du camp soviétique conduisit à une masse de nouvelles adhésions à l'Union européenne (UE) qui fit perdre à la France tout espoir d'en garder le leadership. En même temps, elle favorisa une montée en importance de ce qui était autrefois le « tiers monde » et qui refusait désormais d'être relégué au statut de pré carré des anciennes puissances coloniales. La France perdit ainsi des atouts, s'engageant en Afrique dans des opérations de plus en plus incertaines soulevant la méfiance des populations locales (notamment au Tchad [opération Épervier, 1996-2014], en Côte d'Ivoire [opération Licorne, 2002-2015], en République centrafricaine [opération Sangaris, 2013-2016], et, bien sûr, au Sahel [opérations Serval en 2013 et Barkhane, à partir de 2014]), tout et se marginalisant dans le jeu moyen-oriental. La disparition de l'URSS brisa même la posture d'intermédiation à laquelle elle pouvait prétendre auparavant et la forme d'indépendance symbolique qu'elle avait réussi à lui imprimer.

Dans ces conditions, la disparition de la bipolarité avait comme cassé la boussole de la politique française. Le miracle gaullien avait consisté à transformer un ordre d'alignement rigoureux, et même martial, en champ d'expression d'une souveraineté modulée : on se saisissait des enjeux non essentiels pour marquer sa différence. La solidarité atlantique qui persistait impeccablement dans les domaines cruciaux permettait en même temps d'assurer la fonction de défense face à un ennemi connu et partagé. L'ordre postbipolaire produisait une équation bien plus complexe : cet ennemi n'existait plus, mais la fonction de défense devait toujours être assurée et la distinction entre le crucial et l'accessoire, si commode en son temps, s'estompait sous les coups de la mondialisation et de la prolifération des conflits extra-occidentaux.

De ce fait, l'atlantisme devenait plus que jamais, et paradoxalement, une figure imposée, mais, cette fois, non modulable. Si Jacques Chirac suivit le chancelier allemand, Gerhard Schroeder, en condamnant (assez tardivement) le projet américain d'intervention en Irak, il dut vite revenir sur son choix, dès le G8 tenu à Évian en juin 2003, et voter, au Conseil de sécurité, plusieurs résolutions avalisant l'occupation américaine de ce pays. Plus encore, il amorça alors un spectaculaire rapprochement avec les États-Unis néoconservateurs en signant avec eux la première résolution franco-américaine consacrée au Moyen-Orient (1559). Voilà qui ouvrait la voie à un retour de la France dans le commandement intégré de l'OTAN, effectif dès 2009, suite à l'initiative d'un Nicolas Sarkozy qui avait d'ailleurs cherché l'onction de George W. Bush lors de la campagne qui conduisit à son élection. Ce néo-atlantisme conciliait choix idéologique et opportunité : le coût de la défense française restait en partie externalisé, des moyens décisifs étaient mis à sa disposition, la chimère d'une politique étrangère et de défense commune de l'Europe, plus que jamais utopique avec l'élargissement de l'Union, pouvait être remisée. La France participait ainsi pleinement à la résurrection de l'idée d'Occident et de solidarité occidentale qui devenait la nouvelle boussole, face à une altérité (pour ne pas dire inimitié) toute trouvée : l'islamisme – peut-être l'islam chez certains, peu rompus aux subtilités sémantiques –, les émergents, ces nouveaux riches, surtout d'Asie, qui troublent l'ordre ancien, voire les migrants qui en bousculent la quiétude...

Cette renaissance du mythe occidental, plus que jamais présent et performatif, ne saurait tracer à elle seule la nouvelle carte cognitive du monde. Trois autres paramètres ont dû parallèlement s'imposer, mais avec difficulté : la mondialisation, les nouveaux sites de la grandeur, la gestion de la construction européenne. Dans tous les cas, le logiciel reste le même : il s'agit de garder à tout prix le précieux statut de grande puissance.

La *mondialisation* est un défi de taille, d'autant qu'elle relève, dans sa facture actuelle, du parfait inédit. La France ne fait plus face au monde bipolaire, mais au monde tout entier, dans lequel l'« Occident » est en tout point minoritaire, démographiquement, économiquement, culturellement. L'universalisme dont elle se réclame à cor et à cri s'en trouve tout à la fois flatté et piégé : la diplomatie française s'est toujours voulue présente partout, grâce notamment à quelques DOM-TOM qui en font même une « puissance du Pacifique », mais elle porte un emblème plus difficile à universaliser que jamais, face à des cultures et à des histoires restaurées qui, du monde musulman à la Chine, cherchent davantage à compenser les humiliations d'antan qu'à se fondre dans un système normatif occidental.

Dès lors, le projet des quinquennats qui se sont succédé depuis la fin de la bipolarité est constant dans son orientation majeure, qui consiste à se servir de la présence française dans le multilatéralisme pour tenter de contrôler la mondialisation, maintenir autant que faire se peut sa souveraineté, contenir les pressions venues du « nouveau monde ».

Le premier de ces objectifs est le plus consensuel, mais le plus difficile à concrétiser dans l'immédiat. Il a produit de remarquables discours, notamment ceux prononcés, à l'automne 2017 et 2018, par Emmanuel Macron devant l'Assemblée générale des Nations unies : s'ils soulignent la présence française dans l'enceinte onusienne, leur écho resta de fait limité, surtout dans un contexte néonationaliste, dominé alors par la personne de Donald Trump.

Le deuxième est périlleux, comme toujours lorsque les vents sont fortement contraires : la France joue avec une certaine réussite la carte d'un protectionnisme culturel souvent symbolique et largement admis, mais les succès sont plus rares ailleurs. Sur le plan commercial, insérée dans le pack européen, la politique française s'engage banalement dans un libre-échangisme modulé en fonction des secteurs économiques et de ce qu'ils représentent au vu de l'intérêt national. Coincé entre le néoprotectionnisme américain et la pression venue des nouvelles économies, son jeu perd en lisibilité, tandis que l'Allemagne la distance nettement en termes d'investissement à l'étranger.

L'effort principal porte donc sur l'économisation croissante de la diplomatie française, à l'instar de ce qu'impulsa Laurent Fabius lorsqu'il était à la tête du Quai d'Orsay, faisant des ambassadeurs les VRP de l'industrie et de l'agriculture hexagonales, au risque de délaisser ou de leur subordonner les autres dossiers. Autant d'hésitations qui obèrent les rapports avec le nouveau monde. Prise en étau entre une méfiance commerciale forte et une confiance renouvelée dans la primauté de l'universalisme occidental, démocratique et teinté de Lumières, la France ne parvient pas à définir des liens nouveaux et solides avec les pays du Sud, ceux de l'émergence comme ceux appartenant aux espaces les plus démunis, relevant d'autres histoires auxquelles elle d'adapte avec difficulté.

Interventions à tout-va et surrégime

Dans ces conditions, les *nouveaux sites d'expression de la grandeur française* sont frappés d'incertitudes. L'équation française semble pousser à une présence démultipliée, n'épargnant aucun dossier : le Caucase en 2008 et en 2020, le Sahel depuis 2013, la Libye et la Syrie depuis 2011, l'Irak peu après 2003, le nucléaire iranien dès 1974, les Balkans depuis 1994, l'Ukraine depuis le « format de Normandie » (2014), l'Afghanistan depuis 2001, la Méditerranée orientale, le Liban et la Biélorussie aujourd'hui, sans compter la cinquantaine d'interventions militaires entreprises en Afrique après la décolonisation. À l'exception du Caucase, de l'Iran, de la Biélorussie et de l'Ukraine, ces interventions dépassaient le seul stade diplomatique pour intégrer la présence, plus ou moins fournie, de soldats français.

Cet « *overachievement* » inquiète, étonne ou agace : il apparaît coûteux, périlleux, et rarement couronné de la victoire décisive escomptée. Il semble dès lors aller à contresens de l'Histoire, selon des modalités qui font débat, tant leurs finalités sont opaques (endiguement ou élimination d'un danger ? Création d'une nouvelle carte politique ? D'un nouveau régime ? Substitution à un pouvoir défaillant ou soutien à celui-ci ? Promotion d'intérêts globaux ou de l'intérêt national français ? Expérimentation de nouvelles armes ou obtention d'une position favorable sur le marché de l'armement ? Défense de la France ? De l'Occident ? De la paix ?). Le besoin d'affichage paraît souvent l'emporter sur le reste, agrémenté du désir de rééquilibrer ostensiblement les rapports avec un voisin ultra-rhénan plus performant sur le plan économique. Le résultat convainc de moins en moins, comme l'illustre la décision prise par Emmanuel Macron, en juin 2021, de mettre fin à l'opération Barkhane et d'opter pour un mode d'action plus discret.

À quoi s'ajoute la gestion de plus en plus délicate *du dossier européen*. Le calcul gaullien pouvait permettre de s'arroger un leadership minimal sur l'Europe des Six, à condition d'en fermer la porte au Royaume-Uni et de maintenir certains verrous nationaux : il pouvait même escompter alors des progrès mesurés dans l'intégration, à l'instar de ce que proposait le plan Fouchet qui, en 1961, prévoyait une « union politique » de la Petite Europe, sur un mode néanmoins contrôlé et limité. Le changement de contexte rendait peu à peu le positionnement français plus complexe : les progrès d'un couple franco-allemand, amorcé avec le traité de l'Élysée (1963), approfondi sous les présidences de Valéry Giscard d'Estaing et François Mitterrand, constituaient un premier aménagement dont le succès fut certain, même si le déséquilibre croissant en termes de puissance économique devient vite un handicap. L'incertitude liée au progrès de celui-ci favorisa, côté français, une certaine audace reconstructrice, conduisant notamment Emmanuel Macron à proposer une « refondation » de l'Europe (discours d'Athènes, le 7 septembre 2017, de la Sorbonne, le 26 septembre, et de Strasbourg, le 17 avril 2018), ouvrant à un rôle proactif de la France, contrarié par le peu d'écho rencontré chez ses partenaires. Du plan Fouchet aux discours de l'actuel président, la ligne reste pourtant la même : quant au fond, il s'agit de plaider pour une Europe indépendante et souveraine censée équilibrer un atlantisme de résignation ; sur la forme, le propos est de faire d'une impossible réforme un pari doublement gagnant : démontrer, par la force de la proposition, son rôle moteur, et laisser à l'inertie des autres la responsabilité de son échec.

Une telle politique est assez courante dans toutes les formes de construction régionale contemporaine, où les puissances leaders doivent gérer, sur le fil, la compatibilité de deux attentes qui risquent à tout moment de se révéler contradictoires : rechercher l'union avec les voisins proches afin de renforcer ses capacités, et tenter de la dominer de manière à ne pas trop abdiquer de sa souveraineté. Ce fut l'objectif du Brésil dans le Marché commun du Sud (MERCOSUR) ou de l'Afrique du Sud dans la Communauté de développement d'Afrique australe (SADC). L'affaire se corse quand plusieurs crocodiles de même calibre vivent dans le même marigot, à l'instar de l'Asie orientale, où l'Association des nations de l'Asie du Sud-Est (ASEAN) a accepté de s'apparenter la Chine, le Japon et la Corée du Sud. Mais le cas européen est doublement compliqué : d'abord, parce que l'Europe mêle une interdépendance croissante à une tradition multiséculaire de rivalités interétatiques ; ensuite, parce que aucun hégémon ne se détache nettement et que les deux finalistes, la France et l'Allemagne, ne partagent pas du tout la même conception de la puissance.

Aussi l'Europe apparaît-elle davantage comme un instrument d'ajustement de la politique française que comme un point fixe faisant consensus au sein de sa classe politique. Le besoin d'Europe est clairement ressenti chez la plupart de ses dirigeants et dans une majorité de l'opinion publique ; nul, sauf à l'extrême droite, ne songe à un « Frexit », évidemment contraire à l'intérêt national. Mais la scène européenne sert davantage à alimenter le débat qu'à progresser dans la production normative ou politique ; on retrouve alors tous les serpents de mer bien connus : révision du traité de Schengen, discussion des questions migratoires, désaccords en matière de défense, taxation des GAFA, ou projets d'union bancaire. Plus encore, on sait à Paris que la mise en place d'une zone euro a favorisé une polarisation du développement autour de l'Allemagne, ce qui alimente l'idée d'une renationalisation partielle de la politique industrielle française. Autant d'éléments qui réinjectent des doses de nationalisme, notamment dans les initiatives unilatérales prises à l'échelle mondiale, vers l'Afrique (où les partenaires de l'Union sont peu prompts à épauler les initiatives militaires françaises), le Moyen-Orient, voire le Pacifique, où la France proclame être investie de « responsabilités particulières ». Ce dernier concept, mystérieux et extra-institutionnel, apparaît régulièrement, comme un usage de la gloire passée destiné à justifier le surrégime du présent.

Ce surrégime présente plusieurs dangers : celui d'être exposé au soupçon d'arrogance, donc de distiller la méfiance et la faible propension des autres à la coopération ; celui d'essuyer trop d'échecs et de risquer l'humiliation ou un déficit de crédibilité, celui de créer une imprévisibilité permanente sur les scènes d'intervention. Plusieurs événements ont mis en lumière la réalité de ce danger. Ainsi en fut-il surtout des tentatives françaises visant à nouer un dialogue entre l'Iran et les États-Unis lorsque Donald Trump dénonça l'accord de Vienne du 14 juillet 2015 sur le nucléaire iranien dit JCPoA. Les initiatives se voulaient spectaculaires et leur échec s'en ressentit : l'atterrissage surprise de l'avion du ministre iranien des Affaires étrangères, Mohamad Djavâd Zarif, sur le tarmac de l'aéroport de Biarritz, tout près du lieu où Emmanuel Macron conviait, en août 2019, les pays membres du G7 ; les efforts vains de branchement téléphonique entre le bureau du président américain et l'hôtel newyorkais occupé par le président iranien Hassan Rohani lors de la tenue de l'Assemblée générale des Nations unies, un mois plus tard. Il ne se passa rien, tout comme la France et l'Europe furent totalement impuissantes face aux politiques américaines de sanctions extraterritoriales contre la République islamique.

Un décalage de moyens ?

Qui dit surrégime suppose un décalage entre l'ambition des objectifs et la modicité des ressources à disposition. On pourrait ajouter une sous-estimation critique de certaines des logiques propres aux relations internationales d'aujourd'hui : renforcement du poids des acteurs locaux, vivacité des intersocialités reliant, au-delà des frontières, les acteurs non étatiques, interdépendance accrue de tous les acteurs, États ou non, diminuant logiquement les capacités autonomes de chacun d'eux. En fait, la politique étrangère française est conditionnée par trois types d'instruments qui font davantage figure de contraintes que de ressources : une armature institutionnelle qui a pu la servir autrefois et tend à l'entraver désormais ; des ressources militaires dont on n'a pas su redéfinir l'exacte finalité ; un appareil diplomatique brillant et réputé, dont on ne sait pas toujours tirer profit.

La présidentialisation du régime de la Ve République avait été pensée par Charles de Gaulle pour de Gaulle, dans un contexte où la redéfinition de la politique étrangère française occupait une place centrale. Elle permit d'articuler une orientation nouvelle, surtout dans sa forme et sa rhétorique, où le charisme du chef de l'État jouait un rôle déterminant, passé dans l'Histoire à travers des images fortes : le célèbre périple en Amérique latine (septembre-octobre 1964), le discours de Phnom Penh (1er septembre 1966) ou l'appel au « Québec libre » (24 juillet 1967).

Il en est resté une tradition : le besoin de chaque président français de s'affirmer à tout prix sur la scène internationale, de se donner une visibilité qui ne s'accorde pas nécessairement avec la discrétion qui fait la réussite d'une diplomatie. Cette présidentialisation de la politique étrangère n'est pas seulement bruyante : elle incite le chef à l'isolement, à se couper des avis et des conseils, notamment ceux d'un Quai d'Orsay pourtant riche en expertise, à donner un pouvoir disproportionné à son entourage et notamment à la cellule diplomatique de l'Élysée qui éclipse la machine du Quai, bien davantage encore qu'à l'époque gaullienne. En outre, cette recherche de l'éclat conduit à préférer le spectaculaire au solide, l'engagement tonitruant à la discrète négociation souvent plus fructueuse, comme on l'a vu récemment avec l'offre publique de médiation française dans la crise libanaise ou à travers les propos belliqueux tenus durant la crise des relations gréco-turques. Cette pente assure un glissement vers des postures martiales, chaque président voulant gagner sa guerre : Chirac en Côte d'Ivoire, Sarkozy en Libye, Hollande au Mali, Macron au Sahel. Le phénomène n'est d'ailleurs pas propre à la France, mais à tous les régimes présidentiels : États-Unis, Turquie, Russie…

En même temps, les contre-pouvoirs se font rares : le Parlement n'intervient que très peu, se limitant à des débats de ratification *ex post*, souvent comme étouffés, du moins si l'on prend en compte ceux qui ont suivi les interventions françaises en Libye (12 juillet 2011) ou au Mali (22 avril 2013). Dans une parfaite posture jacobine, les partis politiques traditionnels sont généralement tétanisés par une culture du rassemblement obligé face à l'ennemi de la nation : les critiques se font discrètes et gênées, comme si l'on vivait encore le temps de la « ligne bleue des Vosges » qui séparait de l'ennemi allemand, alors conçu comme héréditaire et indiscutable. Non seulement l'inédit de la situation, lié à la mondialisation, n'est pas pris en compte, mais ce défaut de débat risque, comme ce fut le cas à propos de la Libye, d'entraîner une persistance funeste dans l'erreur. Le tout est relayé par la fausse mais confortable conviction que l'opinion et l'électeur se soucient peu de l'international : étonnant dogme quand on se souvient que, le 15 février 2003, le risque de guerre en Irak avait fait descendre dans les rues du monde quelque 15 millions de personnes : record toutes catégories battu en termes de mobilisation politique !

Dans ce contexte, l'instrument militaire apparaît comme plus régalien que jamais. La symbolique très française du défilé militaire, de la « revue de Longchamp » du général Boulanger au rituel 14 juillet d'aujourd'hui, vise à montrer sa puissance, pour faire de la politique étrangère quotidienne le prolongement de cette démonstration : la méthode tranche avec l'attitude de la plupart de nos voisins et a pu charmer Donald Trump, touché dans sa sensibilité nationaliste lorsqu'il fut l'invité d'honneur du premier 14 juillet présidé par Emmanuel Macron. Pour prendre la mesure de ce trait bien français, il faut remonter très loin dans le temps, jusqu'à la création des États postmédiévaux, dans laquelle la France joua un rôle pionnier décrit par l'historien américain Charles Tilly, qui liait intimement le *war-making* au *state-making* : l'instrument militaire est à la fois le marqueur et le générateur de l'État jacobin. Il joue, plus ou moins discrètement, un rôle décisif dans la définition de la politique étrangère.

L'arme nucléaire en fut l'exemple criant au début de la Vᵉ République. Elle continue à peser aujourd'hui, avec une incertitude supplémentaire : si la théorie de la sanctuarisation faisait sens aux temps gaulliens marqués par la pression bipolaire, nul ne sait très bien aujourd'hui quelle perspective stratégique donne encore une vertu dissuasive à l'arme suprême. S'agit-il de faire face à une sourde persistance des menaces d'autrefois ? Au risque de prolifération venant de « nouvelles puissances régionales », comme l'évoquait de façon imprécise Jacques Chirac dans son discours de l'île Longue (janvier 2006) ? Le propre de la dissuasion est de reposer sur l'incertitude, mais celle-ci est plus floutée que jamais, tout en pesant près de 4 milliards d'euros chaque année, et beaucoup plus dès lors que l'on doit moderniser l'arsenal. De même, le rythme exceptionnel des interventions extérieures apparaît, de bien des points de vue, comme une actualisation permanente de la réputation propre à la capacité militaire de la France, au risque d'être discrètement critiquée par l'état-major, voire sanctionnée par l'échec...

Du même coup, le diplomate est souvent éclipsé par le soldat. Résultat dommageable, quand on sait la réputation ancienne et justifiée dont jouit dans le monde l'appareil diplomatique français, et l'ampleur du réseau de représentations dont il dispose à l'étranger, sous forme d'ambassades, d'instituts, de centres de recherches... Cet appareil riche et complexe souffre de l'hypertrophie de l'arbitrage politique, auquel il participe peu, malgré son excellente connaissance du terrain, du parasitage de l'interventionnisme militaire qu'il se doit d'accompagner, du poids des fonctions économiques et commerciales qu'il lui faut assumer, du jeu des lobbies qui le court-circuite ou l'oblige. Nous touchons là à un dangereux paradoxe : la mondialisation soumet de plus en plus les relations internationales à la pression du terrain et de ses aspérités socioéconomiques quand la personnalisation des politiques étrangères les en éloigne de plus en plus. La restructuration récente du Quai d'Orsay aggrave ce paradoxe : allant apparemment dans le sens des réalités en créant une « direction générale de la mondialisation », elle place cependant la direction politique hors de ses auspices (le politique échapperait donc à la mondialisation pour dépendre encore de la puissance hobbesienne ?) et relègue la nouvelle direction loin du Quai, dans le tristounet 15e arrondissement !

L'enjeu, dans ces conditions, n'est-il pas de faire entrer la politique étrangère française dans la mondialisation, de réévaluer la part de l'échange, de l'intégration, du collectif multilatéral, de l'interdépendance, de la pluralité et de la mobilité comme propriétés nouvelles d'une politique capable de faire de la France non pas une grande puissance, mais une « puissance mondialisée » ? La crise sanitaire récente et celle, plus ancienne, affectant le climat ne suggèrent-elles pas que les vrais périls sont liés aujourd'hui à une insécurité plus globale que nationale : ces nouveaux enjeux sont devenus beaucoup plus létaux que guerres et terrorismes réunis, ce qui implique de repenser totalement le style de puissance dont on a désormais besoin. La pression pandémique a conduit en France, comme presque partout, à renationaliser un enjeu mondial plus qu'à tenter de le soumettre à une gouvernance globale toujours tenue pour suspecte. Cette évolution pourtant souhaitable fait peur : bien des lobbies et des intérêts privés en seraient marris, bien des esprits attachés au nationalisme d'antan en seraient choqués, mais l'influence de la France et son équilibre intérieur s'en trouveraient renforcés.

I. D'où vient la culture française des relations internationales

- Une culture française de la puissance
- La France, puissance européenne (1815-1939)
- Séquelles mémorielles d'une histoire coloniale
- La « variable » atlantiste
- France-Russie : la « belle et bonne alliance », ou quand la géopolitique supplante l'idéologie
- Récurrences et changements dans l'engagement européen
- Quand la grandeur masque les défaites
- « Gaullo-mitterrandisme », mythe ou réalité
- Une puissance moyenne ?

Une culture française de la puissance

Robert Frank
Historien, spécialiste de l'Europe et des relations internationales

À la suite de Max Weber et de Raymond Aron, on définit la « puissance » comme la « capacité d'imposer sa volonté aux autres à l'*extérieur* des frontières ». Le « pouvoir » désigne le même type de capacité, mais à l'*intérieur* d'un territoire donné. La langue française est assez riche, ainsi que les autres langues latines, pour distinguer ces deux notions, là où la langue anglaise les regroupe sous un même vocable : *power*.

La culture de puissance – « culture » au sens anthropologique du terme –, c'est autre chose. C'est la puissance dans les têtes, autrement dit une disposition d'esprit, mais aussi un « habitus », une manière d'être et de faire qui s'inscrit dans la durée.

Nul doute que la France a le « rang » de « grande puissance » depuis la fin du Moyen Âge jusqu'à la Seconde Guerre mondiale. Cela signifie, si l'on s'en tient à la définition donnée par Clausewitz, qu'elle est alors capable d'assurer à elle seule sa sécurité contre toute autre puissance prise isolément. Ou, si l'on préfère une acception moins strictement militaire : elle avait la capacité de faire prévaloir, dans de nombreux domaines et de façon durable, sa volonté, ses conceptions et ses intérêts, y compris face à n'importe quelle autre puissance prise isolément.

Avec le temps, quelle sorte de culture de puissance les Français ont-ils construite ? Comment cette culture a-t-elle évolué ? Reste-t-elle la même après 1945, lorsque la France a perdu son statut de grande puissance ?

Une vieille puissance précocement contrariée : entre empire, hégémonie et équilibre européen, 1214-1792

Raymond Aron distingue trois sortes de systèmes internationaux, dans lesquels ou face auxquels la France a développé sa capacité de s'imposer aux autres : l'empire, l'hégémonie et l'équilibre des puissances.

Contre l'Empire et l'Angleterre : l'apprentissage de la résilience

En matière de puissance, le premier modèle est le modèle impérial, celui de l'Empire romain. Charlemagne semble le restaurer en se faisant couronner empereur romain d'Occident en l'an 800. À l'issue du partage de Verdun entre ses petits-fils en 843, la Francie orientale, érigée après la fin de la dynastie carolingienne en un nouvel empire en 962, l'Empire othonien, appelé plus tard Saint Empire romain germanique, apparaît comme une menace pour la Francie occidentale. Féodalisée, cette dernière n'a rien d'une grande puissance à l'époque des premiers Capétiens, toujours appelés « rois des Francs ». Il faut attendre Philippe Auguste, qui prend le titre de « roi de France », pour que son royaume accède à ce rang : il gagne la bataille de Bouvines en 1214 contre la coalition formée par l'Empire germanique et l'Angleterre. Celle-ci, après ses grandes victoires pendant la guerre de Cent Ans, en particulier celle d'Azincourt en 1415, a failli faire disparaître la France, sauvée par Jeanne d'Arc, dont la légende installe pour longtemps dans la culture française une notion essentielle et récurrente : celle de puissance résiliente, un phénix capable de renaître de ses cendres après une catastrophe.

La puissance sous le signe de la modernité : entre balance of power*, hégémonie et impérialisme colonial*

Au XVIe siècle, la puissance française est à nouveau « contrariée » par le Saint Empire romain germanique désormais entre les mains des Habsbourg. Face à Charles Quint, maître non seulement de l'Empire, mais aussi des Pays-Bas, de l'Espagne, et donc des nouveaux territoires conquis en Amérique, François Ier n'hésite pas à s'allier avec l'Empire ottoman et musulman. La puissance moderne sait désormais se libérer des impératifs religieux dans ce qui peut désormais s'appeler une « politique extérieure ».

C'est encore le cas pendant la guerre de Trente Ans (1618-1648), lorsque la France catholique de Louis XIII et de Richelieu intervient en 1635 aux côtés des États protestants du Saint Empire en révolte contre l'empereur, à la tête des États catholiques qui lui sont restés fidèles. En réponse aux « dévots », Richelieu, lecteur de Machiavel, invoque la moderne « raison d'État » qui, primant celle de la foi, l'oblige à contrer la puissance des Habsbourg dont les possessions encerclent le pays. À l'issue de cette guerre de Trente Ans, les traités de Westphalie de 1648 consacrent la victoire des États modernes, comme la France, contre la puissance impériale, de même qu'ils instituent de nouvelles règles : la souveraineté des États, y compris ceux de l'Empire, ce qui tue le rêve de monarchie universelle des Habsbourg et préfigure le principe de l'équilibre des puissances.

Quelques décennies plus tard, Louis XIV rompt avec ce jeu de l'ordre européen et choisit l'option de l'hégémonie, par les armes et déjà par le rayonnement culturel du Roi-Soleil en son château, Versailles. Dès lors, face à ce roi conquérant, la Grande-Bretagne inaugure pour longtemps sa propre politique de puissance en se faisant la championne du *balance of power*, théorisé par Hume au XVIIIe siècle. Après la mort de Louis XIV en 1715, le rêve français d'hégémonie s'évanouit ; la France rentre dans le rang et renoue avec la politique d'équilibre. Un motif de consolation, la langue française, devenue dominante chez les élites européennes, remplace le latin dans les traités à partir de celui de Rastatt en 1714 et devient la langue diplomatique exclusive pour les deux siècles à venir. La « culture », celle des écrivains et des artistes, devient un élément important dans la « culture » – au sens anthropologique de l'expression – de puissance.

Dans l'ordre européen qui se façonne à travers les nombreuses guerres du XVIIIe siècle, l'antagonisme franco-britannique prend une nouvelle forme : la France, dont la puissance navale a été esquissée par Louis XIV et Colbert, devient une puissance coloniale, en rivalité avec l'Angleterre. Pour ces deux grands États, équilibre européen et puissance impériale ne sont plus incompatibles, à condition que le rêve d'empire se réalise hors d'Europe. Dans ce duel, la France est perdante, puisqu'elle doit renoncer au Canada et à l'Inde en 1763 et que le « Royaume » désormais « Uni » lui enlève presque toutes ses colonies à l'issue des guerres napoléoniennes.

La France, grande puissance au message universel, 1792-1871

La Révolution de 1789 change la nature même de la puissance française. L'État français n'a plus le roi pour souverain, mais la nation. La grandeur française s'incarne désormais dans la « grande nation ». Elle se fonde non seulement sur la force militaire, mais aussi sur un message adressé à l'univers. Ce que la France perd géographiquement en mondialité, elle le gagne philosophiquement en universalité. Robespierre avait prévenu, le 2 janvier 1792 : « Personne n'aime les missionnaires armés. » La France entre pourtant en guerre en avril, défensive d'abord – « la Patrie en danger » –, puis offensive et conquérante. L'Angleterre, pourtant libérale depuis sa propre révolution de 1688, donne priorité à la géopolitique sur l'idéologie et participe à toutes les coalitions contre les desseins hégémoniques de la France révolutionnaire et napoléonienne. Voilà donc deux grands pays européens qui ont opté pour les idées nouvelles de liberté, mais dont les cultures de puissance divergent. La prétention à l'universalité typiquement française est étrangère à la culture britannique qui, pragmatique, préfère l'horizon concret du monde au ciel éthéré de l'universel.

Après la défaite de Napoléon qui marque la fin de la seconde et dernière tentative d'hégémonie française, la France ne sort plus du rang. De nouveau résiliente, elle reste une grande puissance et Talleyrand, ministre des Affaires étrangères de Louis XVIII, fait son possible pour qu'il en soit ainsi lors du congrès de Vienne de 1814-1815. Celui-ci invente le Concert européen, réservé aux « Grands » et chargé de veiller à l'équilibre du continent, non plus par des guerres de coalition, mais, si possible, par une concertation continue grâce à des congrès périodiques.

Tout au long du XIXe siècle, la France y tient une part essentielle. Même Napoléon III joue cette carte, tout en se faisant le héraut du message révolutionnaire français. Sa part de « romantisme politique » le pousse à soutenir les « nationalismes d'existence », c'est-à-dire les nations qui n'ont pas d'État et qui veulent exister comme « État-nation » : il aide ainsi militairement les Italiens à faire leur unité. Son attitude n'est pas la même face à l'Allemagne en cours de réunification sous la houlette de Bismarck, à laquelle il déclare la guerre. La défaite de Sedan, en septembre 1870, marque sa chute, mais aussi un tournant dans l'histoire de la puissance française.

La hantise du déclin et l'obsession de la compensation sous la IIIe République (1871-1940)

Cette fois, les Français ignorent si la puissance de leur pays peut renaître de ses cendres. Nul doute qu'à partir de 1871 un véritable sentiment de déclin s'installe dans la durée sous forme de hantise structurelle. La IIIe République y remédie de plusieurs manières en inventant des moyens de « compensation ».

Les colonies, le roman national et la culture

Pour équilibrer la perte d'influence en Europe, les républicains visent l'outre-mer : en intensifiant grandement la politique de colonisation esquissée depuis la prise d'Alger en 1830, ils pratiquent une grande politique d'expansion en Afrique du Nord, en Afrique subsaharienne et en Indochine à partir des années 1880-1890. Ce second empire colonial, après le premier effondré entre 1763 et 1815, est au deuxième rang derrière l'Empire britannique. L'impérialisme favorise, à compter de la fin du XIXe siècle, l'essor d'un certain « nationalisme de puissance » – il en est ainsi dans d'autres pays européens – si opposé aux « nationalismes d'existence » de l'ère romantique.

En deuxième lieu, les fondateurs de la IIIe République, comme Jules Ferry, à la fois l'homme des conquêtes coloniales et le créateur de l'école gratuite, laïque et obligatoire, font tout pour écrire ou réécrire, voire cristalliser pour longtemps, le « roman national » enseigné à la jeunesse. Les manuels scolaires mobilisent la mémoire des gloires du passé, tant celle des grands rois et de Jeanne d'Arc que celle des grands acteurs de la Révolution française et de Napoléon. L'objectif est d'unir tous les Français non seulement autour du nouveau régime, mais aussi d'un long *continuum* historique glorieux qui alterne victoires et défaites et que la République reprend à son compte. La France continue d'adresser un message universel, y compris hors d'Europe, grâce à sa « mission civilisatrice » dans les colonies.

En troisième lieu, le pays prend conscience de son déclassement économique : au deuxième rang mondial derrière l'Angleterre au début de la révolution industrielle, la France est ramenée à la quatrième place, largement dépassée par l'Allemagne et les États-Unis. Son influence économique déclinante doit être compensée par le rayonnement de sa culture. Avec quelques décennies d'avance, elle est en effet la première puissance à mettre en place un embryon de machine diplomatique culturelle capable de défendre la langue et la culture nationales hors de ses frontières. L'Alliance française, fondée en 1883, développe son réseau sur tous les continents ; en 1910, le ministère des Affaires étrangères crée en son sein le Bureau des écoles et œuvres à l'étranger, qui se transforme en 1919 en Service, avant de devenir la Direction générale des Affaires culturelles en 1945. La France compense son déficit en *hard power*, en devenant très tôt la championne du *soft power*, bien avant la lettre.

Victoire, apogée et fragilité de la puissance française, 1918-1940

La victoire de 1918 augmente ses possessions outre-mer et lui laisse à nouveau une « grande armée », la première du monde. Mais ce surcroît de puissance n'est qu'apparent et les Français éprouvent encore la hantise du déclin. Rien n'aurait été possible sans la contribution fondamentale des Alliés et celle des États-Unis à partir de 1917. Exsangue démographiquement, affaiblie économiquement, la France ne sait si elle pourra longtemps compter sur des alliances solides pour faire face à une Allemagne intacte – « pas une vitrine de cassée » –, demeurée bien plus puissante qu'elle aux plans économique et industriel. En outre, depuis le traité de Versailles, le français doit partager avec l'anglais le statut de langue diplomatique.

Malgré la victoire, il faut encore jouer, comme après 1871, sur toute la palette des moyens de puissance pour compenser les faiblesses structurelles françaises : les nombreuses alliances pour encercler l'Allemagne, la politique de force avec l'occupation de la Ruhr en 1923, puis au contraire, d'une façon plus novatrice, le rapprochement avec la république de Weimar et la formation du premier couple franco-allemand de l'histoire, entre 1924 et 1929, une place prépondérante dans le multilatéralisme formé par la nouvelle Société des Nations (SDN), la création de nombreux instituts culturels et lycées français en Europe et la proposition, en 1929-1930, du premier « plan d'union fédérale européenne », présenté par Aristide Briand.

Tout se délite dans les années 1930, avec la grande crise économique, l'avènement de Hitler en 1933, la faillite de la SDN, les défaillances des démocraties face au dictateur nazi. Le paradoxe est bien là : la France est encore une grande puissance, mais jamais sa sécurité n'a été autant en danger. La débâcle de 1940 met au jour ses faiblesses et constitue le tournant majeur : la France n'est plus une grande puissance.

De la puissance à l'influence : une lente mutation culturelle depuis 1945

Après la libération de Paris en 1944, de Gaulle fait tout pour redonner à la France son ancien statut de Grand. Absente à la conférence de Yalta en février 1945, elle se voit néanmoins accorder une zone d'occupation en Allemagne et un siège permanent au Conseil de sécurité de la nouvelle Organisation des Nations unies (ONU). De Gaulle tente aussi, en vain, de maintenir durablement les Français en Syrie et envoie un corps expéditionnaire en Indochine pour y rétablir la souveraineté française. Il prévoit enfin le maintien de crédits militaires importants, ce que refuse l'Assemblée constituante à la fin décembre 1945, préférant donner priorité à la modernisation de l'économie. À cet égard, la critique formulée par le député socialiste Christian Pineau est cinglante : « La politique de la grandeur, ce n'est pas la politique de l'enflure ; ce n'est pas celle de la grenouille ! » Ce désaveu a compté dans la décision du général de démissionner le 20 janvier 1946. Dans l'opinion, effectivement, les illusions sont assez vite dissipées. Selon un sondage de septembre 1944, 64 % des Français considéraient que la France avait retrouvé sa place de grande puissance. En 1948, ils ne sont plus que 37 % à le penser.

La réticence à décoloniser : l'Europe remplace l'empire

Ce syndrome français de 1940 se manifeste par une angoisse : on redoute non plus le retour d'une guerre sanglante comme après 1918, mais une nouvelle défaite, une nouvelle retraite. Il en résulte une plus grande difficulté à décoloniser qu'en Grande-Bretagne, puisque deux guerres sont livrées pour tenter d'enrayer le processus, en Indochine (1946-1954) et en Algérie (1954-1962), avec leur cortège d'horreurs et d'actes tout à fait contraires aux principes de la République.

Le tableau est inversé dans le processus d'intégration européenne. La réticence est britannique et l'appétence française. De Robert Schuman et

Jean Monnet en 1950 à Charles de Gaulle, revenu au pouvoir en 1958, l'Europe en construction apparaît comme un bon tremplin pour rétablir l'influence française, à condition de prendre les initiatives. Le couple franco-allemand des années 1920 est reconstitué. Les deux puissances devenues moyennes, conscientes de leur « médiocrité » au sens étymologique du terme, ce qui n'est pas le cas du Royaume-Uni, comprennent que l'union fait la force, que le gain d'influence passe par l'acceptation d'un abandon partiel de souveraineté dans certains domaines : l'industrie lourde avec la Communauté européenne du charbon et de l'acier (CECA) instituée en 1951, la politique douanière et agricole avec le Marché commun ou la Communauté économique européenne (CEE) mise en place en 1957. Le général de Gaulle lui-même joue la carte de cette communauté européenne des Six à partir de 1958, même s'il veille à ce que son mode de fonctionnement ne devienne pas supranational ou fédéral. À ses yeux, l'Europe devient un démultiplicateur d'influence, compensant largement la perte de l'empire colonial, devenu un boulet.

Le « rang » remplace la puissance

Bien connues sont les ambitions de la politique extérieure du fondateur de la Ve République : une France fidèle à ses alliances mais indépendante, active dans une « Europe européenne » et non atlantiste ». L'Europe n'est d'ailleurs plus son seul horizon : il entend être acteur de la « détente » en coopérant avec le tiers monde, l'URSS et la Chine communiste. En matière de *soft power*, il prolonge l'œuvre de la IIIe République en élargissant le réseau culturel français sur tous les continents et en en faisant le premier au monde. Certes, il y a encore de l'« enflure » dans l'action du général qui se réduit souvent à la force de son « verbe » et au fracas de ses postures. Mais il compte aussi donner un fondement solide à ses ambitions : la modernisation du pays se renforce et l'économie française dépasse l'économie britannique dans les années 1960, ce qui n'était pas arrivé depuis deux cents ans. Sans doute plus lucide qu'en 1946, le général ne conçoit pas la « grandeur » comme une prétention au retour au statut de grande puissance. Il a remplacé son « nationalisme de puissance » par un « nationalisme de résilience ». Le « rang » qu'il vise désormais est celui de première place parmi les puissances moyennes.

La mise au point du système de dissuasion nationale le sert dans cette entreprise. L'arme nucléaire française n'a pas seulement une fonction sécuritaire contre l'URSS : elle marque surtout la volonté d'indépendance par rapport aux États-Unis. Bien plus, elle a une fonction identitaire : remède au syndrome de 1940, elle représente une revanche sur l'humiliation. Le « rang », la « grandeur » ont effectivement une dimension interne : ils sont un ciment unissant les Français. Et, sous la Ve République, cette unité est incarnée par le président de la République, maître de la politique étrangère, forcément ambitieuse pour tracer le chemin d'un destin commun.

Culture de la puissance et culture du pouvoir

Charisme présidentiel et politique de grandeur vont de pair. Il y a désormais sous la Ve République, souvent qualifiée de « monarchie républicaine », une articulation systémique entre culture française de la puissance et culture française du pouvoir. Les successeurs du général l'ont bien compris. Pour renforcer leur autorité présidentielle, leur politique extérieure doit regarder deux horizons : l'Europe et le monde.

Souvent l'Europe et les perspectives de progrès de la construction européenne nourrissent ce grand dessein. Georges Pompidou utilise cette carte ; Valéry Giscard d'Estaing, François Mitterrand et Emanuel Macron la jouent encore davantage. Jacques Chirac, qui a échoué deux fois à l'élection présidentielle, a mis plus de temps à le comprendre. En 1978, il fustigeait la politique européenne de Giscard d'Estaing, y voyant l'œuvre du « parti de l'étranger ». Il n'est élu en 1995 qu'après sa conversion à l'Europe.

Même Marine Le Pen, préparant les élections de 2022, change de cap. Après avoir renoncé elle aussi au « nationalisme de puissance » de la droite du début du XXe siècle pour un « nationalisme rance », xénophobe et identitaire, qui réduit tant l'horizon de la France, elle entend crever le plafond de verre qu'elle a ainsi créé ; d'où sa volonté récente de se draper dans une sorte d'habit européen pour gagner une « épaisseur » politique, ce « je ne sais quoi » non mesurable dans les sondages, mais si nécessaire pour construire une crédibilité présidentielle.

Les politiques européennes développées par les successeurs du général de Gaulle ne sont pas identiques et peuvent présenter des différences par rapport à celle du fondateur de la Ve République, mais elles visent toutes à établir, non point seulement une « Europe-espace » ou une « Europe-marché », mais une « Europe-puissance », véritable substitut à la puissance française. Faire entendre la voix de l'Europe dans le monde, c'est un peu faire entendre la voix de la France, puisque celle-ci espère jouer un rôle prépondérant dans l'arène européenne.

L'autre spécificité française, c'est précisément l'obligatoire incarnation d'une vision du monde par les présidents, qui passe par des actions hors d'Europe, y compris des actions militaires, si nombreuses depuis la fin des années 1970 en Afrique, au Moyen-Orient, dans les Balkans. L'objectif est de montrer un chef d'État qui, fidèle au « message » de la France au monde, contribue à la défense de l'ordre international démocratique.

Vers une contre-culture de puissance ?

Les années 68 ont développé la contestation des autorités, des pouvoirs, des impérialismes et donc de la puissance. Il convient cependant de noter que la contre-culture de l'époque n'a pas remis en cause chez les intellectuels la place que la France devrait conserver dans le monde. Elle se borne à transformer la culture française de puissance en culture d'influence. En matière de politique culturelle à l'étranger, un basculement s'opère dans les années 1970. Le rapport rédigé par Jacques Rigaud en 1979 entend la réorienter complètement en la rendant plus interactive, plus apte à prendre en compte les autres cultures et les échanges avec elles. Le modèle de « rayonnement » est remplacé par un modèle de réciprocité et d'échange d'égal à égal. Cette notion de « partage » remplace aussi celle de « diffusion » dans le domaine de la langue française, comme le montre l'histoire de l'institutionnalisation de la francophonie, progressive jusqu'à la création de l'Organisation internationale de la francophonie en 1998.

Cette « diplomatie d'influence » est aussi une « diplomatie publique », qui ne s'adresse pas seulement aux États, mais aux sociétés. À un monde de plus en plus mondialisé depuis les années 1970-1980, où les acteurs non étatiques de la société civile jouent un rôle croissant, la France tente de s'adapter. Entre diplomatie gouvernementale et organisations non gouvernementales transnationales et indépendantes par essence s'établissent des liens complexes où se mêlent tensions, concurrences, mais aussi complémentarité : les *French doctors* de Médecins sans frontières (depuis 1971) ou de Médecins du monde (depuis 1980), incarnés par l'exemple médiatique de Bernard Kouchner qui va jusqu'à prôner le devoir d'ingérence, sont mondialement connus et participent au *soft power* français.

Si l'esprit des années 1968 n'a fait qu'infléchir la culture française de puissance, il se peut que l'évolution depuis les années 1990 et surtout 2000 contribue à établir plus franchement une contre-culture de la grandeur. Les interventions militaires au nom de la démocratie sont questionnées. En gagnant une guerre ou les premières batailles d'une guerre, la France, « puissance » du droit, a certes contribué à mettre fin à une agression (Irak, 1991), aux crimes d'un dictateur (Libye, 2011) ou de l'islamisme (Mali, 2013, Irak et Syrie).

Mais si, seule ou avec ses alliés, elle ne parvient pas ensuite à gagner la paix et à obtenir la régulation démocratique voulue, ne prouve-t-elle pas « l'impuissance de la puissance » que souligne Bertrand Badie, si caractéristique de notre temps ? Ne risque-t-elle pas l'enlisement, comme au Mali ? Précisément, les critiques les plus fortes concernent les opérations dans les territoires ex-français ou ex-belges d'Afrique subsaharienne où la France agit seule. Le soupçon de « néocolonialisme » est récurrent, ainsi que les critiques contre la « Françafrique ». Surtout, l'attachement à un « schéma colonial » dépassé peut conduire au pire : les responsabilités des autorités françaises sont « lourdes et accablantes » dans la tragédie rwandaise, comme l'indique le rapport Duclert, remis en avril 2021. Elles ont vu dans le Front patriotique rwandais, le parti tutsi basé en Ouganda anglophone, un « cheval de Troie » des Anglo-Américains contre l'influence française en Afrique. Cette analyse géopolitique d'un autre temps est à la source de leur « aveuglement continu » face au drame qui se jouait : entre 1990 et 1994, la France a conduit des « interventions de puissance » en soutien du régime hutu en train de procéder au génocide des Tutsi.

De façon plus générale, la culture de puissance peut être mise à mal par la postmodernité. Cette dernière, imaginée par les philosophes de la *French Theory* dans les années 1970, après avoir circulé en Amérique, s'est récemment installée dans l'espace public français. La « déconstruction » postmoderne questionne plus radicalement et assez légitimement les notions de progrès, de modernité, d'universalité, ainsi que les valeurs occidentales, perçues comme un instrument de la volonté de puissance. Mais, mal interprétée, au nom de la défense d'identités plurielles contre l'identité dominante, elle risque, contrairement au but originel, d'enfermer chaque individu dans un système d'appartenances cloisonnées. Or la culture française de puissance, on l'a vu, est structurellement liée à la modernité qui, depuis François Ier et Richelieu, est précisément une injonction à transcender les logiques identitaires. Même transformée en culture d'influence, elle a donc du mal à s'accorder avec cette conjoncture postmoderne. Il n'est pas sûr, pourtant, que cette dernière puisse désintégrer un processus ancré dans une si longue histoire.

Longtemps, jusqu'à la Seconde Guerre mondiale, la France fut une grande puissance, et il s'est ensuivi une sédimentation pluriséculaire d'idées et de pratiques qui a donné des traits spécifiques à la culture française de puissance. Celle-ci, inaugurée par la résistance des rois de France contre le Saint Empire, a été d'emblée anti-impériale. Il y a bien eu les deux tentatives hégémoniques de Louis XIV et de Napoléon mais, comme elles ont échoué, les Français ont intégré de longue date le principe de l'équilibre et sont devenus allergiques à toute hégémonie, qu'elle soit germanique, britannique ou, après 1945, états-unienne. Leur passé révolutionnaire les rend fiers, comme les Américains et à la différence des Britanniques, d'avoir un message à livrer au monde. Et leur passé colonial s'inscrit dans leur imaginaire au point de voir leur pays comme une puissance non seulement européenne, mais mondiale. Cette accumulation de sédiments a souvent été fracturée. Les défaites de 1415, 1815, 1871, 1940 sont des failles, vite recouvertes, donnant l'impression que la puissance française, constamment contrariée, est toujours recommencée. Dès lors, la hantise du déclin, sorte d'antidote au déclassement, est depuis longtemps l'angoisse favorite et récurrente des Français.

Que reste-t-il de ces strates après 1945 ? Le croisement entre ce long passé de grandeur et les moments successifs d'un présent moins glorieux depuis la Seconde Guerre mondiale produit deux sentiments mêlés : une nostalgie parfois créatrice d'illusions, et souvent instrumentalisée, et une lucidité qu'il ne faut pas sous-estimer, puisque la majorité des Français savent depuis 1948 où placer leur pays dans la hiérarchie des États. Voilà pourquoi ils ont commencé à construire l'Europe avec les Allemands et les Italiens, eux aussi ex-Grands, ce que les Britanniques ont refusé, aveuglés par leur gloire de 1940 et encore convaincus de pouvoir faire jeu égal avec les nouveaux géants américain et soviétique. Il existe cependant une différence avec l'Allemagne. Pour celle-ci, le « plus jamais ça » après 1945 c'est l'expérience hitlérienne, c'est le nationalisme de puissance, la *Machtpolitik*. Pour la France, c'est plutôt le trauma de la défaite, d'où sa propension à se donner les moyens de ne plus revivre ce cauchemar et sa volonté de réussir la transformation de sa politique de puissance en politique d'influence.

La voie est étroite entre l'« enflure de la grenouille » et la résignation. D'où l'attachement à l'« Europe-puissance », une notion considérée par certains partenaires européens comme typique de l'« arrogance française ». Quant à l'horizon de cette influence, il est, comme par le passé, européen mais aussi mondial. Ce double regard donne à la France une centralité qui, conforme à son histoire, plaît aux Français : elle est plus européenne que la Grande-Bretagne et plus mondiale que l'Allemagne, dont le passé colonial fut si bref. D'où ce triangle non fermé, qui lui est avantageux : un couple franco-allemand pour faire l'Europe, un couple franco-britannique dans les affaires mondiales, et l'absence de couple germano-britannique.

Enfin, il reste la spécificité ultime : cette puissance contrariée se considère toujours depuis 1789-1792 comme une puissance ayant un devoir d'engagement à l'extérieur. La définition sartrienne des intellectuels engagés peut s'appliquer à cette culture française de puissance : ils « se mêle[nt] de ce qui ne les regarde pas ». Il y a bien là cette attitude commune chez des hommes que tout oppose : Jean-Paul Sartre, Charles de Gaulle et Bernard Kouchner ! Cette posture, même moquée, reste bien, finalement, la chose de France la mieux partagée.

Pour en savoir plus

Robert FRANK, *La Hantise du déclin. La France de 1914 à 2014*, Belin, Paris, 2014 (2e éd.).

Maurice VAÏSSE, *La Puissance ou l'influence ? La France dans le monde depuis 1958*, Fayard, Paris, 2009.

La France, puissance européenne (1815-1939)

Georges-Henri Soutou
Historien, membre de l'Institut de France

La politique extérieure française s'est consciemment développée dans un cadre européen dès les traités de Westphalie de 1648. Elle a en général suivi le conseil de Richelieu en adoptant une « raison d'État » rationnelle, débarrassée des considérations religieuses et sentimentales et définissant les intérêts permanents du pays.

Cependant, la France a par deux fois essayé d'établir sa prépondérance sur le continent : avec Louis XIV, puis avec Napoléon. Ce furent deux échecs, sanctionnés par les traités d'Utrecht (1713) et de Vienne (1815). Une troisième tentative, plus prudente mais qui, malgré tout, inquiéta toutes les grandes capitales, se solda par un troisième traité catastrophique : celui de Francfort en 1871.

La victoire de 1918 et le traité de Versailles en 1919 parurent introduire une nouvelle période, sinon de prépondérance du moins de *leadership* français en Europe. Les contradictions internes de la politique française et le révisionnisme violent servi par un régime totalitaire en Allemagne, à partir de 1933, conduisirent à une quatrième catastrophe, l'armistice de Rethondes en juin 1940.

Après chacune de ces catastrophes, la première réaction fut celle de l'abstention en politique extérieure, du refus d'engagement, du Recueillement (revendiqué comme tel par les dirigeants de la IIIe République à ses débuts). Mais on n'en resta jamais là longtemps, ce n'était d'ailleurs pas envisageable à long terme pour un pays de l'importance de la France et dans sa situation géopolitique.

Sous Louis XVI, contre la politique du Roi-Soleil, le secrétaire d'État aux Affaires étrangères Vergennes théorisa l'« équilibre européen », tout en prônant un « juste équilibre », contre la « politique de cabinet » de Berlin, Vienne et Saint-Pétersbourg, qui se partageaient la Pologne sans tenir compte de la volonté de ses habitants ni des réactions des autres capitales européennes. En 1815, au congrès de Vienne, Talleyrand contribue à organiser le Concert européen, système de consultations multilatérales permanentes entre les grandes puissances, devant permettre à la France, vaincue à la suite des guerres napoléoniennes, d'éviter l'isolement.

Bien entendu, ces conceptions élevées n'empêchaient pas Paris de manœuvrer, en utilisant les lignes de clivage de toutes natures (religieuses, politiques, etc.), pour diviser les adversaires potentiels, en particulier en Europe centrale – comme l'avait recommandé Richelieu dans son *Testament*, comme le pratiqua Louis XV avec sa diplomatie secrète, en marge des circuits officiels, son fameux Secret du Roi, comme le fit Talleyrand à Vienne, en jouant la Grande-Bretagne et l'Autriche contre la Russie, et, peu ou prou, comme la plupart de leurs successeurs.

La France reste cependant dans une situation difficile : comment réparer les conséquences de 1815 sans remettre en cause le Concert européen ? Et comment s'écarter de celui-ci sans immédiatement reconstituer l'alliance européenne contre elle ?

Napoléon III essaie de redonner à la France une position centrale

Dès son accession à la présidence de la République fin 1848, Louis Napoléon Bonaparte comptait remettre en cause les traités de Vienne qu'il accusait d'avoir privé la France de « tout ce qu'il est juste qu'elle obtienne » – on pense évidemment à la rive gauche du Rhin, à la Belgique et à la Savoie, perdues à Vienne.

En même temps, l'empereur (polyglotte qui avait une expérience internationale rare à son époque) était conscient des grandes tendances du XIXe siècle : mouvements des nationalités, de démocratisation, et début de ce que nous appelons aujourd'hui la mondialisation. Il tente de s'appuyer sur ces nouveaux courants pour s'affranchir de 1815, tout en évitant de remettre frontalement en cause le Concert des grandes puissances, de façon à ne pas se retrouver dans la situation de 1840, celle d'une France isolée.

De fait, Napoléon III a effectivement apporté une contribution décisive à la destruction du système de 1815, en battant la Russie lors de la guerre de Crimée (1854-1856), en l'écartant de la Méditerranée orientale par le congrès de Paris de 1856, et en chassant l'Autriche d'Italie en 1859. Les traités de 1815 étaient, sinon abolis, du moins dépassés dans les faits, car les deux puissances les plus engagées dans le maintien de l'ordre de Vienne étaient écartées. Cela correspondait au premier objectif de Napoléon III – rendre à la France sa liberté d'action, en modifiant une organisation géopolitique établie pour la contrôler.

Que l'empereur comptait-il faire de cette liberté retrouvée ? La France prendrait la tête d'un mouvement général de révision des frontières, ce qui lui assurerait un rôle prééminent. En effet, la réorganisation territoriale de l'Europe lui permettrait d'obtenir des compensations, justifiées par le principe des nationalités : Savoie, Nice, Belgique, Luxembourg et, éventuellement – mais l'Empereur était, sur ce point, plus prudent que la plupart de ses conseillers –, la rive gauche du Rhin. Les nouveaux principes correspondraient à une nouvelle constellation internationale : l'Autriche et la Russie, défenseurs de l'ordre de 1815, seraient marginalisées. L'ordre nouveau serait fondé sur une étroite collaboration franco-britannique, et sur la protection intéressée que la France accorderait au Piémont et à la Prusse.

Par ailleurs, Napoléon III ne remet pas totalement en cause un acquis capital de 1815, le Concert européen. Le congrès de Paris de 1856 illustre la façon dont l'empereur concevait un Concert européen renouvelé. D'un certain point de vue, il s'inscrit dans la série des congrès qui ont réuni les grandes puissances depuis Vienne. En même temps, il innove : la question des nationalités est clairement posée et de nouveaux principes, comme la protection des chrétiens dans l'Empire ottoman, sont affirmés.

Le rattachement de la Savoie en 1860 (contrepartie du soutien de la France au Piémont face à l'Autriche l'année précédente) est un autre exemple de l'équilibre que Napoléon III cherche à maintenir entre les nouveaux principes, dont il se réclame, et les règles du système européen établi en 1815. Certes, les Savoyards furent appelés à ratifier l'annexion par référendum, symbole de l'adhésion populaire et du principe des nationalités. Mais le rattachement de la Savoie avait été conclu au préalable par le traité de cession passé en mars 1860 avec Victor-Emmanuel II. Et il fut notifié aux puissances, ce qui revenait à reconnaître que les traités de 1815 leur donnaient un droit de regard sur les modifications de frontières en Europe. Napoléon III a su faire du Concert européen, jusque-là voué au maintien du *statu quo*, un instrument de transformation de l'ordre établi. Deux grandes lignes de force se dégagent : la volonté de coopérer avec la Grande-Bretagne, dans une vision politique et économique fondamentalement libérale, et l'engagement en faveur des nationalités.

En effet, Napoléon III a voulu et construit le rapprochement franco-britannique. C'est la raison politique profonde de la conclusion du traité de commerce franco-britannique du 23 janvier 1860, très favorable aux intérêts anglais, qui correspondait aux conceptions économiques libérales de l'empereur. On est là au cœur du projet impérial, qui explique également sa malheureuse intervention au Mexique : il s'agissait de barrer la route aux États-Unis, perçus comme un futur grand rival.

Sa conception des « grandes nationalités » (comme l'Italie, l'Allemagne, la Grèce, la Roumanie : il n'était pas question d'un morcellement ethnique du continent comme on le connut en 1919) allait de pair avec une vision d'ensemble de l'évolution de l'Europe, à laquelle il fallait donner les moyens de résister face à la montée de la Russie et des États-Unis. Napoléon III avait une idée assez précise de ce qu'aurait pu être une confédération européenne : l'unification monétaire, législative, juridique du continent, doté d'un code et d'une cour de cassation européens. Il réalisa d'ailleurs l'Union latine (prévoyant des valeurs semblables, sous des dénominations nationales, pour les pièces et billets de divers États européens) et l'unification des poids et mesures. Première forme d'union monétaire, l'Union latine comptait au départ la France, la Belgique, la Suisse, l'Italie et la Grèce, mais pour l'empereur elle avait vocation à s'étendre au continent. Sans y adhérer formellement, de nombreux autres pays adoptèrent son système monétaire.

Ces conceptions (sans doute trop foisonnantes et trop innovantes pour les contemporains) ont échoué. La recherche de compensations sur le Rhin a éloigné l'Angleterre de la France et largement contribué à l'isolement de celle-ci en 1870. Mais Napoléon III, affaibli à partir de 1867 (notamment par l'échec désastreux de l'expédition du Mexique), se vit partiellement forcer la main à propos du Rhin. Son inclination le poussait plutôt à accepter l'unification bismarckienne de l'Allemagne et à nouer de bons rapports avec le nouvel État. Il avait en effet compris que Bismarck, conscient des réticences de l'Europe et des nécessités de l'équilibre, avait choisi la « petite Allemagne », sans l'Autriche. À long terme, Napoléon III avait raison de favoriser une issue inévitable, plus modérée que la Grande Allemagne des libéraux du parlement de Francfort en 1849, ou des futurs pangermanistes, que ceux-ci, à partir des années 1890, s'emploieraient à faire triompher, avec les conséquences que l'on sait. À court terme, les hésitations constantes et l'imperfection dans l'exécution aboutirent à la catastrophe de 1870 et à la chute du régime.

En particulier, le Quai d'Orsay n'a jamais totalement soutenu l'empereur : certains de ses ministres des Affaires étrangères, comme Drouyn de Lhuys ou Thouvenel, défendaient le Concert européen et fort peu la politique des nationalités. Beaucoup lui reprochèrent son parti pris idéologique en faveur des nationalités au mépris des intérêts français, et d'avoir contribué à faire surgir deux pays rivaux de la France : l'Italie et l'Allemagne unifiées – comme si leur unification avait pu être empêchée.

Recueillement et colonialisme sous la IIIe République

La tentative de modernisation de la politique extérieure française, incontestable malgré de nombreuses erreurs, était manquée. On abandonna les nationalités, l'Europe organisée, la politique mondiale et le libre-échange. Ce fut le Recueillement. Le Quai d'Orsay renoua avec sa tradition depuis Vergennes : un mélange de réalisme et de souci du « droit des gens », ancêtre lointain mais essentiel de ce que nous appelons « multilatéralisme ». Ainsi, quelques germes d'organisation internationale semés par le Second Empire se développèrent malgré tout. Ce furent les Unions administratives : Union générale des postes (1874), Convention internationale du télégraphe de Saint-Pétersbourg (1875), Bureau international des poids et mesures (1875), Union internationale pour la protection de la propriété industrielle (1883), Union internationale pour la protection de la propriété littéraire (1886). Cette évolution vers une organisation internationale dépassant les pratiques diplomatiques classiques s'accéléra avec les conférences de La Haye de 1899 et 1907, qui instaurèrent le principe de l'arbitrage international et créèrent une Cour permanente d'arbitrage.

Mais l'essentiel n'était pas là. Très poussée dans ce sens par Bismarck, qui voulait détourner la France de la revanche et tendre ses relations avec la Grande-Bretagne, Paris se lança dans une politique coloniale ambitieuse, qui engageait le pays dans une voie qui apparaît aujourd'hui très discutable. Cette politique engendra une brouille avec l'Italie à propos du protectorat établi sur la Tunisie en 1881 et la grave crise franco-britannique de Fachoda, sur le Nil, en 1898 (Paris avait envoyé une expédition pour essayer de prendre le contrôle du fleuve au nord de l'Égypte et par là de remettre en cause le protectorat établi par Londres sur ce pays en 1882).

Malgré l'humiliation (Paris dut évacuer la garnison installée à Fachoda), cette crise marqua un tournant pour la politique française. Théophile Delcassé, ministre des Affaires étrangères depuis juin 1898, allait la réorienter complètement. Dès 1898, il était décidé à renforcer l'alliance franco-russe (signée en 1891 avec le tsar, contre toute logique idéologique, face à l'alliance de 1873 entre Berlin et Vienne), et à régler les vieilles querelles avec Londres. L'Allemagne serait ainsi isolée et l'équilibre européen rétabli en faveur de la France. Delcassé estimait que toute entente avec le Reich reviendrait à intérioriser la défaite de 1870, à reconnaître définitivement la perte de l'Alsace-Lorraine. En revanche, un nouvel équilibre européen permettrait peut-être un jour de remettre en cause les conséquences de Sedan. En fait, la France de Delcassé pensait tout au plus à un équilibre de forces, et non plus à un véritable Concert.

À l'inverse, certains milieux pacifistes ou proches du mouvement des nationalités reprochaient de plus en plus au Concert de représenter les seuls intérêts égoïstes des grandes puissances, au détriment des petites, et des nationalités opprimées. En profondeur, les idées wilsoniennes germaient. Par ailleurs, la guerre sino-japonaise, remportée par le Japon en 1894 et la guerre hispano-américaine, qui se solde par la victoire des États-Unis en 1898, montrent que l'Europe ne monopolise plus les relations internationales.

À partir de 1898, avec le renforcement de l'alliance franco-russe, la conclusion de l'Entente cordiale franco-britannique de 1904 et de l'entente anglo-russe de 1907, la division de l'Europe s'accélère : désormais, la Triple Entente s'oppose à la Triplice germano-austro-italienne. Mais la France de Delcassé eut aussi sa part dans le délitement progressif du Concert européen. Il pensait (ce sera l'arrière-pensée de beaucoup de Français jusqu'en 1914) que si l'Empire des Habsbourg venait à éclater, la France pourrait récupérer l'Alsace-Lorraine, en échange de son aval à une extension du Reich sur les ruines de l'Autriche-Hongrie. Dans ce contexte, on comprend la gravité de la première crise marocaine, celle de 1905, quand Berlin s'opposa à la volonté de Paris d'établir son protectorat sur le royaume chérifien. En profondeur, la crise provoqua un réveil du nationalisme français, alors que l'on ne parlait plus guère de l'Alsace-Lorraine.

À cette occasion, Delcassé voulut contourner l'Allemagne et l'isoler ; c'était tout à fait contraire au multilatéralisme jusque-là en vigueur. La France devrait désormais s'appuyer exclusivement sur son système d'alliances, soit pour résister à Berlin, soit même pour forcer le Reich à accepter une transformation de l'organisation territoriale de l'Europe. Cela n'avait rien à voir avec la diplomatie souple et prudente du Concert européen traditionnel. Les deux blocs antagonistes étaient en place, et la catastrophe de 1914 n'attendait plus qu'une étincelle.

Après la Grande Guerre, le traité de Versailles devient l'évangile du Quai d'Orsay

À la conférence de la Paix, le gouvernement français était décidé à récupérer l'Alsace-Lorraine, mais avec la frontière de 1790, donc avec la plus grande partie de la Sarre, et il voulait lui aussi des « garanties » en Rhénanie, au minimum la neutralisation de la rive gauche du Rhin, au maximum sa constitution en État autonome, occupé, rattaché à la France par une union douanière. Et l'annexion ou au moins la satellisation du Luxembourg. En ce qui concerne l'unité allemande, beaucoup retrouvaient « les Allemagne » de Richelieu. Georges Clemenceau, président du Conseil en 1917-1919, se montrait plus prudent, car il estimait que cette unité était désormais irréversible, et tenait compte de l'hostilité des Anglo-Saxons à ces projets. Mais il était disposé à encourager discrètement telle ou telle partie de l'Allemagne à prendre ses distances par rapport à Berlin, si ses habitants en marquaient clairement le désir.

En même temps, Clemenceau n'écartait pas le wilsonisme sur deux points essentiels : la démocratie comme seule garantie réelle de la paix à long terme ; le droit des peuples à disposer d'eux-mêmes. À ses yeux, des « garanties solides » étaient compatibles avec la mise sur pied d'une Société des Nations (SDN), à laquelle le président américain Woodrow Wilson tenait par-dessus tout, et que Paris accepta, y voyant davantage la continuation de l'alliance du temps de guerre contre l'Allemagne que la base d'un nouveau système international. La politique française d'après guerre était dès l'origine ambiguë.

Le traité de Versailles allait constituer jusqu'en 1939 le cadre essentiel de la politique extérieure française, un acquis politique, moral et matériel que, par des moyens divers, les gouvernements successifs s'efforceraient de défendre. Néanmoins, il ne réglait pas l'ensemble des problèmes qui se posaient au pays. En effet, les dirigeants français, quoique victorieux, hésitaient fondamentalement dans leur vision de l'Europe : fallait-il restaurer un équilibre européen traditionnel, mais dont Paris constituerait désormais le centre, grâce aux alliances conclues avec la Pologne, la Tchécoslovaquie, la Roumanie, la Yougoslavie ? Fallait-il tenir davantage compte des conceptions nouvelles et envisager un système de sécurité collective ? Pouvait-on et devait-on collaborer avec Londres, qui défendait une vision différente de l'Europe d'après guerre ? Quelle place faire à l'Allemagne, et à quelle Allemagne ? Il semble néanmoins que, durant la première période (1920-1924), la ligne générale de la politique de Paris ait été d'assurer la sécurité de la France par un contrôle aussi large que possible de l'Europe continentale. Cette politique culmina avec l'occupation de la Ruhr en janvier 1923, qui provoqua une considérable crise européenne. Isolé, Paris dut accepter que la Grande-Bretagne reprenne la main : ce fut la conférence de Londres de juillet 1924, qui permit l'évacuation de la Ruhr en échange de la mise sur pied du plan Dawes, qui assurait à la France le début de réparations allemandes non négligeables, pour les dommages subis en 1914-1918.

À partir de 1924, la France renonce à assurer sa sécurité unilatéralement et se convertit à la « sécurité collective ». Ce concept, apparu à la fin du XIXe siècle chez certains juristes, affirme que la sécurité doit être assurée *avec* l'adversaire potentiel, avec lequel on se lie par un traité ou des accords en général multilatéraux, reliant plusieurs pays, et non pas *contre* lui, au moyen d'alliances de type classique. Le sommet de cette politique fut la conclusion des accords de Locarno en octobre 1925, par lesquels l'Allemagne, la France et la Belgique se garantissaient leurs frontières respectives, avec le soutien du Royaume-Uni et de l'Italie.

De 1924 à 1930, la sécurité collective n'est pas conçue comme un absolu, mais comme un adjuvant, ne remettant pas en cause le système d'alliances de la France ni la liberté d'action de Paris pour faire respecter Versailles, et permettant surtout d'associer la Grande-Bretagne au maintien de la sécurité. C'est ce que l'on pourrait appeler l'âge classique de la diplomatie française entre les deux guerres : Versailles serait préservé, mais son exécution serait rendue plus acceptable pour l'Allemagne, la France gardant le contrôle de la situation et utilisant les idées, de plus en plus répandues, de solidarité européenne sur les plans économique et politique pour défendre, au nom de la stabilité et de la prospérité de l'Europe, l'ordre européen établi en 1919. Cette politique-là comptait de nombreux soutiens dans les milieux économiques et politiques. C'est ce qui explique qu'Aristide Briand, l'architecte des accords de Locarno, ait pu se maintenir aux Affaires étrangères de 1925 à 1932, malgré la méfiance persistante de nombreux responsables envers l'Allemagne.

La sécurité collective dévoyée dans un Concert européen perverti

À partir de 1930, la sécurité collective fut interprétée de façon de plus en plus paralysante : elle se muait en dogme absolu, par une véritable perversion intellectuelle et idéologique, qui en outre était commode pour justifier certaines hésitations ou démissions. Le système international tel qu'il était conçu était inadapté face aux régimes totalitaires et à leurs méthodes.

La composante idéologique de la politique hitlérienne échappait largement aux observateurs. À gauche, on était plus obsédé par le fascisme italien que par l'hitlérisme, au moins au début ; à droite, la méfiance à l'égard de l'Allemagne en restait à des vues traditionnelles. Quant aux dirigeants radicaux du pays, ils demeuraient attachés au désarmement et à la recherche d'une entente avec l'Allemagne : ils ne pensaient pas que l'arrivée au pouvoir d'Hitler devait modifier les bases de la politique allemande de la France établies depuis Locarno. À partir de 1932-1933, la sécurité collective était devenue un dogme indiscuté. Un autre facteur essentiel était la mauvaise conscience suscitée après coup par le traité de Versailles.

Le premier épisode qui le montre est le pacte à quatre de juillet 1933 entre la France, la Grande-Bretagne, l'Allemagne et l'Italie. Il eut pour effet d'introniser l'Allemagne d'Adolf Hitler dans le Concert européen reconstitué à Locarno, mais profondément perverti, et d'alarmer la Pologne et la Petite Entente. Le système français d'alliances s'en trouva profondément fragilisé et, le 26 janvier 1934, Varsovie conclut avec le Reich un pacte de non-agression. Berlin avait remporté une grande victoire. D'autant plus que l'Allemagne avait quitté en octobre 1933 la conférence du désarmement et la SDN. Toutes les bases de la sécurité en Europe étaient désormais compromises ou subverties.

Certes, Paris essaya de sortir de cette situation en faisant entrer l'URSS dans le système international. Celle-ci adhéra à la SDN en 1934 avec l'appui de la France et, en mai 1935, les deux pays signèrent une alliance. Mais les dirigeants français ne sortaient pas vraiment de la « sécurité collective » : en 1934, on pensa d'abord à un « Locarno de l'Est », incluant l'Allemagne. Finalement, le pacte de 1935 était bien bilatéral, ce qui n'allait plus de soi dans la France de l'époque, qui n'avait plus envisagé de traités autres que multilatéraux depuis 1925, mais il ne s'accompagnait pas d'une convention militaire et sa mise en œuvre dépendait d'une décision de la SDN. Staline le considérait donc avec scepticisme, ce qui est compréhensible. Non sans une large dose d'illusion, Paris voulait simplement organiser un ensemble diplomatique susceptible de dissuader Hitler. Dès 1935, c'était déjà trop pour une partie de l'opinion.

Le deuxième épisode clé fut la passivité française lors de l'*Anschluss*, en mars 1938. Il s'agissait après tout de réunir des Allemands, et l'on acceptait désormais une conception ethnique et non civique des nationalités. Pour bloquer Hitler, il eût fallu appuyer la politique du chancelier autrichien Kurt Alois Schuschnigg qui, en 1934, avait établi brutalement un régime autoritaire et clérical honni par les radicaux et la gauche.

Mais le moment décisif fut Munich, en septembre 1938, quand Paris et Londres furent confrontés à la crise tchèque, c'est-à-dire à la volonté d'Hitler d'annexer les Sudètes et, au-delà, de détruire la Tchécoslovaquie pour ouvrir le chemin vers l'Est. Le président du Conseil Édouard Daladier comme le ministre des Affaires étrangères Georges Bonnet considéraient que la France risquait de se retrouver isolée, sans l'appui britannique, sans l'appui soviétique (contrairement à une légende tenace), avec une Pologne qui voulait profiter de l'occasion pour régler ses comptes avec la Tchécoslovaquie, et insuffisamment prête sur le plan militaire. Ils pensaient donc qu'il fallait tout faire pour régler la question par des négociations. Le 28 septembre, Neville Chamberlain proposa une conférence. Le 29, à Munich, les dirigeants allemands, italiens, français et britanniques se réunirent, sans les Tchèques. On remarquera que c'est la configuration du pacte à quatre de 1933, auquel Daladier se référait d'ailleurs dans des conversations de l'époque : cette conférence était une caricature, une perversion du Concert européen, mais dans les esprits du temps elle semblait s'inscrire dans la continuité de ce qui se préparait depuis 1930 et prolonger la sécurité collective.

Ajoutons que les adversaires des accords de Munich, les partisans d'une attitude de fermeté, n'étaient pas vraiment en rupture avec la politique de sécurité collective : ils étaient pour la plupart persuadés qu'Hitler bluffait.

En 1939, devant l'échec de la SDN et de la « sécurité collective », y compris dans sa forme dévoyée à partir de 1933, quatre tendances dominent : un retour à la raison d'État façon Richelieu ou Clemenceau en 1919, qui orientera les buts de guerre français en 1939-1940 et de nouveau, pour la France de la Libération, en 1945, avec la volonté de diviser l'Allemagne ; la naissance d'un courant « atlantique » pour lequel seule l'entente avec Londres et Washington permettrait de surmonter les problèmes (c'est, par exemple, la position de Paul Reynaud) ; et la très forte montée en puissance du thème européen, afin de réparer les conséquences de 1919 et d'organiser enfin le continent. Mais ce courant se subdivise : il y a les partisans, de plus en plus influents depuis 1938, d'un « Nouvel ordre européen » centré sur Berlin, qui sont souvent d'anciens briandistes et que l'on retrouvera à Vichy, et les partisans, moins nombreux alors mais avec plus d'avenir, d'une Fédération européenne démocratique dépassant les États, que l'on retrouvera dès les années 1950.

Pour en savoir plus

Jean-Claude Allain, Françoise Autrand, Lucien Bély *et alii*, *Histoire de la diplomatie française*, Perrin, Paris, 2005.

Lucien Bély, Georges-Henri Soutou, Laurent Theis et Maurice Vaïsse (dir.), *Dictionnaire des ministres des Affaires étrangères (1589-2004)*, Fayard, Paris, 2005.

Yves Bruley, *Le Quai d'Orsay impérial. Histoire du ministère des Affaires étrangères sous Napoléon III*, Pedone, Paris, 2012.

Georges-Henri Soutou, *L'Europe de 1815 à nos jours*, PUF, coll. « Nouvelle Clio », Paris, 2015 (3e éd. mise à jour).

Georges-Henri Soutou, *La Grande Illusion. Comment la France a perdu la paix. 1914-1920*, Tallandier, Paris, 2015.

Séquelles mémorielles d'une histoire coloniale

Alain Ruscio
Historien, spécialiste de l'histoire coloniale

Entre 1830 et 1962, le drapeau français a flotté, pour une période plus ou moins longue, de Ouagadougou à Rabat, de Saigon à Dakar, d'Alger à Phnom Penh. Partout, sur ces territoires, les habitants ont été divisés en deux catégories : les « hommes » et les « indigènes », selon la fulgurante formule de Jean-Paul Sartre[1]. Mais ces « indigènes » ne courbèrent jamais la tête. Leurs protestations, leurs actions, allant parfois jusqu'aux affrontements armés (guerres du Rif, d'Indochine, d'Algérie, du Cameroun, multiples insurrections), fendillèrent progressivement le système. Jusqu'à l'écroulement final, la « décolonisation tragique ». Certes, le colonialisme « à l'ancienne » a achevé son agonie. Mais, malgré les illusions de l'époque, la domination de l'Occident connut, d'abord, une mutation. Les uns persistaient et persistent à appeler cette domination « impérialisme », même si le bien pâle « mondialisation » s'est désormais imposé.

Et le moins que l'on puisse écrire, c'est que le mouvement des idées n'a pas accompagné le cours des événements.

« Hegel fait quelque part cette remarque que tous les grands événements et personnages historiques se répètent pour ainsi dire deux fois.

1 Préface à Frantz Fanon, *Les Damnés de la terre*, F. Maspero, coll. « Cahiers libres », Paris, 1961 ; repris dans *Situations*, vol. V : *Colonialisme et néo-colonialisme*, Gallimard, NRF, Paris, 1964.

Il a oublié d'ajouter : la première fois comme tragédie, la seconde fois comme farce. » Ainsi Marx analysa-t-il le règne du médiocre Louis-Napoléon Bonaparte, en comparaison avec les grandeurs (imposées dans la douleur aux peuples) de celui de son oncle. Nous avons souvent repensé à cette formule en observant les débats de la société française autour du passé ultramarin du pays, depuis un demi-siècle. Naguère : croisades, combats, conquêtes, deuils des corps, ruines des campagnes et des villes. Désormais : piques, pamphlets, combats à coups de surenchères verbales, monologues télévisés, lois mémorielles revanchardes et réhabilitatrices.

Nous étions quelques dizaines d'historiens, ce jour de novembre 2003, au milieu d'un parterre d'officiers, d'active ou en retraite, dans le grand amphithéâtre de l'École militaire. Une délégation vietnamienne était également présente. L'occasion ? Le premier volet d'un colloque international – Paris, Hanoi, puis Pékin – organisé à l'occasion du cinquantenaire de la bataille de Diên Biên Phu. Et, vite, nous comprîmes que la recherche historique serait la principale victime de la rencontre. Nous entendîmes ce jour-là des officiers refaire la bataille et, cette fois, la gagner. Le général Maurice Schmitt, combattant à Diên Biên Phu avant de poursuivre une carrière moins exposée dans les villas d'Alger, était aux commandes. Et l'on entendit : « S'il n'y avait pas eu les combattants chinois en face... si les hommes de Giap avaient été moins fanatisés... si l'arrière en France [les politiciens couards, ces maudits intellectuels nihilistes] n'avait pas flanché... si Bigeard avait été aux commandes à cette époque... le sort de l'Indochine, sans doute du Sud-Est asiatique tout entier, eût été changé. » Qu'ont pensé ce jour-là les Vietnamiens (tous francophones), polis, sagement assis, sans même esquisser un sourire ?

Nous étions peut-être deux cents participants, ce 18 mars 2012, lors d'un autre colloque, organisé à Évian, pour commémorer la fin de la guerre d'Algérie, suite aux accords signés précisément dans cette ville cinquante ans plus tôt. Et nous ne pûmes parvenir jusqu'au palais des Congrès que sous la protection d'un cordon de policiers : une forte – et menaçante – haie de Français d'Algérie et de leurs enfants, de harkis médaillés et d'anciens paras baraqués nous couvrit d'injures, nous, l'« anti-France », les tenants de la « repentance », causes de tous leurs malheurs. Sans compter ceux d'entre nous qui avaient un « faciès arabe », priés rageusement de « retourner dans leur pays »...

Les nostalgiques du « bon temps des colonies » contre l'Histoire

Loin de nous l'idée de rejeter dans le camp des nostalgiques du « bon temps des colonies » ou, pis, des négationnistes, tous les Français, civils ou militaires, qui ont foulé le sol de l'outre-mer français. Loin de nous la sous-estimation des douleurs réelles des Pieds-Noirs, sottement appelés « rapatriés » (alors que, pour beaucoup d'entre eux, leur patrie était l'Algérie), ces autres victimes de l'histoire coloniale. Mais il faut constater qu'une frange ultra a accaparé, instrumentalisé ces douleurs pour en faire une machine de guerre contre l'Histoire. Cette frange s'exprime avec toujours autant de force ; elle a entraîné des pans entiers du monde politique, journalistique et intellectuel français. Et ce mouvement semble s'accélérer.

C'est, pour un grand nombre d'historiens de la colonisation, un sujet d'inquiétude. Comment, en effet, ne pas être inquiet, étourdi même, en lisant, sous la plume d'hommes politiques, d'intellectuels, les sempiternelles justifications de la colonisation par le nombre de kilomètres de routes ou de voies ferrées, par le nombre d'élèves scolarisés, par le beau visage du Dr Schweitzer soignant « ses Noirs » ? Les pages sur la cohabitation harmonieuse des communautés ? Car cette prose, nous la lisons chaque jour dans les Archives, dans la presse d'antan : de *L'Illustration* de la conquête du Tonkin au *Paris Match* de la guerre d'Algérie ; dans les écrits-plaidoyers des tenants de la colonisation, de Lamartine, chaud partisan de la soumission de l'Algérie (Chambre des députés, 2 mai 1834)[1] à Guy Mollet, affirmant sans sourciller que les militaires « ne vont pas en Algérie pour la guerre, mais pour une œuvre de paix » (conférence de presse, 13 avril 1956)[2] ; en passant par l'exaltation de l'« œuvre civilisatrice de la France » dans la bouche du ministre des Colonies, Paul Reynaud (Exposition de Vincennes, 6 mai 1931).

Lorsque l'encre des accords d'Évian fut sèche, bien des femmes et des hommes se sont dit – certains avec enthousiasme, d'autres avec résignation – que l'ère des dominations coloniales s'achevait. L'édifice colonial, si puissant encore à la veille de la Seconde Guerre mondiale (« Le soleil ne se couche jamais sur notre Empire »), vacillait, se fendillait : Thiaroye 1944... Sétif 1945... Haiphong 1946... Madagascar 1947... Puis entrait en agonie : Indochine 1954... Protectorats du Maghreb 1956... Afrique subsaharienne et Madagascar 1960... et, pour finir, cet accord de mars 1962 mettant fin à une *guerre sans nom*.

Il restait évidemment des confettis de l'empire – Antilles, Réunion et possessions de l'Océan pacifique –, mais la grandeur coloniale était bel et bien rejetée dans un passé qu'il valait mieux oublier. On a pu alors penser que l'idéologie qui avait accompagné l'expansion européenne dans

1 *Journal des Débats*, 3 mai.

2 Cité dans *Cahiers de l'OURS, Histoire du Parti socialiste SFIO*, 29e partie, janvier-juillet 1956, supplément au n° 192, août-septembre 1988.

le monde, charpentée autour d'idées simples (hiérarchie des « races », des cultures...), vantant la mission civilisatrice de la « patrie des droits de l'homme », s'essoufflerait avec le temps et disparaîtrait devant la force des événements et l'explosion des indépendances. Dans les années 1970 et 1980, ceux qui se raccrochaient encore à ces schémas réactionnaires étaient presque exclusivement des nostalgiques – dont un noyau dur de « nostalgériques » –, plutôt âgés, que le temps devait naturellement faire disparaître.

Trois ans après Évian, lors de la première campagne présidentielle au suffrage universel, l'Algérie fut singulièrement absente des débats. Seul entretint la flamme un aréopage autour de la candidature de Me Jean-Louis Tixier-Vignancour, pétainiste en 1940, « Algérie française » en 1960. Son directeur de campagne s'appelait Jean-Marie Le Pen, les partisans de l'avocat étaient des colonialistes « à la papa » (Michel de Saint-Pierre, Pierre Sergent, Georges Bidault) ou de jeunes fachos d'Occident (Claude Goasguen, Alain Madelin, Patrick Devedjian, Gérard Longuet)... 5,27 % des Français lui accordèrent leurs suffrages. Pas de quoi retourner une opinion.

Relents coloniaux

En réalité, cet esprit colonial n'était pas mort. La raison première fut l'émergence des difficultés sans nombre des lendemains des indépendances. Les militants de la mouvance anticolonialiste, les démocrates, en France, avaient peut-être nourri des illusions, ou de grands espoirs, dans les années 1950 et 1960. Les indépendances ont donné naissance à des régimes parfois totalitaires, dans d'autres cas même sanguinaires, et souvent à des échecs économiques. La nostalgie coloniale s'y est engouffrée pour réhabiliter un passé évidemment magnifié : « après tout, le sort des indigènes n'était pas si mauvais »... Il y a eu de ce fait une véritable porosité entre les cercles d'extrême droite (le Front national, né en 1972, fit de cette nostalgie un élément fondateur), une minorité activiste de pieds-noirs, certains milieux militaires revanchards, une partie de la droite classique (le départ de De Gaulle en 1970 et l'avènement de Giscard en 1974 libérèrent bien des paroles) et, hélas, une certaine *intelligentsia* de gauche.

C'est venu par petites touches. Un premier moment de bascule, presque totalement ignoré à l'époque, fut le 14 juin 1980. Cent cinquante ans plus tôt, jour pour jour, les premières troupes françaises débarquaient à Sidi Ferruch, prélude à la prise d'Alger. Ce jour-là, à Toulon, fut organisée une cérémonie dite « du souvenir ». Avait été érigé au cœur de la ville un monument imposant sur lequel figuraient les mots « L'Algérie française. À tous ceux, Européens et musulmans, qui, souvent au prix de leur vie, ont pacifié, fertilisé et défendu sa terre. 1830-1962 ». Ce jour-là, Jacques

Dominati, ministre de Giscard et ami de Le Pen, représenta le gouvernement, se montra officiellement aux côtés de l'ex-général Edmond Jouhaud, natif de l'Oranais, putschiste en avril 1961 et antigaulliste déterminé. Tous les représentants de la droite régionale avaient fait le déplacement : outre le maire de Toulon, Maurice Arreckx – qui avait donné le terrain –, on nota la présence de jeunes loups nouvellement élus, François Léotard et Jean-Claude Gaudin, du maire de Nice Jacques Médecin, mais aussi des cadres de l'Organisation de l'armée secrète (OAS) Pierre Sergent, Antoine Argoud et Jean Gardes. L'union sacrée des droites. Contre l'Algérie. Contre l'Histoire.

Se mit progressivement en place une politique d'affrontement mémoriel. Tout un pan, peu glorieux, de l'histoire de la colonisation, de la torture aux « corvées de bois », en passant par les épandages de napalm sur les terres du Viet Nam et d'Algérie, a ainsi été évincé du récit national. Le « séparatisme », ne nous y trompons pas, a été la conséquence de cette pratique négationniste, avec son pendant inévitable, la reproduction en métropole du vieux schéma du « Nous » et « Eux ».

1983 : transformation d'une marche pour l'égalité, partie des profondeurs des cités discriminées, en une « marche des Beurs ». La main tendue d'une partie, désormais importante, de la jeunesse française, accueillie par une main protectrice (« Touche pas à mon pote »). Une main fraternelle saisie, et même serrée un peu fort, par une main paternelle... Ce fut la matrice d'une honteuse récupération politicienne, avec passage dans le bureau de François Mitterrand. Cet épisode, trop mal étudié, trop vite oublié, semble avoir marqué le divorce entre cette jeunesse et une partie du monde politique et journalistique français, en particulier à gauche, divorce dont les effets destructeurs perdurent. Une partie de ces « Beurs », devant cette porte refermée à leur nez, s'est tournée vers un islam magnifié. Il fallait la naïveté du *Nouvel Observateur* pour s'en étonner : « Religieusement organisés et endoctrinés, "nos" immigrés, nos jeunes beurs, risquent-ils de devenir une armée de l'ombre, mobilisée contre nous au nom du dieu Allah[1] ? ». Vieille (et pauvre) théorie, utilisée par le patronat lors des luttes sociales : il fallait des « agitateurs » pour « endoctriner » ces jeunes, en faire une « armée de l'ombre ».

D'où l'effroi, sans doute sincère, lorsque, en 1989, deux lycéennes de Creil « foulardisées » furent transformées en dangers publics. Effroi devenu rage chez certains : « Jamais l'expression "ennemi intime" n'a été aussi justifiée qu'aujourd'hui[2] » ; « Le voile est une opération terroriste [...]. Le

1 3 décembre 1987, cité par Yvan GASTAUT, *L'Immigration et l'opinion en France sous la Ve République*, Seuil, Paris, 2000.

2 Alain FINKIELKRAULT, *Le Monde*, 30 novembre 1989.

voile enferme comme un troisième mur, après celui de l'Atlantique et celui de Berlin[1]. »

Au début de la décennie 2000, un polémiste hâbleur, Éric Zemmour, est littéralement fabriqué par les médias (tribune hebdomadaire dans *On n'est pas couché*, billet d'humeur quotidien sur RTL, alors la radio la plus écoutée de France, en attendant, après vingt années de dérapages racistes, la porte grande ouverte à CNews et au *Figaro*).

21 avril 2002 : le FN, qui a bâti son audience sur le slogan « Un million d'immigrés, c'est un million de chômeurs [sous-entendu : français] de plus », qui se proclame fer de lance de la lutte contre l'islamisme, obtient 16,86 % des suffrages exprimés et propulse Jean-Marie Le Pen au second tour de la présidentielle.

23 février 2005 : une loi tente de réhabiliter les « aspects positifs de la colonisation française, en particulier en Afrique du Nord ». Tollé chez les historiens, blessures profondes chez les colonisés et leurs enfants. L'opposition du président Chirac permit *in extremis* d'évincer cette formule du texte final. Mais le reste de la loi passa.

20 juin 2005 : un fringant ministre, Nicolas Sarkozy, au cœur des Quatre Mille à La Courneuve, annonce qu'il passera la cité colorée « au Karcher ». Quel message envoie-t-il aux habitants ?

Automne 2005 : un gouvernement aux abois, pour (tenter de) résoudre une crise (dite « des banlieues ») où la majorité des révoltés étaient « basanés » et la majorité des policiers « blancs », ressort une loi votée lors de la guerre d'Algérie.

24 juillet 2006 : une loi relative à l'immigration reprend le vieux terme colonial d'« intégration ».

26 juillet 2007 : Sarkozy, devenu président, affirme devant un parterre d'intellectuels sénégalais que « l'homme africain n'est pas assez entré dans l'Histoire », formule passée à la postérité. Mais il a également dit : « Dans cet univers où la nature commande tout, l'homme reste immobile au milieu d'un ordre immuable où tout est écrit d'avance. » L'Africain est renvoyé à la « nature », l'Européen ayant l'apanage de la « culture ». Et ces mots sont prononcés au cœur de l'université Cheikh-Anta Diop, un historien de l'Afrique universellement respecté[2].

2011, publication du livre de Renaud Camus, *Le Grand Remplacement*[3]. Le nom de l'auteur est rejeté avec indignation par bien des éditorialistes…

---

1 André Glucksmann, *L'Express*, 17 novembre 1994.

2 Ce texte a figuré dans toute la presse française, le 27 juillet, et dans *Le Monde* du 28 juillet. Il est également cité intégralement dans Jean-Pierre Chrétien (dir.), *L'Afrique de Sarkozy. Un déni d'histoire*, Karthala, Paris, 2008.

3 David Reinharc, Neuilly-sur-Seine, 2011.

mais ses thèses ont droit de cité dans bien des colonnes de leurs périodiques.

Et voici l'ère des inquisitions contre l'« islamo-gauchisme », dernier né des concepts approximatifs.

Quarante années de grand affrontement, de procès, de dénonciations indignées de foulards capables d'ébranler les « valeurs de la République », de « unes » d'hebdos en couleurs sur les « banlieues de l'islam » (avec silhouettes menaçantes et forcément noires de minarets), de lois d'interdiction(s), d'exaltation frauduleuse des « racines judéo-chrétiennes de la France », d'omniprésence à la télé des hérauts du combat anti-islamique – ceux-là mêmes qui clament qu'ils luttent courageusement contre la pensée unique… Pour aboutir à un fractionnement croissant de la société française. À un communautarisme des bien-pensants, des nantis de la culture traditionnelle. Faut-il donc que cette passion éradicatrice ait caché aux yeux des procureurs la réaction inéluctable des musulmans de France ?

Que s'est-il passé durant ces quarante années ? Le monde a « changé de base » (mais pas dans le sens qu'avait imaginé Eugène Pottier). Un certain socialisme s'est écroulé. L'Asie a monté en puissance au point de devenir le nouveau centre du monde. Le réchauffement climatique menace l'humanité entière. On a envoyé des engins sur mars. Et certains continuent à ne voir qu'un morceau de tissu sur la tête de jeunes filles (françaises, rappelons-le).

« Vous faites, messieurs, contre la France, une politique détestable »

Les adeptes du grand affrontement qui se réclament de la gauche devraient se référer à l'attitude de Jaurès. Alors que commençait la campagne du Maroc, dernière grande conquête coloniale (1912), le grand penseur socialiste mit en garde contre le fait que la brutalité européenne risquait de raviver un islam « fanatique », au détriment d'un islam « moderne » : « Vous savez bien que ce monde musulman, meurtri, tyrannisé tantôt par le despotisme de ses maîtres, tantôt par la force de l'Européen envahisseur, se recueille et prend conscience de son unité et de sa dignité. Deux mouvements, deux tendances inverses se le disputent : il y a les fanatiques qui veulent en finir par la haine, le fer et le feu, avec la civilisation européenne et chrétienne, et il y a les hommes modernes, les hommes nouveaux […], il y a toute une élite qui dit : l'Islam ne se sauvera qu'en se renouvelant, qu'en interprétant son vieux livre religieux selon un esprit nouveau de liberté, de fraternité, de paix […]. Et c'est à l'heure où ce mouvement se dessine, que vous fournissez aux fanatiques de l'Islam le prétexte, l'occasion de dire : Comment se réconcilier avec cette Europe brutale ? Voilà la France, la France de justice et de liberté, qui n'a contre le Maroc d'autre geste que les obus, les canons, les fusils ! Vous faites, messieurs, contre la France, une politique détestable » (Chambre des députés, 24 janvier 1908).

Les citoyens français qui s'appellent Mohamed ou Diallo, Malika ou Fatoumata, habitants des « quartiers défavorisés » (belle formule hypocrite), se voient sans cesse rappelés à leur condition d'enfants de colonisés. Enfants dans des classes surchargées, racisées de fait, car situées au cœur de ghettos. Adolescents, renvoyés à leur image de garçons des cités petits délinquants ou filles voilées soumises. Jeunes entrant dans la vie active et soumis à l'insupportable sélection par le nom, le quartier ou le faciès. Adultes, ayant à se justifier en permanence pour peu qu'ils se proclament musulmans ou, pis, qu'ils se rendent à la mosquée.

En la matière, il ne peut y avoir que deux alternatives : soit les messages de certains hommes politiques étaient volontairement blessants ; soit le subconscient leur a dicté ces mots et ces actes.

Revit-on pour cela le temps des colonies ? Y a-t-il maintien, ou résurgence, de l'« indigénat » ? Ces formules paraissent abruptes et non adaptées à la société française d'aujourd'hui. Pour qui connut, par expérience (les vrais « indigènes » de naguère), pour qui connaît, par recherches livresques, la vie quotidienne en ce temps-là, la comparaison paraîtra déplacée. L'« indigène », le « bicot », le « négro », le « nha-qué » ne pétitionnaient pas, ne défilaient pas dans la rue. Lorsqu'ils essayaient malgré tout de le faire, ils laissaient des morts, sur la chaussée... ou dans la Seine.

Cela étant dit, il est un point commun entre l'avant- et l'après-colonisation : le mépris. Car aucun argumentaire serré n'empêchera que la formule « Indigènes de la République » reflète la façon dont ces centaines de milliers de jeunes vivent la crise. Personne n'osera les traiter, au premier degré, d'« indigènes », mais ils se sentent « indigènes ». Pourquoi une partie des Français ne se sentent-ils pas... Français ?

C'est parce qu'ils savent, plus ou moins confusément, que ce pays n'a toujours pas réglé la question du racisme. Et que le racisme à la française s'est surtout enraciné dans l'histoire coloniale. Les Français moyens de naguère qui s'esclaffaient devant le tirailleur « Y'a bon Banania ! », qui visitaient par millions l'Expo de Vincennes, les colons qui vivaient sous les tropiques, les soldats qui ont « fait les colonies », de la conquête à la bataille d'Alger, étaient racistes. Pas toujours agressifs. Pas toujours violents. Rarement même criminels. Mais racistes, oui. Rien de moral dans cette constatation.

C'est parce que le pays dans lequel cette jeunesse vit a recruté leurs arrière-grands-parents pour combattre en 1914, reconstruire après 1918, recruté leurs grands-parents pour combattre en 1939, reconstruire après 1945, recruté leurs parents, dans les années 1960, pour construire les maisons qu'ils ne pouvaient habiter, fabriquer les voitures qu'ils ne pouvaient conduire...

C'est parce que les enfants de « ritals », de « polaks », d'« espingouins » ou de « portos » n'ont pas à faire sans cesse la preuve qu'ils sont « intégrés », Français. Eux, si. Et leurs enfants, plus tard, aussi, si nous n'agissons pas.

C'est parce que le pays dans lequel vivent ces jeunes les traite différemment, leur impose un taux de chômage double de celui des autres jeunes Français. C'est parce que Mohamed, habitant du Val Fourré, à Mantes-la-Jolie, a six fois moins de chances d'obtenir un entretien d'embauche que Jean-Pierre, domicilié à Paris. Cet exemple n'est pas pris au hasard. Il a été constaté par l'Observatoire national des zones urbaines sensibles[1]. Six fois ! Et même pas pour l'obtention d'un emploi : pour un simple entretien d'embauche !

S'ils sifflent *La Marseillaise*, c'est que le vécu de trois ou quatre générations, entassé comme par strates successives, affleure désormais : et si le « sang impur » dénoncé par l'hymne national était le leur ? S'ils portent des blousons aux couleurs de l'Algérie (pays qu'ils ne connaissent que par des vacances au bled, et encore), c'est qu'on leur a fait comprendre par mille et une vexations que le drapeau bleu-blanc-rouge n'était pas tout à fait (ou pas du tout) le leur.

Dans ces conditions, l'accumulation des accusations, sommations venues des nantis sont, au mieux, le fait d'irresponsables, au pire, celui d'agresseurs. Dans les deux cas, c'est un signe qui devrait inquiéter tous ceux qui ont le souci de l'avenir de la France. Il y a quelques années, une somme savante sur l'histoire de l'immigration avait pris pour titre *La Mosaïque France*. L'image est belle. Que l'on prenne bien garde que ces éclats ne finissent par vivre séparément. Et donc que le tableau global ne perde tout sens.

Comment ne pas conclure avec Jacques Berque ? En 1993, pour le dixième anniversaire de la marche citée, le grand orientaliste avait répondu à la question d'un journaliste (« Peut-on considérer qu'il existe aujourd'hui une insertion naturelle de l'islam au paysage français ? ») : « Je dirais "insertion historique", et ce mot revêt pour moi une très grande importance. Oui, il existe un islam de France et il existera de plus en plus. Seulement, il semble qu'on n'ait pas tiré de cette réalité toutes les conséquences[2]. » Le cri berquien date de 1993. On a, depuis, régressé.

---

1 Voir Dominique VIDAL, « De l'histoire coloniale aux banlieues », *in* Pascal BLANCHARD, Sandrine LEMAIRE et Nicolas BANCEL (dir.), *Culture postcoloniale, 1961-2006. Traces et mémoires coloniales en France*, Autrement, coll. « Mémoires », n° 126, Paris, 2006, p. 176-185.

2 « En matière religieuse, la représentation n'est pas de type politique », *Quo Vadis*, n° spécial ; *La Saga du mouvement beur, 1983-1993*, Agence IM'média, automne-hiver 1993.

Pour en savoir plus

Yves Lequin (dir.), *La Mosaïque France. Histoire de l'immigration et des étrangers en France*, Larousse, Paris, 1998.

Karl Marx, *Le 18 Brumaire de Louis Bonaparte*, Paris, 1852.

Alain Ruscio, « Les guerres coloniales sont-elles finies ? L'activité mémorielle des réactionnaires, nostalgériques, anciens OAS, militants d'extrême droite... », *in* Sébastien Jahan et Alain Ruscio (dir.), *Histoire de la colonisation. Réhabilitations, falsifications et instrumentalisations*, Les Indes savantes, Paris, 2007.

La « variable » atlantiste

Olivier Zajec
Professeur en science politique, université Jean-Moulin-Lyon-III, directeur de l'IESD

« Doctrine des partisans du Pacte de l'Atlantique Nord ». En pleine Guerre froide, c'est la définition que le dictionnaire Larousse donne de l'atlantisme. Concise, la formulation a le mérite de la clarté. Reste que ce type de résumé lapidaire n'a jamais vraiment satisfait les atlantistes eux-mêmes. Pour ces derniers en effet, se restreindre à l'Organisation du traité de l'Atlantique Nord (OTAN), c'est-à-dire aux seuls aspects militaro-stratégiques de la relation transatlantique, laisse à penser que leurs propres convictions se borneraient à l'acceptation passive de la dépendance européenne vis-à-vis des États-Unis. Or, insistent-ils généralement, l'atlantisme n'est pas un fatalisme mais, à bien des égards, un volontarisme. En d'autres termes, leur idéal procède d'un choix conscient – qui commande pour certains une adhésion passionnée – à une solidarité de *valeurs* entre les deux rives de l'Atlantique.

Que des « valeurs » civilisationnelles soient communes aux États-Unis et à l'Europe – ce qui nécessiterait une argumentation rigoureuse pour être prouvé – implique-t-il automatiquement que leurs intérêts politiques soient identiques ? À cette question induite par la nature problématique de l'atlantisme, nul pays ne donne une réponse plus complexe que la France après la Seconde Guerre mondiale. Cette complexité se vérifie dans le débat intellectuel national, tout comme dans les choix diplomatiques de Paris. Quelles que soient ces évolutions et leurs conséquences, le fait principal est sans doute qu'à travers les nombreux changements de cap des élites dirigeantes, la « variable » atlantiste a bien agi de manière permanente dans la politique française, de 1945 jusqu'à aujourd'hui.

Le cadre stratégique d'après guerre

Le 10 décembre 1944, la France signe un traité d'alliance avec un pays « ami » : l'URSS de Joseph Staline. Celui qui appose son nom sur le document est Charles de Gaulle, chef du gouvernement provisoire d'une France pour le moins affaiblie. Sa culture historique et son éducation stratégique le portent à considérer les alliances de revers contre la puissance germanique comme une ardente nécessité. Voulant imposer la France dans les discussions sur l'avenir de l'Allemagne, il souhaite s'assurer que les Anglo-Saxons l'accepteront, ce que rien ne garantit alors. Il pense donc améliorer la position française en faisant pression sur Londres et Washington par la réactivation des liens avec la Russie. Mais Staline n'est pas Alexandre III. Malgré des propositions avancées du côté français (la perspective d'une internationalisation de la Ruhr) et des concessions importantes consenties lors de son voyage de décembre 1944 à Moscou, de Gaulle ne retire rien de véritablement concret de cette ouverture. Il n'est pas invité à Yalta en février 1945. Lorsqu'il démissionne en janvier 1946, les appétits soviétiques en Europe orientale commencent à être perçus de manière négative par une frange croissante de l'opinion.

Plusieurs forces politiques se partagent l'échiquier du pouvoir à ce moment charnière de l'histoire française. Le Parti communiste, électoralement puissant et culturellement influent, pousse à l'alliance avec l'URSS. Le Rassemblement du peuple français (RPF) gaulliste relaie les idées nationalistes de son champion écarté du pouvoir. Les socialistes de la Section française de l'Internationale ouvrière (SFIO), fidèles aux idées de sécurité collective de la Société des Nations (SDN) d'avant guerre, insistent sur l'importance de l'Organisation des Nations unies (ONU). Une partie des penseurs de ce parti rejoint par ailleurs les démocrates-chrétiens du Mouvement républicain populaire (MRP) pour faire de la construction de l'Europe une priorité. La politique étrangère française peut donc prendre théoriquement des directions très variées. L'évolution de la situation internationale va néanmoins l'orienter dans un sens très précis.

En 1947-1948, l'Europe orientale est vassalisée par Moscou. Brutal, le coup de Prague de février 1948 est le symbole le plus marquant de cette offensive. La Guerre froide débute véritablement. En février 1948, Paris participe à la mise en place du pacte de Bruxelles avec le Royaume-Uni et les pays du Benelux. Comprenant une clause d'assistance militaire automatique officiellement tournée contre l'Allemagne, cet accord concrétise en réalité une inquiétude grandissante vis-à-vis de Moscou. Le but, en montrant à Washington la résolution européenne, est aussi de faciliter un engagement réel des Américains en Europe. Le plan Marshall est de fait approuvé par le Congrès américain en avril de la même année, avant que, deux mois plus tard, le blocus de Berlin n'exacerbe encore les tensions entre les Américains et l'Union soviétique.

Par la signature du Pacte atlantique du 4 avril 1949, les Européens obtiennent enfin la protection américaine. Mais, pour qu'elle soit effective, les Français ont dû consentir à signer, le 8 avril, les accords de Washington, qui préparent la renaissance d'un État ouest-allemand. Contrepartie amère, qui explique que l'orientation atlantique prise par la diplomatie française à partir de 1949 s'accompagne de nuances importantes. La dimension Est-Ouest cohabitera en permanence pour la France avec une autre thématique, plus puissante que dans n'importe quel autre pays européen : celle de la question allemande et de sa dimension militaire. Cette préoccupation, qui plonge ses racines dans l'histoire des équilibres européens aux XIXe-XXe siècles, explique pourquoi les Français apparaissent dans l'ensemble plus réticents que leurs alliés à réduire la Guerre froide à une compétition idéologique maximaliste avec la seule URSS. Ce qui s'est joué à Potsdam en 1945 (l'occupation quadripartite de l'Allemagne, et la place qu'y gagne Paris) contrebalancera toujours, pour les élites françaises, ce qu'implique la création de l'Alliance atlantique de 1949, et celle de l'OTAN proprement dit en 1950.

C'est la raison pour laquelle les dirigeants de la IVe République qui « font » la politique étrangère du pays de 1948 à 1958 en s'échangeant les postes qui comptent (c'est-à-dire une partie du MRP, les modérés de la droite libérale, et la SFIO) veilleront à ce que la solidarité stratégique avec les Anglo-Saxons ne soit pas exclusive d'ouvertures politiques chroniques avec l'URSS, au gré des périodes de crispation et de détente de la Guerre froide.

Cela explique aussi pourquoi la France, refusant la reconstitution de l'armée allemande puis s'y résignant dans le cadre de l'OTAN, proposera de contrôler cette force militaire selon un autre modèle, celui d'une armée européenne intégrée, certes articulée avec l'OTAN, mais dominée par Paris. Ce projet de Communauté européenne de défense (CED) échoue en 1954 du fait des divisions parlementaires françaises. Et l'Allemagne de l'Ouest retrouve une armée, qui entre dans l'OTAN. Ce qui conduira la IVe République finissante à insister auprès de Washington, sans relâche – et sans succès –, pour que la prépondérance de la France soit assurée dans l'OTAN par le biais d'un « directoire à trois » avec Américains et Anglais, tenant ainsi en lisière une République fédérale d'Allemagne (RFA) réarmée.

La IVe République : un atlantisme structurel mais torturé

Dès l'origine, ces tendances schizoïdes singularisent la position française dans l'OTAN, agaçant ses partenaires. Certains, en France même, regrettent ce particularisme. Car il existe bien une frange de « véritables » atlantistes au sein de l'élite dirigeante, qui comprennent que Washington, qui en est resté à mai 1940, ne reconnaîtra plus à la France de rôle régional prépondérant, sans même parler d'influence mondiale. « Pragmatiques » autoproclamés, ils s'y résignent sans nostalgie excessive.

Ils connaissent leur moment politique le plus favorable en 1950-1952 (gouvernements Pleven et Pinay), tandis qu'avec la guerre de Corée l'affrontement entre les blocs s'aggrave sur d'autres fronts que l'Europe du Rideau de fer. Membres des modérés (comme Paul Reynaud) et du MRP (comme Georges Bidault), intellectuels, journalistes, diplomates, militaires de haut rang ou acteurs économiques, militants du libéralisme philosophique et politique, les atlantistes ne forment pas une majorité, comme dans d'autres pays européens, mais une minorité, attaquée en permanence sur la thématique de la vassalisation stratégique dont ils se feraient les fourriers. D'où leur insistance, en particulier dans les années 1950, à sublimer l'inconfortable statut de tributaire qui est celui des alliés de l'OTAN en conférant à l'Alliance, en apparence plus égalitaire, la dignité politique d'une communauté de valeurs. Pour eux, la construction européenne, qui offre une solution complémentaire de règlement du problème allemand par l'intégration économique, doit accompagner l'intégration stratégique atlantique (et non se substituer à elle).

Ainsi le récit *idéologique* de l'atlantisme s'appuie-t-il sur l'anticommunisme, dans lequel s'emboîte son récit *stratégique* fondé sur la garantie sécuritaire qu'offre une OTAN déployant des armes nucléaires américaines sur le sol européen. Mais son objectif *ontologique* est *in fine* de rassembler les Européens dans un consensus fondé sur la convergence entre démocratie libérale et économie de marché, formule de paix et de prospérité, dont le champion nécessaire sera Washington. Les fondations de ce couplage, qui aura des conséquences fondamentales après 1989, sont véritablement posées dans les années 1950.

La fin de la IVe République montre cependant la difficulté de l'atlantisme militant à imposer en France le récit de cette téléologie civilisationnelle, y compris dans une classe politique pourtant travaillée par de puissants réseaux d'acculturation libérale – alors que ce narratif obtient un très grand succès dans les autres pays de l'Ouest européen. Le fait est que les difficultés qui s'accumulent sur le plan diplomatique dégradent conjoncturellement la relation entre Paris et Washington. Cette situation, couplée aux turbulences du drame algérien, précipite la crise de régime qui aboutit au retour de De Gaulle.

De ce point de vue, la date charnière est la crise de Suez de 1956 : le « lâchage » de Paris et de Londres par l'administration Eisenhower, alors que l'URSS parle de rétorsions nucléaires en représailles à l'expédition franco-anglo-israélienne, exacerbe la rancœur des Français envers les Américains. Travaillée par la guerre d'Algérie, l'opinion publique se raidit, bien au-delà du RPF et des communistes. Contrairement aux Britanniques qui décident après Suez de ne plus rien tenter à l'international sans l'aval de Washington, Paris choisit d'accélérer sur la voie de l'autonomie. Des dirigeants comme Pierre Mendès France ou le radical Félix Gaillard voient là une raison de concrétiser les projets nucléaires militaires français.

Tout ceci montre bien les paradoxes de l'époque : Félix Gaillard, ancien directeur de cabinet de Jean Monnet, n'avait rien d'un anti-atlantiste, bien au contraire. C'est pourtant lui qui déclare, en 1957, que la France refuse le principe de double clé concernant les armes atomiques que Washington proposait de mettre à la disposition des Européens – avec l'intention d'empêcher ces derniers de s'aventurer sur le chemin de l'autonomie nucléaire militaire. Directoire à trois, ambitions nucléaires : la IVe République est donc loin d'avoir bradé les intérêts français. Le problème est que ces raidissements n'eurent trop souvent pour but que de négocier une meilleure considération de la part des Américains, et qu'aucune stratégie priorisée ne structura vraiment les velléités de liberté d'action qu'elle déploya dans le cadre de l'Alliance. C'est de ce point de vue que le retour de de Gaulle au pouvoir marque un tournant pour la culture atlantique française.

La conception gaullienne des cycles historiques

Selon Georges-Henri Soutou, l'originalité réelle de De Gaulle, par contraste avec les tendances atlantistes de la technostructure française des années 1960, tient moins à son rapport à la puissance américaine qu'à sa conception des cycles historiques. Cette conception, « radicalement politique et non pas économique ou sociale », était d'une autre nature que celle des élites de son temps : « Il estimait que l'idéologie communiste était sur le déclin. Une fois débarrassée de cette idéologie, l'URSS redeviendrait la Russie de toujours, les pays d'Europe orientale renoueraient avec leur personnalité historique, tous reviendraient à la défense de leurs intérêts nationaux traditionnels. À ce moment-là, on pourrait renouer avec l'évolution du système européen classique, et on recréerait un nouveau Concert européen dont la France et la Russie assureraient le leadership, en s'appuyant l'une sur l'autre, ce qui permettrait de contrôler l'Allemagne et de renvoyer les États-Unis à la périphérie[1]. »

On pourrait résumer cette problématique en reconnaissant que, malgré son cynisme et sa propension à sacrifier les hommes aux circonstances – comme l'affaire algérienne le montra avec l'exode des pieds-noirs et le drame des harkis –, de Gaulle s'inscrivait en faux par rapport à la résignation historique qui marquait, à des degrés divers, les responsables politiques de la IVe République. Le problème était de perspective

Une part des élites de la IIIe République, dont étaient largement issues celles de la IVe, avaient été diplomatiquement à la remorque de la politique d'*appeasement* anglaise de l'entre-deux-guerres. Pour elles, du Londres des années 1930 au Washington des années 1950, le changement n'était que de méridien, pas de réflexe. Ce suivisme induisait une sorte de culpabilité intériorisée à oser concevoir une politique nationale qui envisageât de se passer d'une garantie sécuritaire externe, et donc de l'approbation d'un parrain stratégique. Ce réflexe, en particulier chez les plus atlantistes des politiques français, révélait au fond bien moins ce que ces derniers pensaient des États-Unis, que ce qu'ils avaient cessé de penser des ressources, de la dignité et du destin possible de leur propre pays.

Tout en prolongeant certains projets des plus lucides décideurs de la IVe République, les décisions qu'imposa la vision gaullienne cimentèrent les bases nouvelles de la politique étrangère française pour quarante ans, en théorie du moins : liberté d'action de la puissance française entre les blocs, maîtrise non négociable de l'atome militaire, ambition de structurer une Europe confédérale pesant entre les Anglo-Saxons et les Russes, revalorisation du pilier européen dans l'Alliance.

L'essentiel se retrouve dans le mémorandum du 17 septembre 1958, qui insiste en particulier de nouveau auprès de Londres et Washington sur l'idée d'un véritable directoire à trois dans l'Alliance. Face au refus des intéressés, de Gaulle, sans abandonner son idée (il la présentera de nouveau à l'administration Kennedy en 1961), va jouer sur deux autres axes qu'actionnait déjà la IVe République : la relation directe avec l'Allemagne (ce sera le traité de l'Élysée de janvier 1963), et celle avec l'URSS (avec un signal fort d'indépendance donné par la France qui, sans quitter l'Alliance, officialisait sa sortie du commandement militaire intégré de l'OTAN en 1966).

Malgré l'image qu'en garde la mythologie historique française, que produisirent réellement ces manœuvres alternatives ? La première, rien de fondamentalement pérenne : le sentiment atlantiste était trop ancré en

---

1 Georges-Henri Soutou, *La Guerre froide de la France. 1941-1990*, Tallandier, Paris, 2018, p. 508.

RFA (il l'est resté dans l'Allemagne réunifiée), et le traité de l'Élysée fut immédiatement vidé de sa substance par le Bundestag sous la pression américaine. Quant à la relation avec Moscou, elle ne changea pas les polarités de premier niveau de l'ordre international, et l'URSS, qui notait que la France demeurait en fait dans l'Alliance, continua à veiller au caractère bilatéral surplombant de sa relation avec les États-Unis.

Reste deux éléments. D'une part, l'obtention de la puissance nucléaire indépendante, évolution qui déchaîna l'opposition de l'administration Kennedy et l'ire des atlantistes français, mais qui fit plus pour la crédibilité stratégique française, en particulier dans le tiers monde, qu'aucune alliance, pacte ou traité. Et, d'autre part, la sortie du commandement intégré en elle-même, qui allait conditionner une culture d'autonomie stratégique durable, elle aussi gage de crédibilité, tant sur le plan des programmes d'armement, progressivement dégagés des diktats américains, qu'en termes d'efficacité opérationnelle des armées françaises.

Une lente normalisation libérale-hégémonique

Cet héritage gaullien, progressivement intériorisé par l'opinion publique française bien au-delà du seul électorat gaulliste, allait être conservé par les gouvernements suivants. C'est vrai, en particulier, sous la présidence Pompidou, plus fidèle à son prédécesseur sur le plan stratégique que sur le chapitre de l'économie ou de la culture. Valéry Giscard d'Estaing, dans l'ensemble, ne remit pas en cause les totems de la troisième voie gaullienne, malgré un libéralisme à tendance atlantiste touchant les jeunes cadres des Républicains indépendants.

Enfin, la rupture politique de 1981 n'en fut pas une sur le plan stratégique. Au-delà de la question du « gaullo-mitterrandisme », dont le contenu réel autorise toutes les nuances de commentaires, Paris ne renonça pas à l'arme atomique, ne revint pas dans le commandement militaire intégré de l'OTAN, continua à s'inquiéter du poids grandissant de l'Allemagne après la réunification, et persévéra dans la voie d'une Europe appelée à acquérir plus de densité politique sans pour autant devenir fédérale. Le véritable abandon fut celui d'une politique arabe digne de ce nom. Ce qui fut vrai sous Mitterrand (1981-1995) le fut sous la présidence Chirac (1995-2008), dont l'action internationale la plus marquante fut, précisément, l'épiphanie souveraine que constitua l'opposition à l'aventurisme des États-Unis en Irak en 2003.

Comment, dans ces circonstances, expliquer la rupture de la réintégration de la France dans le commandement militaire intégré de l'OTAN, décidée en 2009 au cours de la présidence Sarkozy (2007-2012) ? Si ce dernier n'avait exprimé par là que ses convictions pro-américaines personnelles, comment expliquer qu'aucun de ses successeurs ne soit revenu sur cette décision ? C'est ici que l'aspect le plus intéressant de l'atlantisme se donne finalement à voir. Son destin se joue au fond dans l'esprit des élites, dans leur rapport à l'histoire, quelle que soit leur appartenance politique. Ce qui renvoie aux débats des années 1950.

En décembre 1957, une conférence est organisée par le Collège d'Europe et l'université de Pennsylvanie. Elle réunit des intellectuels européens et américains issus de diverses institutions. L'objectif est de définir les « valeurs » spécifiques sur lesquelles l'Alliance atlantique peut et doit appuyer une politique commune. Un livre collectif, *Valeurs de base de la communauté atlantique*, est publié en 1961 pour rendre compte de ces débats. Ces derniers sont bien résumés dans une petite brochure éditée en 1979 par l'Association française pour la solidarité atlantique (AFSA), préfacée par le secrétaire général de l'OTAN de l'époque, Joseph Lund. Selon l'auteur de l'opuscule, Claude Delmas, le traité de Washington, signé en 1949, « a été le point de départ d'une alliance vouée à la liberté de ses membres. Il a été aussi le point d'aboutissement d'une histoire commune à ceux-ci[1] ».

Aussi l'atlantisme doit-il être envisagé, selon lui, comme « l'expression politique logique de la conscience des solidarités atlantiques ». Non pas la réaction apeurée et conjoncturelle de pays européens stratégiquement déclassés, se blottissant autour d'un protecteur externe les garantissant vis-à-vis de l'URSS, au prix d'une peu glorieuse dépendance. Mais bien, au contraire et de manière plus positive, la cristallisation historiquement nécessaire d'une culture partagée, celle de la « civilisation atlantique[2] ».

Claude Delmas était membre du secrétariat international de l'OTAN. Sous la plume de ce militant, la présentation de cette problématique était naturellement orientée. Cela n'enlève rien aux implications de son raisonnement. Elles étaient et restent absolument fondamentales, dans la mesure où l'atlantisme se trouve ici *découplé* de la Guerre froide. Au lieu que le premier soit un phénomène suscité par la deuxième, Delmas suggérait de considérer que la Guerre froide n'était au fond qu'un *moment* de l'atlantisme.

Ce type de raisonnement prendra précisément toute son importance *après* 1989, lorsqu'il s'agira de se demander s'il faut dissoudre l'OTAN après la chute de l'URSS. Ce ne sera pas le cas, et l'explication se trouve bien dans le narratif civilisationnel forgé dans les années 1950, qui fut réactivé dans les années 1990 avec un immense succès en Europe de l'Est,

1 Claude Delmas, « Avant-propos », *Les Enracinements historiques de l'atlantisme*, Association française pour la communauté atlantique, 1979, p. 9.

2 *Idem*, *L'Alliance atlantique. Essai de phénoménologie politique*, Payot, Paris, 1962.

en Europe de l'Ouest, et dans une partie non négligeable de la nouvelle génération de la gouvernance managériale française post-Guerre froide.

D'autant qu'à ce moment aboutit aussi le lent travail de cercles également fondés dans les années 1950, et qui s'étaient donné pour but de former des élites libérales de combat et d'influence. L'Atlantic Treaty Association (ATA) en est un bon exemple. Mise sur pied en 1954, elle fédère bientôt une quinzaine de « chapitres » nationaux, dont une branche française un temps très active, mais qui finira par disparaître. Ce n'est pas le cas de la déclinaison américaine, l'Atlantic Council, qui stimule les échanges entre les décideurs américains et européens. À l'instar d'autres laboratoires de sociabilité atlantiste, l'un de ses objectifs consiste à repérer les futurs décideurs continentaux sensibles à l'unité de vue transatlantique et, comme le fait le réseau des bourses Fullbright, à faciliter leur carrière en les cooptant au sein d'un réseau favorable à l'OTAN.

L'Atlantic Council et le réseau de l'ATA vont recycler pendant soixante ans des Premiers ministres européens, des experts, des parlementaires, des militaires otaniens de haut rang, d'anciens secrétaires généraux de l'OTAN. Son International Advisory Board, qui forme, selon l'organisation elle-même, « l'un des plus anciens et influents groupes de soutien à un leadership mondial américain constructif aux côtés de nos amis et alliés », accueillera aussi de manière très œcuménique des représentants de l'industrie ou des services de la Communauté économique européenne (CEE), puis de l'Union européenne (UE)[1]. En 2021, les P-DG d'Airbus et de BNP Paribas y côtoient un José Maria Aznar ou un lord Robertson.

En conclusion, l'atlantisme s'est décliné de manière très contrastée durant trois périodes singulières, qui donnent à voir ce que Jenny Raflik-Grenouilleau, universitaire spécialiste de l'histoire institutionnelle de l'OTAN, dénomme avec raison une « relation mal assumée[2] ».

La première période est celle d'une IVe République globalement atlantiste, parce que ses élites ont peiné à concrétiser – et, pour certaines, à même imaginer – une quelconque alternative réaliste à la bipolarité de la Guerre froide. Ce qui n'a pas empêché les nuances tactiques à l'intérieur de ce cadre stratégique : les engagements « atlantiques » d'un Antoine Pinay, d'un Pierre Mendès France ou d'un Edgar Faure n'ont pas été les mêmes, en particulier à cause du casse-tête que représente pour la France le réarmement allemand. Perspective que Paris tente de prévenir puis de contrôler par une triple stratégie contradictoire d'équilibrage avec

---

1 Voir <www.atlanticcouncil.org/about/international-advisory-board>.

2 Jenny Raflik-Grenouilleau, *La IVe République et l'Alliance atlantique. Influence et dépendance (1945-1958)*, PUR, Rennes, 2013, p. 25.

Moscou, de défense d'une position prééminente dans l'OTAN, et d'intégration européenne.

La deuxième période est celle de la vision gaullienne, après mai 1958. Sans marquer une rupture totale – elle est moins uniment « indépendante » qu'on ne l'a dit –, le rééquilibrage qu'elle inaugure est néanmoins un réel tournant.

La troisième période, qui commence dès Valéry Giscard d'Estaing et se poursuit aujourd'hui, est celle d'un couplage paradoxal qui maintient les fondamentaux gaulliens, moins par conviction que par crainte de l'opinion, tout en les dénaturant au gré d'une lente normalisation libérale-hégémonique. Le processus culmine en 2009, avec la réintégration de la France dans le commandement militaire intégré de l'OTAN, décidée au cours de la présidence Sarkozy.

Cette tendance peut-elle s'inverser (le président Macron évoquant la « mort cérébrale » de l'OTAN) ? On peut éventuellement en douter en constatant l'empressement avec lequel les Européens accueillent aujourd'hui le président Joe Biden, après avoir échoué à saisir l'occasion unique que leur donnait la présidence Trump de faire enfin émerger une voix stratégique européenne distincte de celle de Washington.

Pour en savoir plus

Henry Brugmans, Léo Moulin, Ernst Biéri *et alii* (dir.), *La Conférence sur la communauté atlantique. Valeurs de base de la Communauté atlantique*, Leyde, 1961.

Claude Delmas, *L'Alliance atlantique. Essai de phénoménologie politique*, Payot, Paris, 1962.

Jenny Raflik-Grenouilleau, « La communauté atlantique en France », *Hypothèses*, vol. 9, n° 1, 2006, p. 37-46.

Jenny Raflik-Grenouilleau, *La IVe République et l'Alliance atlantique. Influence et dépendance (1945-1958)*, PUR, Rennes, 2013.

Georges-Henri Soutou, *La Guerre froide de la France. 1941-1990*, Tallandier, Paris, 2018.

Timothy A. Sayles, *Enduring Alliance. A History of NATO and the Postwar Global Order*, Cornell University Press, Ithaca, 2019.

France-Russie : la « belle et bonne alliance », ou quand la géopolitique supplante l'idéologie

Jean de Gliniasty
Directeur de recherche à l'IRIS

De Gaulle, tout pénétré de l'histoire tragique du pays, a voulu en 1944 passer par Moscou pour rendre à la France humiliée par la défaite son statut de grande puissance victorieuse et la prémunir contre une résurgence du militarisme allemand. Il soulignait que, lorsque l'analyse géopolitique dictait un rapprochement franco-russe, la France pouvait en tirer de grands avantages[1]. En revanche, lorsque les stratégies s'opposaient, souvent sur fond de divergence idéologique, la France en subissait souvent de graves conséquences : défaite de Napoléon Ier en Russie – où de Gaulle voyait le début de la décadence de la France –, victoire coûteuse et sans lendemain en Crimée, isolement en 1870 face à Bismarck...

À y regarder de plus près, les relations bilatérales ont avant tout été marquées par un antagonisme idéologique fondamental entre une France libérale et une Russie plus autoritaire. Cette opposition, si elle a souvent et paradoxalement contribué au rapprochement des sociétés civiles, a presque constamment marqué les relations politiques. Seule l'urgence stratégique a

1 Discours du 21 décembre 1944 devant l'Assemblée consultative.

permis de la surmonter. Ainsi la « belle et bonne alliance[1] » était-elle avant tout pour de Gaulle une alliance de revers contre la puissance écrasante de l'Allemagne. Depuis que la France et l'Allemagne ont lié leurs destins dans la construction de l'Europe et dans l'appartenance commune à l'Alliance atlantique, la relation franco-russe obéit à une logique différente.

Des siècles d'incompréhension et d'opposition idéologique

Après le mariage sans lendemain politique entre Henri Ier de France et Anna Iaroslavna, fille du roi de la Rous kiévienne, en 1051, les contacts n'ont été rétablis qu'au XVIe siècle, une fois passé l'« hiver mongol ». Ils n'ont pris une dimension politique qu'au XVIIe siècle, le plus souvent à la demande des Russes. Mais lors du deuxième voyage de Pierre le Grand en Europe occidentale, en 1717 (lors du premier, en 1698, Louis XIV n'avait pas jugé utile de le recevoir), le Paris de la Régence avait accueilli le tsar avec un mélange de curiosité, d'enthousiasme et de réticence « culturelle ». Le « Prince du Nord » y a été considéré comme un despote assez mal dégrossi. Les affinités de l'impératrice Catherine II avec les philosophes français prirent brutalement fin avec la décapitation de Louis XVI ; tout ce qui était français, hors les aristocrates émigrés, était désormais proscrit de Russie par la tsarine.

Dès lors s'est creusée une fracture profonde entre une France marquée par les idées libérales ou révolutionnaires et la Russie autocratique et traditionaliste, divergence politique qui a subsisté, sous diverses formes, jusqu'à nos jours. Le complot des décembristes, désireux de constitutionnaliser le régime absolutiste russe, portait la marque des idées françaises rapportées par de jeunes officiers russes de leur séjour d'occupation en France, après la défaite de Napoléon. Au nom de la liberté des peuples, l'opinion française (libéraux et conservateurs catholiques réunis) a soutenu la Pologne dans ses vaines révoltes contre l'occupation russe en 1830 et en 1863. Le livre de Custine *La Russie en 1839* porte la marque des réticences d'un aristocrate libéral face aux archaïsmes absolutistes d'un pays jugé arriéré.

Cette opposition de principe, mise sous le boisseau entre 1870 et 1914 par une France défaite par la Prusse, isolée et en quête d'alliances, réapparaît dès la révolution bolchevique. L'idéologie marxiste-léniniste, combattue par les gouvernements successifs mais perçue comme émancipatrice par une forte minorité de Français, imprègne la société comme un miroir renversé de la période tsariste. Avant 1917, l'opinion russe éclairée soutenait la France, pays de la liberté, apprenait sa langue et lisait ses auteurs,

1 Cette formule couramment utilisée est attribuée à de Gaulle se référant au traité franco-russe de 1892.

tandis que le gouvernement du tsar se montrait en général réservé, sauf à la veille de la Première Guerre mondiale. Après la révolution d'Octobre et surtout après la victoire de 1945, ce sont les intellectuels français qui, en majorité, soutenaient l'URSS, perçue comme le pays de l'égalité, de l'émancipation et du prolétariat, tandis que les gouvernements « bourgeois » étaient très réticents vis-à-vis d'un pays révisionniste et révolutionnaire, prosélyte et expansionniste.

La Guerre froide a cristallisé cet antagonisme dans un système d'Alliance atlantique, dont les séquelles perdurent. Après la conférence d'Helsinki en 1975 et la signature par Moscou de l'Acte final et de ses dix principes, dont les septième et huitième engageaient la Russie soviétique sur les droits de l'homme et des peuples, le rapport de « légitimité » s'est à nouveau inversé. Les libertés politiques que la France semblait incarner reprenaient le pas chez les intellectuels russes sur les « libertés concrètes » (salaires, logements, emploi, etc.) dont le marxisme-léninisme russe s'était fait le héraut. Cette ouverture se doublait de la revitalisation en Russie de la culture et de la langue françaises, autorisée par le régime soviétique depuis la visite de de Gaulle en 1966.

L'effondrement de l'Empire soviétique a brouillé un moment les cartes, la présidence d'Eltsine apparaissant comme ultralibérale sur les plans politique et économique et pro-occidentale en politique extérieure. Mais l'arrivée de Poutine au Kremlin a rétabli une ligne de partage. Le nouveau pouvoir s'appuie sur une idéologie conservatrice, sur une base identitaire largement religieuse, qui refuse l'ultra-individualisme occidental, prône le retour aux valeurs collectives et justifie une autorité forte. Du côté français, les médias, le pouvoir et une partie de l'opinion fustigent les dérives autoritaires et les atteintes aux droits de l'homme du régime russe.

La France a souvent mal apprécié le poids stratégique de la Russie

Il a fallu la victoire de Pierre le Grand contre Charles XII de Suède à Poltava, en 1710, pour que la France prenne conscience du poids de la Russie en Europe. Pourtant, Pierre le Grand – qui souhaitait signer un traité lors de sa visite en France en 1717 pour se prémunir contre une alliance suédo-polono-franco-turque – s'était vu opposer une fin de non-recevoir par le cardinal Dubois en charge de la politique étrangère de la Régence, partisan de l'alliance anglaise, au grand dam de Saint-Simon. Certes, un traité dit d'alliance, dirigé contre l'Autriche, fut signé un peu plus tard à Amsterdam avec la Russie et la Prusse, mais l'accord russo-autrichien de 1726 le relégua aux archives. La France restait fidèle à son système d'alliance anti-autrichien avec la Pologne, la Suède et l'Empire ottoman auxquels s'opposait la Russie dans sa poussée vers les mers chaudes et la Baltique.

Devant la montée de la Prusse, Louis XV allait cependant signer un traité avec l'Autriche, alliée de la Russie, à Versailles en 1756. La Russie et la France se sont donc trouvées du même côté lors de la guerre de Sept Ans contre la Prusse et l'Angleterre. Le retournement de la Russie après la mort de la tsarine Élisabeth, en 1762, a donné la victoire à Frédéric II de Prusse, qui avait frôlé le désastre. C'est sans doute avec cet événement en tête que Napoléon obtient par le traité de Tilsitt, en 1807, l'engagement du tsar Alexandre Ier de participer au blocus de l'Angleterre en échange d'une liberté de manœuvre contre la Suède en Finlande ou contre les Ottomans. La Russie n'ayant pas respecté le blocus, il a cru pouvoir l'imposer par la force. Il y a perdu la guerre, son empire, son armée et sa liberté après la retraite de Russie. C'est néanmoins Alexandre Ier, soucieux de préserver l'équilibre continental, qui a empêché, lors du congrès de Vienne, le démantèlement du pays vaincu et plaidé pour la réintégration de la France de Louis XVIII dans la Sainte-Alliance.

L'anglophilie de Louis-Philippe et de Napoléon III comme la nature du régime de Nicolas Ier allaient à nouveau opposer la Russie à la France. À Londres comme à Paris, un profond sentiment antirusse prévalait, alimenté par le caractère autoritaire du régime tsariste, la répression en Pologne et les rivalités en Méditerranée ou en Asie. La victoire franco-anglaise dans la campagne de Crimée, qui devait contenir la Russie face à l'Empire ottoman et lui interdire l'accès aux mers chaudes, n'a apporté aucun gain territorial ou géostratégique à la France, si ce n'est la fin du Concert européen antifrançais issu du congrès de Vienne. Les clauses du traité de Paris (mars 1856), rapidement caduques, n'ont ni retardé l'expansionnisme russe au détriment de la Turquie, ni neutralisé la mer Noire, ni donné à la France le monopole de la protection des chrétiens ou des lieux saints de Jérusalem, ni empêché la flotte de guerre russe d'entrer en Méditerranée.

Son principal effet a été d'isoler la France face à la Prusse en 1870, Paris ayant, au nom du principe des nationalités, successivement soutenu les Italiens contre les Autrichiens, les Prussiens contre les Autrichiens, le Vatican contre les Italiens de Garibaldi. Quant à l'alliance anglaise, elle s'évanouit devant l'activisme brouillon de la diplomatie française qui se voulait émancipatrice. Privée de système d'alliance solide, la France s'est trouvée isolée face à Bismarck[1].

1 En menaçant Berlin d'une intervention, la Russie a cependant sauvé la France d'une nouvelle invasion allemande en 1875.

De la logique de l'alliance de revers à la tentative de 1944

Le séisme de la défaite de 1870, l'occupation et l'« amende » de 5 milliards de francs-or qui a saigné la France, ont imposé, au-delà des divergences idéologiques, l'évidence de l'alliance russe. Il s'agissait de rompre l'isolement, d'opposer à la Prusse une alliance de revers, voire de réconcilier la Russie et l'Angleterre opposées dans le « Grand Jeu » pour le contrôle des accès à l'Inde *via* l'Asie centrale. L'accord de coopération militaire de 1892, purement défensif mais suivi par des conventions de plus en plus diversifiées et engageantes, accueilli avec enthousiasme à Paris, a été signé avec Alexandre III, le tsar le plus réactionnaire et répressif de toute l'histoire moderne de la Russie.

Grâce aux profondes affinités culturelles entre les deux peuples, héritées de l'histoire, ce mariage de raison a rapidement donné lieu à un roman d'amour qui a marqué les mémoires comme l'âge d'or des relations entre les deux pays... En septembre 1914, ce réalisme, désormais soutenu par l'opinion, a sauvé le pays : l'offensive improvisée par Nicolas II à la demande de la France a obligé le Kaiser à transférer en catastrophe ses forces sur le front de l'Est, rendant possibles la victoire de la Marne et la sauvegarde de Paris. Après la révolution bolchevique et la paix séparée germano-russe de Brest-Litovsk en février 1918, les deux pays se sont à nouveau trouvés opposés.

Cependant, entre les deux guerres, le ministre des Affaires étrangères Louis Barthou a tenté d'en revenir à l'alliance de revers. Après le retrait de l'Allemagne de la Société des Nations (SDN) en octobre 1933 suivi par le Pacte de non-agression qu'elle signe avec la Pologne en janvier 1934, Barthou, anticommuniste convaincu, a fait le même raisonnement que Poincaré inquiet par-dessus tout d'un possible rapprochement entre Berlin et Moscou. Son assassinat le 9 octobre 1934, alors que la voie d'un Pacte d'assistance mutuelle était dégagée, a de fait mis fin à cette politique. Si Laval, son successeur, signa finalement le pacte en 1935, il le vida de sa substance. Malgré les efforts de la diplomatie de l'URSS, la France et la Grande-Bretagne restèrent jusqu'au bout réticentes à l'idée de s'allier contre Hitler avec le diable bolchevique, d'autant que la Pologne refusait de laisser passer les troupes soviétiques pour attaquer l'Allemagne. La répétition de l'accord germano-soviétique de Rapallo de 1920, redoutée par Barthou, allait se produire à travers le pacte Molotov-Ribbentrop d'août 1939. Sans alliance de revers, la France a perdu la guerre, la Grande-Bretagne a failli la perdre et la Russie soviétique a payé sa victoire d'un prix exorbitant.

De Gaulle avait en tête ces leçons de l'histoire. Anticommuniste et chrétien convaincu, ses idées n'influaient guère sur son analyse stratégique.

En décembre 1944, il est allé chercher à Moscou, au terme d'un voyage de huit jours et de pénibles négociations, à la fois l'adoubement de la France comme puissance victorieuse malgré la défaite de 1940 (Staline lui a répété que la France « s'était laissé battre ») et la tenue en laisse du Parti communiste lors de la reconstruction du pouvoir républicain. Au cours de ses entretiens avec Staline, de Gaulle a attribué la défaite française à l'absence de la Russie du traité de Versailles et à la non-application du pacte de 1935. Mais Staline, soucieux de ménager ses alliés américains et anglais et méprisant la faiblesse française, ne lui a donné satisfaction qu'*in extremis*. De Gaulle avait quasiment fait ses valises quand il fut invité à signer le traité d'alliance et d'assistance mutuelle – et il lui avait fallu accepter l'envoi d'un délégué français « non officiel » au gouvernement polonais prosoviétique du comité de Lublin.

Ainsi la France a-t-elle obtenu un statut, partiel, de vainqueur et recouvré son rang de grande puissance. Elle ne figurera cependant ni à Yalta ni à Potsdam, conférences où l'URSS, les États-Unis et la Grande-Bretagne dessineront l'Europe et le monde de l'après-guerre, ce qui suscitera l'amertume du général. Staline n'appuiera pas les demandes françaises sur le statut de l'Allemagne et de la rive gauche du Rhin, n'acceptera pas de zone d'occupation française (si ce n'est par amputation des zones américaines et anglaises) et n'exploitera pas vraiment la volonté de De Gaulle de jouer un rôle indépendant.

Quand il comprit l'avantage qu'il pouvait en tirer, la Guerre froide avait commencé et la France choisi son camp. Mais, sans cet accord avec Staline, elle aurait sans doute connu des troubles politiques plus graves à la Libération, n'aurait pas eu de siège permanent au Conseil de sécurité ni joui d'un statut spécifique au sein du bloc occidental. Grâce à son pacte avec Moscou, elle avait obtenu une assez grande marge de manœuvre vis-à-vis d'alliés peu disposés non plus à lui rendre d'emblée son statut de grande puissance. Comme l'a déclaré de Gaulle à son retour de Moscou en 1944, « pour la France et la Russie être unies c'est être fortes, se trouver séparées c'est se trouver en danger. En vérité il y a là comme un impératif catégorique de la géographie, de l'expérience et du bon sens ».

De la coopération pour la détente au retour à l'idéologie

Entre le départ de De Gaulle en 1946 et son retour aux affaires en 1958, la France avait participé sans arrière-pensées à l'OTAN et à son commandement intégré, c'est-à-dire américain. Dès 1956, l'absence de solidarité américaine lors de l'affaire de Suez interrogea les dirigeants français. Revenu au pouvoir, quoique totalement solidaire de ses alliés occidentaux lors des crises de Berlin et de Cuba, de Gaulle s'est inquiété de voir la France ne plus être maîtresse de son destin.

La doctrine de « riposte graduée », mise en avant dès 1961 à l'OTAN par le secrétaire d'État américain à la Défense Robert McNamara et qui impliquait une bataille nucléaire sur le sol européen[1], a confirmé Paris dans sa volonté de se doter de sa dissuasion propre (première bombe A en 1964), de sortir de l'organisation militaire intégrée de l'Alliance atlantique (février 1966) et de tenter un rapprochement avec Moscou pour faire baisser la tension (voyage de juin 1966). Il ne s'agissait plus d'alliance de revers face à l'Allemagne, à laquelle nous liaient la Communauté européenne, l'OTAN et le traité bilatéral de 1963, mais bien plutôt de la sécurité du continent européen. Le voyage triomphal de De Gaulle en Russie en 1966 a ouvert la voie à la détente, assuré dans ce pays une place privilégiée à la France et réactivé les liens bicentenaires avec sa langue et sa culture. Il annonçait les accords russo-américains de 1972 sur la limitation des armes nucléaires, l'Ost-Politik de Willy Brandt, l'encadrement de la Guerre froide par une série de traités. Malgré l'intervention soviétique en Tchécoslovaquie en 1968, il a stabilisé la situation sécuritaire sur le continent et sans doute ouvert la voie aux accords d'Helsinki. Il a facilité à terme, comme le pensait le général, la disparition du système soviétique et la libération des pays d'Europe centrale et orientale.

Après la tentative ratée de Mitterrand de créer une « confédération européenne » avec la Russie en 1990, l'approche idéologique a peu à peu repris le dessus. Le rapprochement avec l'OTAN, dont Paris a rejoint le commandement intégré en 2009, a marqué l'évolution de mentalités françaises en voie d'« occidentalisation » rapide. La prévalence de l'idéologie a été d'autant plus forte que la politique extérieure de l'Union européenne (UE) prenait de plus en plus d'importance – avec notamment la création d'un Haut Représentant de l'Union pour les Affaires étrangères et la Politique de sécurité par le traité de Lisbonne de 2007 – et que, dans un ensemble hétérogène de vingt-huit États membres, les droits de l'homme, l'État de droit et la solidarité atlantique devenaient quasiment les seuls éléments d'une position commune.

Les performances démocratiques de la Russie, scrupuleusement observées par les experts européens, sont naturellement devenues des conditions expresses ou implicites mises au resserrement des relations avec l'UE. Tous les accords passés par Bruxelles avec la Russie (Accord de partenariat et de coopération de 1997, quatre espaces communs de 2003, partenariat pour la modernisation de 2010) comportent des volets sur la justice, l'État de droit, les droits de l'homme qui se sont révélés des facteurs de

1 « L'évolution de la stratégie de l'OTAN 1949-1969 », documents recueillis par Gregory Pedlow, p. XXVI.

blocage, invoqués par certains États membres, récents adhérents aux souvenirs cuisants.

De son côté, Moscou, aux prises avec les séquelles de la chute de l'empire soviétique, n'a pas eu le comportement attendu par des Européens exigeants. Les guerres tchétchènes, la guerre de Géorgie, l'annexion de la Crimée et la guerre au Donbass, le durcissement de la vie politique intérieure ont exacerbé les tensions. Un nouveau type de guerre froide s'est instauré. La persistance du conflit ukrainien et d'un système de sanctions contre la Russie qui s'apparente de plus en plus à un blocus, la disparition progressive, à l'initiative de l'ex-président Trump, des filets de sécurité qui limitaient les risques de déclenchement d'un conflit en Europe (traité sur les Forces nucléaires intermédiaires, traité Ciel ouvert sur les observations aériennes réciproques, peut-être Accords de réduction des armements stratégiques...)[1], le retour subreptice de l'OTAN aux doctrines d'emploi des armes nucléaires sur le champ de bataille en Europe auraient dû faire revenir les questions stratégiques au premier plan. Il n'en a rien été.

Les tentatives du président Macron pour réintroduire de la pensée stratégique dans la relation avec la Russie (« arrimage à l'Europe », « mort cérébrale de l'OTAN » désormais dirigée contre un ennemi qui n'en est plus un, nécessité d'éviter la dérive russe vers la Chine[2]) sont restées sans lendemain. Certes, sous l'impulsion de la France, l'UE cherche timidement à devenir un acteur stratégique sur la scène mondiale. Mais désormais tributaire d'un réseau de solidarités dense et contraignant, la politique étrangère française ne semble pas en mesure de promouvoir la vision réaliste de la relation avec Moscou qui lui avait si bien réussi à des moments cruciaux de son histoire.

Pour en savoir plus

Hélène Carrère d'Encausse, *Le Général de Gaulle et la Russie*, Pluriel, Paris, 2019.

Jean-Baptiste Duroselle, « Louis Barthou et le rapprochement franco-soviétique en 1934 », *Cahiers du monde russe*, vol. 3, n° 4, octobre-décembre 1962, p. 525-545.

Ivan Maïski, *Journal. 1932-1943. Les révélations inédites de l'ambassadeur russe à Londres* (texte établi par Gabriel Gorodetsky, trad. par Christophe Jaquet), Les Belles Lettres, Paris, 2017.

1 Joe Biden semble souhaiter mettre fin à cette dérive en reconduisant pour cinq ans l'accord New Start.

2 Entretien paru dans *The Economist* de novembre 2019.

Récurrences et changements dans l'engagement européen

Christian Lequesne
Politiste, spécialiste de l'Union européenne, Sciences Po-Ceri

Membre fondateur en 1951 de la Communauté européenne, devenue en 1993 l'Union européenne (UE), la France y occupe une place de choix aux côtés de l'Allemagne, que le départ du Royaume-Uni est venu renforcer. Soixante-dix ans d'adhésion permettent d'entrevoir dans l'engagement européen de la France une série de récurrences mais aussi de changements sous l'angle historique de la longue durée.

Des élites gouvernementales ralliées au projet européen

Le rôle des élites gouvernementales françaises dans le développement de la construction européenne a toujours été fondamental ; il s'agit largement d'un projet défini « par le haut ». En France, la construction européenne est portée au lendemain de la Seconde Guerre mondiale par les socialistes et les chrétiens-démocrates, dont la personnalité la plus emblématique reste Robert Schuman, ministre des Affaires étrangères de 1948 à 1953. La déclaration Schuman du 9 mai 1950 appelle à une mise en commun de la production européenne de charbon et d'acier, placée sous la responsabilité d'une Haute Autorité européenne incluant l'Allemagne.

La création en 1951 de la Communauté européenne du charbon et de l'acier (CECA) implique, pour une France qui a été humiliée par la défaite de 1940, d'une part, de se réconcilier avec le voisin d'outre-Rhin et, d'autre part, de concéder des abandons de souveraineté nationale. Autant de mesures qui ne vont pas de soi pour toutes les forces politiques. Le vif débat sur la Communauté européenne de défense (CED) appelant à la création d'une armée européenne catalyse ces oppositions. Ce nouveau projet d'origine française est finalement rejeté en septembre 1954 par l'Assemblée nationale. Les gaullistes y voient d'inacceptables atteintes à la souveraineté nationale. Les communistes et une partie des socialistes s'opposent à ce qu'ils considèrent comme une porte ouverte à un réarmement de l'Allemagne.

Les traités de Rome instituant en mars 1957 la Communauté économique européenne (CEE) et la Communauté européenne de l'énergie atomique (Euratom) sont eux aussi précédés de rudes discussions parmi les élites politiques de la IVe République. Certains voient dans la création du marché commun le renoncement de la France à une certaine protection de son économie, dans la tradition colbertiste. Il n'est pas fortuit que le gouvernement français impose à l'Europe des politiques distributives comme la politique agricole visant à soutenir les revenus des agriculteurs.

Atteintes à la souveraineté nationale, souhait de limiter la puissance de l'Allemagne et peur du libéralisme économique : ces interrogations des débuts restent toujours présentes dans les débats au sein des élites politiques françaises sur l'Europe. Les gouvernements de la IVe République signent pourtant trois traités européens et de Gaulle, de retour au pouvoir en 1958, permet leur mise en œuvre. Le général assume aussi, dès 1963, un rapprochement avec l'Allemagne en signant le traité de coopération franco-allemand, dit traité de l'Élysée. Le choix de faire de l'Allemagne un partenaire privilégié est confirmé par tous les gouvernements français, de droite comme de gauche, sous la Ve République.

À partir de l'élection de Georges Pompidou (1969), les présidents français tendent tous à considérer que l'Europe est un levier indispensable de la puissance nationale. C'est à travers l'Europe que la France doit désormais concevoir sa « grandeur » et maximiser ses intérêts. Certains présidents témoignent toutefois d'un engagement européen plus explicite que d'autres. C'est le cas de Valéry Giscard d'Estaing, François Mitterrand et Emmanuel Macron. Les héritiers de la tradition gaulliste, comme Jacques Chirac et Nicolas Sarkozy, sont plus prompts à présenter l'engagement européen sous l'angle de la défense de l'intérêt national.

François Hollande est le plus discret sur le sujet, car sa famille politique – le parti socialiste – est tellement divisée sur l'Europe qu'il est difficile d'en faire un thème majeur de son programme politique. En revanche, il pratique, comme tous ses prédécesseurs, le compromis constructif face aux partenaires européens. Pendant sa campagne de 2012, il annonce ainsi la renégociation du traité sur la stabilité, la coordination et la gouvernance dans l'Union économique et monétaire, signé par son prédécesseur Nicolas

Sarkozy. En fait, il n'en est rien une fois l'élection acquise. La majorité socialiste à l'Assemblée nationale ratifie le traité, parce qu'il est jugé trop risqué pour les intérêts économiques, mais aussi pour l'influence internationale du pays, de s'opposer frontalement à la construction européenne.

Ce que le politiste américain Ronald Inglehart a appelé un « consensus permissif » des sociétés n'a jamais vraiment existé en France à l'égard de la construction européenne. Il suffit de rappeler l'épisode de la CED qui, selon Raymond Aron, a suscité dans le pays des affrontements aussi rudes que l'affaire Dreyfus. La construction européenne a toujours été une ligne de clivage politique distincte de l'opposition classique gauche/droite. C'est au sein même des familles politiques que les divergences sur l'Europe se manifestent. Lors de la ratification de la CED, les socialistes et les radicaux sont totalement divisés sur le soutien à apporter au projet d'armée européenne. En 1983, les socialistes au pouvoir se divisent entre ceux qui, comme Jean-Pierre Chevènement et Laurent Fabius, sont prêts à voir le franc décrocher du Système monétaire européen (SME) et ceux, comme Jacques Delors, Michel Rocard et, pour finir, le président Mitterrand, qui veulent l'ancrer, quitte à assumer une politique de rigueur en matière de dépenses publiques.

C'est toutefois à partir du débat sur le traité de Maastricht, en 1991-1992, créant l'UE et la monnaie unique (l'euro), que le clivage sur la question européenne se renforce. Lors du référendum de ratification en septembre 1992, gagné à une faible majorité (51,04 %), le parti gaulliste Rassemblement pour la République (RPR) et le Parti socialiste se fissurent de l'intérieur sur le soutien au oui ou au non. À l'époque, le principal grief porte encore sur la préservation de la souveraineté nationale. La gauche et la droite anti-Maastricht considèrent l'indépendance de la Banque centrale européenne (BCE) comme une atteinte à la souveraineté du peuple français. Treize ans plus tard, lors du référendum de 2005 sur la Constitution européenne, rejeté cette fois-ci à 54,68 % par les Français, le clivage continue à diviser la droite et la gauche, au point d'amorcer l'éclatement futur du Parti socialiste. Les critiques ne sont toutefois plus les mêmes. Elles portent à gauche sur le rejet du néolibéralisme et à droite sur celui de l'élargissement de l'UE, en particulier à la Turquie. Des thèmes dont s'emparent aussi les partis d'extrême gauche et d'extrême droite, que le rejet de la mondialisation a légitimés auprès de l'électorat.

Si les élites gouvernementales n'ont guère d'autre choix que d'accepter l'engagement européen de l'État, la période de l'après-Guerre froide rend la promotion politique de l'Europe plus compliquée auprès des citoyens. Une vraie opposition populaire à l'Europe s'exprime à chaque élection, avec une force décuplée après la crise économique de 2008. Il faut attendre l'élection d'Emmanuel Macron en 2017, candidat libéral se revendiquant ni de droite ni de gauche, pour que la défense de l'Europe soit remise en avant dans le discours politique. Le thème n'est pourtant pas facile à manier, alors que l'expérience du Brexit atteste d'une désintégration de l'UE.

Concilier supranationalité et intergouvernementalisme

Si les élites politiques françaises, une fois en situation de gouverner, valident le projet européen depuis de Gaulle, elles n'ont jamais été tentées pour autant par un État fédéral européen. À l'exception des chrétiens-démocrates, il n'y a jamais eu en France de soutien fort au fédéralisme européen, comme on a pu en trouver en Allemagne, en Belgique ou en Italie. Les présidents français depuis Georges Pompidou ont tous assumé un modèle hybride de construction européenne combinant la méthode supranationale à la méthode intergouvernementale. Par méthode supranationale, on entend une délégation de compétences aux institutions européennes qui se traduit, sur le plan décisionnel, par le pouvoir de proposition de la Commission européenne, l'association législative du Parlement européen, l'utilisation du vote majoritaire au Conseil des ministres de l'UE et la reconnaissance du contrôle de la Cour de justice européenne. Par méthode intergouvernementale, on entend à l'inverse un processus de décision qui reste dans les mains du seul Conseil des ministres de l'UE s'exprimant par consensus ou à l'unanimité, sans délégation de compétences aux autres institutions européennes.

Depuis le traité de la CECA, les gouvernements français ont accepté que la méthode supranationale s'applique aux décisions portant sur les politiques économiques et de régulation (marché, monnaie, environnement, recherche). En revanche, ils ont toujours soutenu la méthode intergouvernementale dans les domaines de la politique étrangère et de la défense. À partir de la présidence de Jacques Chirac, on assiste à un engagement français de plus en plus marqué en faveur de la méthode intergouvernementale. C'est d'ailleurs une tendance dans tous les États de l'UE, y compris en Allemagne qui fut, jusqu'au traité de Maastricht, une grande gardienne de la méthode supranationale. Cette évolution s'explique par la demande grandissante des opinions publiques que leurs États « gardent le contrôle ». Il faut y ajouter le facteur des élargissements. Le passage de 12 à 15 États membres en 1995, puis de 15 à 28 entre 2004 et 2013 (ramené à 27 après le départ du Royaume-Uni en 2020) a rendu la méthode supranationale plus difficile à manier. Avec 27 États membres, il devient plus difficile d'avancer tous au même rythme, ce qui amène les États à se rabattre sur la méthode intergouvernementale pour organiser la différenciation.

Le traité sur la stabilité de 2012 devait à l'origine être signé par les 27 États membres. Mais les farouches oppositions du Royaume-Uni et de la République tchèque obligent à concevoir un traité intergouvernemental à 25 qui les laisse de côté. Nicolas Sarkozy soutient cette solution intergouvernementale qui se veut pragmatique. Il en va de même pour la création, en 2018, de l'Initiative européenne d'intervention, sur la suggestion d'Emmanuel Macron. La difficulté de s'entendre sur un noyau européen de défense opérationnelle à 28 conduit la France à proposer une coopération intergouvernementale en dehors des traités, à laquelle se rallient 13 États membres. Les élites gouvernementales françaises n'ont donc jamais renoncé à la méthode intergouvernementale dès lors que celle-ci faisait avancer la décision. Si elles ont accepté d'emprunter des éléments au fédéralisme dans le domaine économique à travers la méthode supranationale, elles n'ont néanmoins jamais cru aux attraits de l'État fédéral européen. De ce point de vue, le départ du Royaume-Uni ne change rien.

Le compromis franco-allemand

Dès 1954, avec Pierre Mendès France, les responsables français opèrent un rapprochement politique avec la nouvelle Allemagne fédérale et démocratique. Le général de Gaulle formalise la réconciliation en signant avec Konrad Adenauer, en janvier 1963, le traité de coopération bilatéral, dit traité de l'Élysée. Révisé en 2019 par le président Macron et la chancelière Angela Merkel sous la forme du traité d'Aix-la-Chapelle, ce texte favorise une consultation privilégiée entre les deux pays avant les négociations européennes. Soixante années de consultations ont produit un système pacifique de gestion des conflits sans équivalent dans l'UE. Cela ne veut pas dire que les deux pays partagent toujours les mêmes vues de la construction européenne. Mais ils s'engagent à surmonter les conflits en recherchant le compromis. Cette rationalisation des différences n'a jamais été abandonnée par les deux pays, y compris sur les questions macroéconomiques sur lesquelles ils sont très divisés.

La relation franco-allemande continue à influencer l'avancée de l'UE, comme l'adoption, en 2020, du Plan européen de relance économique le démontre. La décision d'offrir aux économies des subventions tout en mutualisant la dette souscrite n'aurait pas été possible si l'Allemagne et la France n'avaient pas trouvé un accord préalable. Cependant, le compromis franco-allemand est parfois ressenti comme une manifestation d'hégémonie par les autres États membres, qui lui opposent une capacité accrue de résistance depuis les élargissements. Lors de la négociation finale du Plan de relance européen, la France et l'Allemagne se sont ainsi heurtées à l'opposition de quatre États dits « frugaux » (Autriche, Danemark, Pays-Bas et Suède), soutenus par la Finlande, mais aussi d'un certain nombre d'États d'Europe centrale et orientale.

Jusqu'à la fin de la Guerre froide, la relation franco-allemande n'est pas seulement un système de gestion de conflits, mais aussi une force de propositions. On peut évoquer les initiatives franco-allemandes qui ont abouti à des réalisations institutionnelles majeures, comme les créations du Conseil européen (1974), du Système monétaire européen (1979) ou encore de l'Union économique et monétaire (1993).

Cette capacité stratégique s'amenuise avec la fin de la Guerre froide, pour trois raisons : l'Allemagne réunifiée retrouve un sens plus marqué de son intérêt national ; les élargissements introduisent plus de diversité dans les attentes des autres États membres ; enfin, les opinions publiques des deux pays deviennent plus critiques sur les avancées de la construction européenne. Durant les presque vingt années séparant le traité de Maastricht en 1992 du Plan de relance européen en 2020, il n'y a guère d'initiative franco-allemande de grande envergure. Le Plan européen de relance permet de renouer avec la capacité stratégique du passé, puisqu'il est précédé d'une annonce franco-allemande indiquant la direction à suivre.

L'Europe élargie : les difficultés à changer d'échelle

La France est un État fondateur de la Communauté européenne qui y a toujours vu un projet politique devant être plus qu'un marché et un projet de stabilisation géopolitique. Aucun élargissement de l'UE ne laisse dès lors la France totalement indifférente. Il faut mentionner les deux vetos de De Gaulle à la candidature du Royaume-Uni en 1963 et 1967. Les élargissements à la Grèce, à l'Espagne et au Portugal, entre 1981 et 1986, suscitent de vifs débats sur la concurrence dans les domaines de l'agriculture et la pêche. Les élargissements de 2004 et 2007 aux pays d'Europe centrale et orientale engendrent également des controverses sur la concurrence que vont représenter des économies moins développées.

Le référendum de 2005 sur la Constitution européenne fait surgir dans le débat politique la figure du « plombier polonais » qui incarnerait le risque de dumping social lié à l'élargissement à l'Est. Le projet avorté de Constitution européenne est aussi l'occasion d'un débat très controversé sur l'intégration de la Turquie – le président Chirac ayant autorisé l'ouverture de négociations en 2004. Une étude de la Fondation Jean Jaurès de 2021 montre enfin que 60 % des Français sont opposés à l'élargissement de l'UE aux pays des Balkans occidentaux (Albanie, Bosnie-Herzégovine, Kosovo, Macédoine du Nord, Monténégro et Serbie). La Constitution française est d'ailleurs la seule des 27 à comporter un article (88-5) qui soumet tout nouvel élargissement de l'UE à un référendum obligatoire.

L'opposition française aux élargissements rallie à la fois les eurosceptiques et les pro-européens. Les premiers voient surtout dans l'élargissement les risques d'une concurrence économique déloyale et le déferlement des travailleurs émigrés. Les seconds craignent la dilution de l'Europe politique dans un grand marché.

La France s'accommodait bien du projet original de la construction européenne, dans la mesure où il représentait une petite Europe politique, ancrée à l'Ouest et revendiquant une certaine autonomie par rapport à l'allié américain. Elle a plus de mal à aborder le bouleversement de ce schéma depuis la fin de la Guerre froide sans montrer ses craintes et ses faiblesses. L'Allemagne exprime à l'inverse un fort soutien à ses voisins d'Europe centrale qui, en retour, servent largement les intérêts de son industrie. Il a fallu attendre la présidence d'Emmanuel Macron en 2017 pour que l'on retrouve une certaine empathie des responsables gouvernementaux français à l'égard de l'Europe centrale et orientale. Elle correspond largement à un changement de génération des responsables politiques français, dont la socialisation politique a eu lieu après la Guerre froide. Cette nouvelle génération arrive cependant à un moment où l'Europe centrale et orientale se tourne vers la révolution conservatrice et le nationalisme, ce qui rend le travail européen moins aisé.

L'Europe puissance, l'Europe souveraine

Tous les protagonistes du projet européen originel ont considéré qu'ils ne pouvaient pas se passer des États-Unis, et donc de l'Organisation du traité de l'Atlantique nord (OTAN), pour assurer leur sécurité. L'arrivée du général de Gaulle en 1958 nuance la donne, puisqu'elle comporte un projet d'émancipation de la France à l'intérieur du camp occidental. La concrétisation de la bombe atomique en 1960 et la sortie du dispositif militaire de l'OTAN en 1966 conduisent la France gaulliste à revendiquer le projet d'une « Europe européenne ».

Malgré la réintégration pleine et entière de la France au commandement militaire intégré de l'OTAN en 2009, l'idée d'une UE se définissant comme un pôle de puissance militaire autonome à l'égard du reste du monde n'est étrangère à aucun président français sous la Ve République. Elle s'explique par une conviction, inverse de celle des Brexiters au Royaume-Uni, que l'Europe maximise la puissance des États qui la composent sur la scène mondiale. Cette idiosyncrasie française se retrouve depuis les années 1970 dans les prises de position des responsables gouvernementaux. C'est au ministre des Affaires étrangères de Giscard d'Estaing, Jean François-Poncet, que l'on doit la paternité de l'expression « Europe puissance ». Celle-ci signifie que l'Europe ne peut jouer un rôle que si elle se dote d'une sécurité et d'une défense propres et qu'elle assume donc un renforcement de son *hard power*. Lors de la négociation du traité de Maastricht, la France portait seule l'idée d'une défense européenne qui pourrait être une alternative à l'OTAN. En 2003, le président Chirac est apparu comme le leader des opposants européens à une intervention militaire aux côtés des Américains pour mettre fin au régime de Saddam Hussein en Irak.

Il y a en France une capacité à penser l'UE comme une puissance combinant le *hard* et le *soft* qui est loin d'être partagée par tous les autres États membres. Emmanuel Macron s'inscrit dans cette tradition, comme en témoigne son discours politique. Il parle d'« autonomie stratégique européenne » ou encore de « souveraineté européenne », assumant ainsi l'idée de puissance européenne à l'égard des États-Unis mais aussi de la Chine. Ce discours français pose souvent aux autres Européens la difficile question de la relation avec les États-Unis. S'il présentait un certain attrait sous la présidence Trump, il en a beaucoup moins depuis l'élection de Joe Biden qui marque pour beaucoup d'États européens le retour à une normalité transatlantique qui les rassure. Héritage du gaullisme, le modèle de puissance que défend la France pour l'Europe, et qui est l'un des thèmes de la présidence française de l'UE en 2022, reste donc difficile à faire admettre par la majorité des partenaires européens, soit parce qu'ils ne conçoivent pas leur avenir sans les États-Unis (pays d'Europe centrale et orientale, mais aussi Allemagne), soit parce que l'Union doit rester pour eux un simple *soft power* (Suède).

Emmanuel Macron est représentatif de cette culture stratégique française qui voudrait que l'Europe incarne à l'avenir la puissance que la France pouvait assumer seule par le passé. Au moment même où s'affirme une nouvelle forme de bipolarité entre la Chine et les États-Unis, cette idée de puissance européenne a du sens. Mais elle suppose une émancipation qui ne va pas encore de soi pour une bonne partie des pays européens préférant le confort de la sécurité occidentale au projet ambitieux, mais aussi coûteux du point de vue militaire, de construire ce que de Gaulle appelait une « Europe européenne ». La France demeure souvent un peu seule en Europe quand elle parle de puissance.

Pour en savoir plus

Gérard Bossuat, *La France et la construction de l'unité européenne. De 1919 à nos jours*, Armand Colin, Paris, 2012.

Thierry Chopin et Samuel Faure, « Presidential election 2022. A Euroclash between a "liberal" and "neo-nationalist" France is coming », *Intereconomics*, n° 56 (2), 2021, p. 75-81.

Christian Lequesne, *La France et la nouvelle Europe. Assumer le changement d'échelle*, Presses de Sciences Po, Paris, 2008.

Christine Hübner, Jan Eichhorn, Luuk Molthof et Srđan Cvijić, « Il s'agit de l'UE et non de son élargissement aux Balkans occidentaux... La position de l'opinion publique française sur l'adhésion à l'UE des Balkans occidentaux », Open Society European Police Institute, février 2021, <www.opensocietyfoundations.org>.

Laurent Warlouzet, *Le Choix de la CEE par la France. L'Europe économique en débat de Mendès France à de Gaulle (1955-1969)*, IGPDE, Paris, 2011.

Quand la grandeur masque les défaites

Pierre Grosser
Sciences Po Paris

Dès les premiers mois de l'épidémie de Covid-19 en France, au printemps 2020, les commentateurs confinés ont cité à satiété *L'Étrange Défaite* de l'historien Marc Bloch, prétendant eux aussi décrire à chaud les raisons d'un échec traumatisant, dans une atmosphère de sidération jugée comparable, et alors que 1940 reste un événement traumatique pour l'identité française. Bloch déroulait les responsabilités de nombreux groupes sociaux et professionnels. Ces commentateurs, en revanche, ne retinrent souvent que celle du pouvoir et des élites, dans le sillage de la crise des Gilets jaunes et des mobilisations contre la réforme des retraites.

La plupart faisaient l'impasse sur soixante-dix ans de travaux historiques qui ont largement revu la nature et les causes de la défaite, et l'attitude des Français. Surtout, l'analogie entraînait un nouveau souffle de nostalgie gaullienne, en cette année 2020, qui marquait le cinquantenaire de la mort du Grand Homme. Les incantations mêlaient le « de Gaulle n'aurait pas dit/fait cela » et un regard fantasmé sur la France des années 1960, souveraine, dotée d'un État efficace et obéi, et de capacités planificatrices et d'innovation.

Bien plus à gauche, le discours sur la faillite des élites renvoie à l'accusation traditionnelle du Parti communiste français et de ses historiens, pointant du doigt leur « choix de la défaite » (Annie Lacroix-Riz) dans les années 1930, pour collaborer d'abord avec l'Allemagne nazie, puis après

1945 avec les États-Unis, l'Allemagne et le Vatican dans l'européisme et l'atlantisme – le tout par anticommunisme. Ces élites auraient mené au cataclysme actuel, et en profiteraient. Célébrer la Commune en 2021, c'est donc encourager un sursaut de combativité populaire durant une défaite, pour balayer les élites et transformer la vie – et peut-être le monde.

Une longue histoire de défaites

Le « roman révolutionnaire » raconte ainsi les luttes, les victoires, les échecs (souvent à cause de la répression), et les regains de militantisme, de mobilisations et de combat. Le « roman national » raconte quant à lui les grands hommes qui ont fait la France, et la capacité du pays, phare du monde et de la civilisation, à se redresser après les tempêtes et les défaites (souvent glorieuses). L'année 2021 est une « année Napoléon », qui attise une traditionnelle nostalgie de la Grandeur, et l'eczéma du discours sur le déclin, voire la décadence de la France.

Le mélange de prétention, de frustrations et d'échecs est sans doute une particularité française – le coq serait l'emblème du pays, car « il est le seul animal qui continue à chanter même les pieds dans la m.... ». La Suède après Poltava (bataille perdue face à la Russie en 1709) et l'Espagne après la défaite de 1898 contre les États-Unis ont nettement réduit leurs prétentions. L'Allemagne et le Japon se sont profondément réinventés après 1945, même si leur poids économique (interprété comme une forme de « revanche » et une nouvelle modalité de puissance) a suscité quelques inquiétudes depuis la fin des années 1980.

Sans trop remonter dans le passé, on peut égrener des moments douloureux : la guerre de Sept Ans (même si le traité de Paris de 1763 a davantage marqué la mémoire canadienne – et notamment celle du Québec – que la française) ; les défaites napoléoniennes symbolisées par les images d'Épinal de Trafalgar, de la retraite de Russie et de Waterloo ; Sedan et la défaite de 1870 ; le désastre de Lang Son en 1885 face aux Chinois ; la déroute de 1940 face à la Wehrmacht et l'humiliation des Français lors du coup de force japonais en Indochine le 4 mars 1945, qui se double d'un régime collaborationniste complice de la « Solution finale » ; la chute du camp retranché de Diên Biên Phu en mai 1954, après le désastre de Cao Bang et la RC-4 en 1950 ; l'évacuation de Suez lors de l'opération menée en 1956 avec Israël et le Royaume-Uni ; et enfin la perte de l'Algérie, conséquence de la guerre d'indépendance. Les opérations militaires extérieures (Opex) dans lesquelles la France est engagée depuis un demi-siècle ne peuvent produire des défaites spectaculaires et des pertes humaines importantes, malgré des événements traumatiques (comme l'attentat contre les paras français au Liban en 1983), et des enlisements (notamment au Sahel).

Autre caractéristique très française, les défaites ont provoqué des changements de régime. La Restauration eût été peu probable sans les défaites finales de Napoléon. Le Second Empire fut miné par la désastreuse aventure mexicaine, qui a pesé sur les finances et montré l'impopularité de décisions prises d'en haut ; il ne survécut pas à l'humiliation de Sedan. La IIIe République se saborda après la déroute de 1940 et offrit à Pétain des pouvoirs exorbitants. La IVe République s'est délitée à cause de la guerre d'Algérie, de manière accélérée après le 13 mai ; de Gaulle en profita pour instaurer une nouvelle République, qu'il défendit par sa stature et son verbe lors du putsch des généraux de 1961. Pour les putschistes, la puissance française ne se relèverait pas de la perte de l'Algérie.

Les chutes des régimes suite à des défaites mènent à la construction de légendes noires, qui expliquent les désastres et les présentent rétrospectivement comme inévitables. Certains de ces régimes ont été plus aisés à réhabiliter que d'autres. Le Second Empire l'est assez facilement, avec des associations actives et un flot continu de publications sur Napoléon III. Les contemporains et analystes de la IVe République ont assez vite montré que, malgré ses impuissances, celle-ci avait été créatrice, pour le redressement économique de la France, le rapprochement franco-allemand et la construction européenne, l'Alliance atlantique, des décolonisations menées sans catastrophe au Maroc et en Tunisie et engagées en Afrique subsaharienne. Elle avait surtout des circonstances atténuantes, car la France à ce moment fut le seul pays à devoir gérer des difficultés économiques, la question allemande (après trois invasions en soixante-quinze ans), la Guerre froide à son acmé, tout en faisant face à un parti communiste à 25 % de voix et à des États-Unis surpuissants, et enfin la fin convulsive d'un immense empire colonial, de la vague globale de violences impériales d'après guerre (1945-1948) jusqu'à la conviction globale, à la fin des années 1950, que la décolonisation était un phénomène historique irréversible.

Avec moins de succès dans l'opinion, des formes de « révisionnisme » ont profondément remis en cause l'image d'une IIIe République en pleine décadence, qui ne pouvait qu'être humiliée en 1940. Les contraintes du système international étaient nombreuses dans un monde impérial où la menace allemande ne pouvait pas être isolée. Les soutiens étaient rares, avec un Royaume-Uni rétif à s'allier avec la France et qui répondait à ses logiques propres d'*appeasement*, des États-Unis devenus isolationnistes dans les années 1930, de petits alliés à l'Est qui avaient leurs intérêts propres et étaient rivaux entre eux, une Union soviétique qui avait inquiété en promouvant la subversion et l'anticolonialisme, et avait déporté, exécuté ou laissé mourir des millions d'habitants, liquidé son élite militaire et diplomatique et semblait vouloir, sous le prétexte de la sécurité, *a minima*, retrouver les territoires perdus en 1918. Les alternatives à la politique menée n'étaient pas toujours crédibles et souvent contradictoires. Une guerre préventive, ou une mobilisation totale à la nazie ou à la soviétique n'étaient guère envisageables ; Hitler n'était sans doute pas dissuadable et Mussolini ne pouvait sans doute plus, à partir 1936, être détaché de l'alliance allemande.

Le Front populaire a lancé le réarmement. Plusieurs dirigeants sont aujourd'hui en partie « réhabilités » par la recherche (Daladier, Gamelin,...). Il y eut un sursaut de volontarisme en 1938-1939. Les Français sont entrés avec un bon moral dans une guerre que Paris a fini par déclarer. Il fallait du courage pour cette déclaration, alors que l'Allemagne n'avait pas, comme en 1914, déclaré la guerre à la France ni menacé directement son territoire ; alors qu'on ne savait pas, comme nous le savons désormais, ce qu'Hitler ferait (notamment la « Solution finale »), et qu'il y aurait une Grande Alliance qui remporterait la victoire ; et alors que la Grande Guerre avait provoqué une immense saignée et que le pays risquait de ne pas se relever d'un nouveau cataclysme. Surtout, l'armée française n'était pas si mal équipée, et les historiens militaires ont montré que la victoire allemande de mai 1940 avait moins à voir avec une *Blitzkrieg* préparée qu'avec des paris, de la chance et des initiatives hardies de généraux allemands sur le terrain.

Retrouver la grandeur

Mais la France semble indestructible, ce qui tendrait à prouver qu'elle est indispensable au monde, à la fois pour la mécanique de celui-ci (elle se prétend encore « puissance d'équilibre », après avoir condamné la « double hégémonie » durant la Guerre froide et promu la « multipolarité » au temps de l'unipolarité post-Guerre froide), et pour son esprit (constructif dans les conflits régionaux, dans la conception des structures paneuropéennes de sécurité, et universel par la défense des valeurs, de la planète et des « biens publics mondiaux » et son rôle dans les opérations de maintien de la paix). Elle a été sauvée par les miracles de la diplomatie, ce qui traduirait un désir des puissances que la France conserve sa place et son statut.

Talleyrand retourne la situation au congrès de Vienne (18 septembre 1814-9 juin 1815), limitant les dégâts pour la France et parvenant même à instiller quelques germes de division parmi les vainqueurs ; la France fit partie du système du Concert. La défaite de 1870 et l'isolement qui a suivi semblent effacés par le « coup » de l'alliance franco-russe, qui après l'alliance de revers franco-ottomane face aux Habsbourg (et avant les flirts franco-soviétiques face au problème allemand), témoignerait du réalisme de la France, capable de s'appuyer sur des régimes complètement différents du sien pour assurer sa sécurité.

Le « miracle » gaullien durant la Seconde Guerre mondiale a redonné un rang à la France, présente (à la surprise des généraux allemands) lors des capitulations de Reims et de Berlin, et même lors de celle du Japon, disposant d'une zone d'occupation en Allemagne et participant donc à la gestion à quatre du problème allemand, et surtout dotée d'un siège permanent au Conseil de sécurité de l'Organisation des Nations unies. Les mots très durs de Staline sur le rang de la France après 1940 et de Roosevelt sur l'Empire français (notamment sur l'Indochine, que la France ne devait pas, selon lui, conserver) semblent oubliés. La « restauration » du statut de la France est aussi passée par la restauration de l'empire, quitte à reconquérir l'Indochine ; l'Union française devait permettre de sublimer le nouvel élan impérial, et créer un ensemble assez vaste et peuplé pour peser auprès des trois « superpuissances » (États-Unis, Union soviétique, et Empire britannique). Toutefois, l'euphorie ne dure guère face aux difficultés économiques et coloniales, et à la dépendance à l'égard des États-Unis.

Durant la bataille de Diên Biên Phu, les dirigeants qui avaient géré la guerre pensaient pouvoir sortir de l'isolement par le haut, grâce à une grande négociation classique avec les autres puissances. La défaite très médiatisée (la chute du camp retranché provoqua la plus importante vente de quotidiens nationaux en France, jusqu'à la victoire lors de la Coupe du monde de football en 1998) permit l'arrivée au pouvoir de Pierre Mendès France. Comme la conférence de Genève est sortie de l'ornière, celui-ci apparut comme le sauveur, même si le Premier ministre britannique Anthony Eden et le ministre des Affaires étrangères chinois Zhou Enlai eurent un rôle majeur. Du coup, nombre de gaullistes et de gens de gauche furent persuadés que Mendès pouvait pousser l'avantage, secouer la tutelle des États-Unis, éviter le réarmement allemand en tendant la main à Moscou, rester dans les deux Vietnam en faisant de la France le trait d'union mondial entre l'Est et l'Ouest et entre le Nord et le Sud, et mener la Tunisie à l'indépendance. Pourtant, même si le secrétaire d'État John Foster Dulles finit par le qualifier de Superman, Mendès France resta moins de huit mois au pouvoir, la France fut rejetée au nord comme au sud du Vietnam et replongea dans la guerre en Algérie.

L'échec de Suez aurait ensuite poussé la France à choisir la voie de l'indépendance, en justifiant notamment la force de frappe « indépendante », même si la menace nucléaire de Moscou fut tardive et de moindre importance que les pressions d'Eisenhower pour l'abandon de l'aventure franco-britannique. Le « miracle » est encore plus net en ce qui concerne la perte de l'Algérie et son cortège de drames. La guerre avait mis la France sur la défensive sur la scène internationale, le Front de libération nationale (FLN) jouant habilement la carte diplomatique pour peser sur Paris. Or, débarrassé du « boulet algérien » après 1962, de Gaulle est crédité d'un nouveau miracle, entraîné par le discours du « Rang » et de la « Grandeur » : sa « grande politique » permit de faire de la France la championne du monde arabe et du tiers monde, de l'indépendance et de la critique de l'impérialisme américain en Indochine et sur le continent américain, de l'ouverture au monde communiste de Moscou à Pékin, de la coopération et du développement, voire de nouvelles relations Nord-Sud dans les années 1970. La geste humanitaire, symbolisée par les *French doctors*, ne se comprend pas sans la mémoire de « défaites » dues à de mauvais choix, notamment lors de la guerre civile en Espagne, celle de la passivité face à l'Holocauste, et celle des « sales guerres » coloniales menées par l'État français. Même la pacification/contre-insurrection « à la française » est louée par les États-Unis au temps de la COINdinista – la contre-insurrection à l'américaine – de la fin des années 2000 et du début des années 2010.

Le traumatisme de 1940, l'absence de la France dans la définition de la stratégie de la Grande Alliance et lors des grandes conférences de Yalta et de Potsdam ont déterminé la politique française. Être traitée en grande puissance est une obsession dès 1945. Cela peut évoquer la grenouille de la fable de La Fontaine, qui veut être aussi grosse que le bœuf. Toutefois, la sécurité est dépendante du statut. Il peut paraître risible de lire dans les archives que Georges Bidault, ministre des Affaires étrangères, suppliait Américains et Britanniques de reconnaître que la France était une grande puissance mondiale, à égalité avec l'Angleterre et devant l'Allemagne.

Mais être reconnu en tant que puissance, c'était participer aux décisions majeures de l'alliance du « monde libre », dans une Guerre froide assimilée à une nouvelle guerre mondiale. Savoir en 1950 si la priorité des États-Unis sera donnée à l'Asie (avec la guerre de Corée) ou à l'Europe, savoir si la défense de l'Europe se ferait sur l'Elbe avec des troupes anglo-américaines en Allemagne, ou si l'on reviendrait à une stratégie périphérique condamnant la France à l'occupation soviétique, aux bombardements depuis les bases de l'Atlantique et l'Afrique du Nord, et à l'attente d'un hypothétique nouveau D-Day, était du plus haut intérêt. Se battre en Indochine, montrer que la France tenait le verrou tonkinois, mais aussi la porte de l'Europe et celle de l'Afrique, permettaient de revendiquer ce statut de puissance mondiale, et donc d'être un des trois Grands de l'alliance. L'objectif était une Organisation du traité de l'Atlantique nord (OTAN) à horizon mondial soutenant la France en Indochine et en Afrique du Nord, menée par un directoire à Trois (États-Unis, Royaume-Uni, France). La France obtint même un soutien financier, diplomatique et en matériel pour l'Indochine, des aides importantes pour refonder une industrie de défense ; bref, elle fut une grande puissance à crédit. Le calcul n'était donc pas si mauvais.

Cependant, la France a peu à peu constaté que le prix était lourd (réarmement de l'Allemagne, pressions américaines, prolongement de la guerre d'Indochine alors que Washington avait mis les pouces en Corée), que les États-Unis n'écoutaient guère leur allié, ne le consultaient pas sur des dossiers dont il était partie prenante et surtout ne l'aidaient pas à Diên Biên Phu et le contrecarraient à Suez. Dès 1954 avec Mendès France, se dessina une vision différente des intérêts de la France, caractérisée par un alignement moindre, et la volonté de se donner les moyens à la fois de l'indépendance et du statut (la santé financière, la bombe, et l'image mondiale). Tous les présidents de la Vᵉ République ont en fait mixé, en fonction des événements et surtout des crises, l'instrumentalisation de la différence pour peser sur les États-Unis, la volonté de les entraîner ou de ne pas être entraîné par eux, des formes de suivisme pour préserver la crédibilité d'allié, la proximité pour obtenir soutien diplomatique et logistique, la valorisation de la géographie et des capacités françaises pour être « coopté ».

Retrouver la virilité

La défaite est un échec dans le test de puissance. Du coup, la reconstitution de la virilité se fait à travers le discours de la « défaite virile », et par la remasculinisation. Comme exemples de « défaite virile », ou dans l'honneur, on pourrait citer « la garde meurt mais ne se rend pas » de Waterloo ; la bataille de Camerone le 30 avril 1863, qui a donné à la Légion étrangère ses lettres de noblesse et représente un contrepoids au Cinco de Mayo de 1862, devenu fête nationale au Mexique ; l'héroïsme des défenseurs de Diên Biên Phu (et de Geneviève de Galard, que Paris envoya aux États-Unis en insistant sur la défaite chevaleresque des Français), suivi du « martyre » des prisonniers dans les camps Viêt Minh. Nombre de militaires, après les guerres d'Indochine et d'Algérie, ont incriminé les faiblesses, lâchetés et trahison de l'« arrière » et des politiques, et considéré qu'on ne leur avait pas donné les moyens de gagner (Indochine), ou qu'ils avaient gagné militairement (Algérie).

Surtout, il est acquis que les soldats français se sont bien battus en 1940 et ont subi des pertes élevées, et que le refus de la domination allemande est apparu tôt et largement. Les morts de la campagne de France sont désormais honorés, et le président Macron a rendu hommage à de Gaulle à Montcornet le 17 mai 2020. En même temps, les résistants (la « vraie France ») font l'objet d'un nombre croissant de travaux historiques et sont héroïsés plus encore, au moment où les derniers d'entre eux disparaissent, symboles aujourd'hui du courage individuel dans l'adversité.

Les guerres coloniales devaient être une revanche sur 1940, même si certains furent troublés par l'analogie entre résistance anticoloniale et résistance en France contre l'occupation nazie. La colonisation virilisait, d'autant que la France prétendait protéger les nations faibles (le Cambodge), féconder des civilisations endormies et des terres « inexploitées » et ouvrait un horizon d'aventure à sa jeunesse lassée des codes bourgeois. La droite, longtemps obsédée par la « ligne bleue des Vosges » et la revanche sur l'Allemagne, s'était ralliée, à la fin du XIXe siècle, à la colonisation, perçue comme le laboratoire de la revirilisation, à l'encontre de la République émasculée (qui pourrait être fécondée en retour par l'expérience des officiers coloniaux). La catastrophe de 1940 fut vécue comme un viol, comme si la France devenue efféminée avait laissé pénétrer les blindés de la *Blitzkrieg*.

Les projets vichystes et résistancialistes furent tous deux obsédés par le « redressement national ». Puissance maritime et puissance nucléaire ont été pensées durant la guerre, élaborées dans les années 1950, pour se montrer au monde au début des années 1960[1]. La France de la IVe République s'est trouvée féminisée par les Américains dans l'Alliance atlantique. Le combat en Indochine et dans les colonies avait bien pour objectif de restaurer une virilité perdue aux yeux des indigènes, mais aussi de l'allié américain. Il fallait faire du Vietnam « libre » un Vietnam « viril » face aux combattants communistes endurcis et fanatisés. En 1951, alors que Gaulle dénonçait la IVe République comme un « régime d'eunuques », le président Auriol affirmait aux États-Unis que la France remplissait « virilement » ses obligations, avant que de Lattre, au langage si « genré », ne vienne faire démonstration de masculinité auprès du grand allié pour justifier qu'il soit soutenu et aidé. L'âpreté au combat et la discipline viêt minh fascinèrent et poussèrent une partie de l'armée à souhaiter une régénération de la France par le combat et une forme de revanche en Algérie. L'arrivée de De Gaulle fut saluée aux États-Unis comme un retour à la virilité. La « monarchie nucléaire » ou le « jupitérisme » présidentialiste sont associés à l'explosion atomique et à ses vecteurs, et le militantisme antinucléaire est jugé castrateur. L'extrême droite longtemps antisémite commença bientôt à admirer les juifs virils d'Israël qui, eux, remportaient des victoires contre les Arabes.

La crise de 2003 fut aussi un traumatisme pour une partie des décideurs français. Il fallut donc montrer que la France, à la différence de l'Europe, ne vient pas de Vénus, comme l'affirmait Robert Kagan. Il y eut frustration que les États-Unis seuls deviennent le mâle dominant, tandis que

---

1 Hugues CANUEL, *The Fall and Rise of French Sea Power. France's Quest for an Independent Naval Policy, 1940-1963*, Naval Institute Press, Annapolis, 2021 ; Céline JURGENSEN et Dominique MONGIN (dir.), *Résistance et dissuasion. Des origines au programme nucléaire français à nos jours*, Odile Jacob, Paris, 2018.

la France, une fois de plus, était jugée « *appeaser* » (avec l'Irak, comme avec Hitler, et l'URSS durant la Guerre froide). D'où, vraisemblablement, les triomphes présidentiels sur place après les « victoires » en Libye et au Mali. Un des objectifs de l'interventionnisme français était sans doute de contrer la perception possible de la faiblesse du pays, dans l'immédiat après-Guerre froide (Balkans), et dans la guerre contre le terrorisme, alors que frappait la crise économique. Toutefois, le discours officiel et médiatique insiste davantage sur les « victimes » et le « sacrifice » des soldats.

On utilise moins désormais le vocabulaire sur les capacités de projection, la prise de responsabilité virile, et la protection (malgré la rhétorique de la protection des femmes en Afghanistan et de la population française face aux terroristes avec « Sentinelle »). Cependant, le discours sur le manque de virilité est partout, notamment pour toutes les formes de pénétration, qui font parler de défaites, géopolitiques (dépendance à l'égard des États-Unis, risque d'hégémonie chinoise et d'ingérence russe), industrielles (désindustrialisations, dépendances, absence de vaccin français), sanitaires, environnementales, voire idéologiques (intrusion des propagandes des régimes autoritaires rivaux, voire ennemis), identitaires (islamisme, pensée décoloniale « importée », voire la thématique du « grand remplacement »).

Des éditorialistes de droite se lamentent sur le suicide de l'homme blanc face aux hommes de couleur (hypervirilisés et donc menaçants), à l'affirmation des femmes et à l'ambivalence des genres. On voit une laïcité de combat « se dressant » contre la « pénétration » de l'islam, une admiration pour un Israël viril (notamment à l'époque de Sharon), qui a gagné la guerre contre « ses » Arabes et n'hésite pas à multiplier les audacieuses opérations militaires ou clandestines. On entend la volonté d'être « fermes » face aux tyrans et aux régimes totalitaires ou sultanesques pour ne pas revivre Munich, pour assumer la regéopolitisation et le « durcissement » du monde, ou pour conserver l'identité de héros blanc sauveur de victimes absolues ou de populations dans le besoin.

On relève des admirations pour les hommes forts à l'étranger qui assument leurs démonstrations de virilité et la verticalité des pouvoirs, alors même que l'Union européenne est diplomatiquement humiliée, et qui ne se lient pas les mains par le droit pour utiliser la force ; l'armée semble même une solution pour toutes les « défaites » (face au terrorisme, à l'épidémie, à la déliquescence sociale...). On voit enfin le retour à l'admiration des années 1960-1970 pour les combattants de la liberté et anti-impérialistes du Sud ou issus du Sud, déterminés dans leur cause juste, qui font trembler les pouvoirs oppressifs, et pour les puissances non occidentales, redressées après avoir été pénétrées par l'impérialisme, comme la Chine, la Turquie, voire la Russie.

Néanmoins, la diplomatie française n'est pas seulement associée à ces cycles de défaites et de réaffirmations de puissance. Elle a marqué un vrai tournant vers la sécurité collective dans les années 1920, s'est voulue, durant la Guerre froide, architecte d'un ordre européen et, depuis la fin de la Guerre froide, d'une gouvernance globale – signant, selon Thierry Balzacq, le passage d'une Grande Stratégie de grandeur à un engagement libéral. Mais ces moments apparaissent souvent comme un abandon de la sève de la puissance pour des accommodements illusoires. Dès lors, des « *wake-up calls* » doivent y mettre fin, pour revenir aux « réalités » et attendre un sursaut « churchillien », et il faudrait convertir l'Europe à notre tradition de puissance géopolitique pour la transformer d'« herbivore » en « carnivore ».

Pour en savoir plus

Thierry Balzacq, « Une grande stratégie française ? », *in* Frédéric Charillon (dir.), *La France dans le monde*, CNRS Éditions, Paris, 2021, p. 195-211.

Histoire de la diplomatie française, Perrin, Paris, 2005.

Thierry de Montbrial et Thomas Gomart (dir.), *Notre intérêt national ? Quelle politique étrangère pour la France ?*, Odile Jacob, Paris, 2017.

Hervé Drevillon et Olivier Wieviorka (dir.), *Histoire militaire de la France*, vol. II : *De 1870 à nos jours*, Perrin, Paris, 2018.

Pierre Grosser, « Déconfinement des analogies », *Esprit*, juillet-août 2020, p. 141-158.

Olivier Schmitt, « Decline in denial : France since 1945 », *in* Frédéric Mérand (dir.), *Coping with Geopolitical Decline. The United States in European Perspective*, McGill-Queen's University Press, Montréal, 2020, p. 125-146.

« Gaullo-mitterrandisme », mythe ou réalité

Jean-Pierre Chevènement
Membre honoraire du Parlement, ancien ministre

Le concept de « gaullo-mitterrandisme » a été forgé par Hubert Védrine pour pointer la dérive de la diplomatie française depuis qu'avec Bernard Kouchner, celle-ci s'est orientée moins vers un retour à l'atlantisme que vers une forme d'« occidentalisme » reflétant, en retour, le tournant néoconservateur de la politique étrangère américaine au lendemain des attentats du 11 septembre 2001. À l'idée de l'indépendance nationale comme idée maîtresse de notre politique étrangère, a succédé le constat que « la France fait d'abord partie de la famille des nations occidentales » (Nicolas Sarkozy).

Cette vision correspond à une réalité : d'abord celle de la réintégration par la France de l'organisation militaire intégrée de l'Alliance atlantique décidée, en 2008, par Nicolas Sarkozy. Elle ne s'y réduit pas cependant : Hubert Védrine lui-même, consulté par le gouvernement en 2012, ne proposait pas que la France revienne à nouveau dans l'organisation militaire intégrée de l'OTAN.

Et, pour de Gaulle, l'indépendance était un moyen de faire valoir, le cas échéant, le prix du soutien que la France apportait à l'Alliance (crise de Berlin en 1961, de Cuba en 1962, sans parler des accords Ailleret-Lemnitzer de 1967, réglant les problèmes de coordination entre les forces armées françaises et les forces de l'OTAN, en cas de conflit majeur sur le sol européen, après le retrait de la France du Commandement militaire intégré en Europe en 1966).

François Mitterrand est-il resté fidèle à cette politique ? Dès 1981, la coopération des services secrets français avec les services américains est acquise (affaire Farewell mettant à la disposition de ceux-ci les résultats d'une infiltration à très haut niveau dans les services secrets soviétiques). Surtout, en 1982-1983, F. Mitterrand approuve le déploiement des fusées Pershing américaines face aux missiles soviétiques à portée intermédiaire SS-20. Rien n'y obligeait la France, qui avait toujours entendu se tenir en dehors de la stratégie américaine de riposte graduée, au nom d'une conception stricte de la dissuasion que F. Mitterrand n'a d'ailleurs jamais cessé de réaffirmer.

F. Mitterrand conserve l'attitude d'un allié indépendant sur maints dossiers (maintien du gazoduc sibérien en 1982, refus de l'extension de l'Alliance atlantique au Japon en 1984, refus, ensuite, de la guerre des étoiles – « bouclier antimissiles » – voulue par Reagan).

La guerre du Golfe marque une rupture

Tout autre, à mon avis, est la portée de la participation de la France à la guerre du Golfe (1991) sous commandement opérationnel américain.

Quelle qu'en soit la présentation (violation du droit international caractérisée, approbation de l'utilisation des « moyens nécessaires », c'est-à-dire de la guerre, par une résolution du Conseil de sécurité des Nations unies [CSNU] du 30 novembre 1990, d'ailleurs sollicitée par la France, pour couvrir une décision américaine déjà prise), il s'agit bel et bien d'une rupture, aussi bien en matière de politique étrangère (avec la « politique arabe » de la France, qui conservait une position médiatrice dans le conflit israélo-palestinien) que sur le plan militaire (subordination, sur le champ de bataille, au commandement opérationnel américain). Cette participation à la guerre du Golfe constitue bien un tournant de notre politique extérieure, qu'il s'agisse de l'interprétation des résolutions de l'ONU concernant les territoires palestiniens ou du soutien apporté à l'Irak face à l'Iran. On peut dire cela autrement : la France s'aligne sur l'Arabie saoudite, c'est-à-dire sur la politique américaine telle qu'elle avait été définie au lendemain de la Seconde Guerre mondiale.

Sans doute tout cela n'a-t-il pas été « pensé » à Paris comme un retournement de politique et Roland Dumas, ministre des Affaires étrangères, s'aveuglait-il volontairement en soutenant que la politique de la France vis-à-vis des pays arabes n'avait pas changé. La suite a apporté la démonstration du contraire : abandon de fait de Yasser Arafat, engagement militaire, puis étouffement de l'État irakien précédant sa destruction, liquidation des vestiges du nationalisme arabe en Libye et en Syrie à la faveur des « printemps arabes ». On constatera d'ailleurs que les troupes françaises, quand elles ont eu à intervenir en Libye ou en Syrie, puis à partir de 2014 en Irak en soutien du gouvernement de Bagdad, l'ont fait soit dans le cadre de l'OTAN (opération Harmattan), soit directement sous commandement opérationnel américain (le Mali en 2013 étant la seule exception). Depuis 1991, trente ans se sont écoulés : le tournant pris au moment de la guerre du Golfe s'est révélé irréversible. À un détail près, qui change tout : les États-Unis sont passés de l'offensive (« l'exportation de la démocratie » par les armes) à une phase de retrait généralisée : Afghanistan-Syrie-Irak, nous abandonnant la gestion de coalitions fragiles (Arabie saoudite, Égypte) face à la montée de régimes inspirés par les Frères musulmans (Turquie, Qatar, Tripolitaine en Libye).

Ainsi la rupture avec le principe de non-ingérence et l'orientation donnée à notre diplomatie sous Nicolas Sarkozy et Bernard Kouchner à partir de 2008 se sont-elles maintenues dans un contexte, il est vrai, très différent.

Parallèlement, les relations que nous avions su tisser dans le passé, principalement sous l'impulsion du général de Gaulle, avec les « grands émergents » – Chine, Russie et, plus généralement, les pays de l'ancien « tiers monde » – se sont distendues, au fur et à mesure que, l'Union soviétique ayant disparu, l'astre chinois montait à l'horizon et que Vladimir Poutine passait du statut de partenaire fréquentable à celui d'ennemi de l'Occident qu'il n'avait, au fond, jamais cessé d'être dans l'arrière-cerveau des dirigeants américains.

On se souvient peut-être que François Mitterrand avait voulu promouvoir des relations spéciales avec l'Algérie, l'Inde et le Mexique (discours de Cancún). Ces alliés de substitution n'ont répondu à l'appel que lorsque cela rencontrait leur intérêt. Le résultat est là : cinquante ans après la disparition du général de Gaulle, la France, comme l'a dit François Hollande, « parle à tout le monde », mais son message s'est affaibli. Le conformisme n'intéresse personne.

Dans un univers que structure de plus en plus la rivalité entre les États-Unis et la Chine, le grand danger est d'être à nouveau aspiré par le leadership des États-Unis, sous la bannière d'un « occidentalisme » reconstitué contre la Chine et la Russie. Les autres pays européens n'aspirent pas à une « autonomie stratégique de l'Europe », ce qui ne doit pas empêcher la France d'affirmer cette orientation comme objectif à long terme de sa politique. C'est ce qui donne du sens à sa politique étrangère.

Comme l'a écrit Thierry de Montbrial : « Il faudra peut-être un ou deux siècles pour que se forge un sentiment d'appartenance européenne aussi fort que l'est aujourd'hui le sentiment d'appartenance nationale tel qu'existant dans les vieilles nations d'Europe... » Il suffit de faire avancer quelques chantiers stratégiques, comme le numérique européen. L'Histoire procède par secousses : des phases d'accélération succédant à des phases d'apparente immobilité. Ce qui est important à mes yeux, c'est que la France ne perde pas le cap de l'indépendance française et européenne.

Garder le cap de l'indépendance

Cette politique demande de l'ambition et de la continuité. Elle se heurte à la puissante pulsion d'alignement qui taraude la plupart de nos partenaires européens et beaucoup de nos dirigeants. Mais d'autres aspirations animent les peuples. Et rien n'empêchera le centre de gravité des États-Unis de continuer de se déplacer vers l'Asie. L'Europe, elle aussi, a des intérêts en Asie, mais elle ne doit pas se laisser entraîner dans des conflits où ses intérêts vitaux ne seraient pas engagés.

Pour l'Europe, les principaux défis se situent en Afrique et au Moyen-Orient. Ils mettent en cause le modèle politique auquel nous sommes attachés, c'est-à-dire en France la République. En fait, la question de l'indépendance se pose désormais « à domicile » : sommes-nous capables de trouver une réponse française et républicaine aux défis de l'islamisme radical et à celui des migrations ?

C'est le modèle français qui est interrogé directement. Mais la réponse tient aussi à l'affirmation d'une politique d'indépendance à l'échelle mondiale. Nous n'avons pas à être relégués à la sous-traitance des grandes affaires mondiales. Alliés des États-Unis ? Certes, mais pas « alignés », selon l'expression d'Hubert Védrine. Partenaire de la Chine et des grands émergents certes, mais sur la base de nos intérêts et de nos valeurs.

Nous sommes les héritiers de l'esprit des Lumières. C'est ce qui fonde la légitimité d'une politique indépendante de la France au XXIe siècle.

Si c'est cela le « gaullo-mitterrandisme », plutôt qu'un occidentalisme d'alignement sur la politique des États-Unis, que peut très bien couvrir, dans l'état d'aboulie de la quasi-totalité des pays européens, la notion de « souveraineté européenne », le concept mérite que l'on s'y arrête.

Je suis convaincu, pour ma part, que le choix de l'Europe pour François Mitterrand n'impliquait nullement dans son esprit renonciation définitive à l'indépendance, même si celle-ci se trouvait reléguée à un horizon lointain. Je trouve évidemment plus claire et plus mobilisatrice la référence à l'« Europe européenne », chère au général de Gaulle. Certes, ses contours, son contenu et, en définitive, ses moyens restent à définir. Il n'y a pas de souveraineté en effet quand il n'y a pas de « *demos* » préalablement constitué. Et en attendant la formation d'un « *demos* européen », il y a encore le peuple français.

Une puissance moyenne ?

Maurice Vaïsse
Professeur émérite des universités (Sciences Po), spécialiste de la politique étrangère et militaire de la France

Avant 1939, on savait ce qu'était une grande puissance : le Royaume-Uni, la France en étaient. Après 1945, on désigne sans peine les deux superpuissances qui surclassent toutes les autres sur tous les plans : superficie, population, force militaire. Mais une puissance moyenne ? Est-ce une grande puissance en déclin, comme l'Empire ottoman, à la veille de la Grande Guerre ? L'évolution du Royaume-Uni est intéressante : alors qu'en 1914, il régnait sur un cinquième de la surface du globe, en 1945, sa puissance est clairement remise en question.

D'un autre côté, la perception de la puissance ne cadre pas toujours avec la réalité. Car les critères (démographie, puissance militaire, force économique et financière) peuvent être trompeurs. La France de 1939 est exemplaire à cet égard. Lors du défilé du 14 juillet, on s'extasie sur la plus forte armée du monde. Un an plus tard, elle est écrasée par l'armée allemande, et la France contrainte à demander l'armistice et à subir l'occupation de son territoire. À la fin de la Seconde Guerre mondiale, de Gaulle souligne l'importance de l'Empire français, facteur de puissance mondiale, et cette conviction va persister tout au long de la IVe République, dont les élites s'accrochent au mythe de la plus grande France. À partir de 1962, le pays a tourné le dos à l'Empire et fait le choix de l'Europe, comme multiplicateur de puissance. La France a-t-elle fait son deuil de la puissance et est-elle devenue une puissance moyenne ?

De Gaulle, Giscard, Macron : trois visions du destin de la France

Il est intéressant de comparer les points de vue de trois présidents de la Ve République – le général de Gaulle, Valéry Giscard d'Estaing et Emmanuel Macron –, de les mesurer à l'aune des solutions qu'ils entendent apporter et à leur vision du destin de la France. Certes, de Gaulle ne considérait pas la France comme une puissance moyenne. On associe même à son nom la notion de grandeur – « La France ne saurait être elle-même sans la Grandeur ». On a souvent moqué cette prétention, en faisant référence au Roi-Soleil, et à une légende qui fait de la France un pays qui se prétend plus important qu'il ne l'est en réalité. Or, en penseur de l'histoire, de Gaulle considérait que, dans la seconde moitié du XXe siècle, la France ne pouvait rivaliser avec les superpuissances. Revenu au pouvoir, il était sans illusions sur les moyens, les ressources, les capacités industrielles de la France. Il a pris la mesure du gigantisme des superpuissances. Il est trop lucide pour ignorer que la géographie et les ressources ne lui accordent pas cette place et que, depuis 1945, la France n'est plus une grande puissance. Il a coutume de dire : « Chaque nation a son jour. »

Elle ne doit pas pour autant s'effacer et ne plus vouloir compter. De Gaulle a une conception volontariste de l'Histoire. À Alain Peyrefitte, qui l'interroge sur ce qu'il entend par la grandeur, il répond : « C'est le chemin qu'on prend pour se dépasser. » Il ne s'agit donc pas d'une fin à atteindre, mais d'un moyen, d'une voie vers quelque chose qu'on ne connaît pas et qui élève. C'est l'effort et la volonté de faire quelque chose de grand qui importent. « Nous avançons. Mais il y faut l'ordre et l'effort. À d'autres, la facilité. » La notion de grandeur « implique la volonté d'être un acteur, non un objet ; un joueur, non un enjeu », explique le politiste Stanley Hoffman.

Valéry Giscard d'Estaing prend le contre-pied de de Gaulle et considère tout de go que la France est une puissance moyenne. Certes, le monde a beaucoup changé depuis de Gaulle : la décolonisation et la mondialisation ont modifié la situation. Et l'enjeu économique est devenu primordial. C'est dans cet univers-là que le jeune président doit imaginer une vision politique pour le pays. Il prône une conception réaliste des rapports de forces. Il pose la question de savoir ce qu'à l'heure de la mondialisation de l'économie, de la communication, de la victoire de l'anglais, quelle peut être la place de la France et des Français dans le monde et incite à une conception réaliste et économiste des relations internationales.

Les réactions à ses propos sont si vives que Valéry Giscard d'Estaing est contraint de nuancer son discours sur la France. Lors de la campagne présidentielle, il rebrousse chemin et célèbre la grandeur de la France. Dans son discours à Marseille (15 avril 1981), il déclare : « La France est estimée dans le monde pour ce qu'elle est et pour ce qu'elle représente. Nous sommes désormais une grande puissance, une grande puissance militaire, navale et aérienne, la troisième du monde. Regardez bien ceux qui défilent devant vous et qui vous parlent des problèmes de la sécurité de la France dans le monde. N'oubliez jamais qu'en vingt ans, ils n'ont pas voté un centime de crédits militaires pour la sécurité de la France. Ne l'oubliez pas ! Voilà ce qu'est la France, un grand pays, un grand peuple qui a fait face à l'adversité des temps, que nul n'avait le pouvoir d'effacer, mais qui a en même temps conduit un effort de solidarité et un effort d'affirmation de sa puissance. » Au fond, VGE a donc fait la cruelle expérience du parler vrai et compris qu'un président devait incarner des rêves. Bien plus tard, en 2009, il n'hésitera pas à déclarer : « La France est une grande puissance moyenne. »

Quant à Emmanuel Macron, confronté à de nouveaux problèmes, comme les défis de l'immigration et du terrorisme, il cherche à comprendre les doutes et tensions de la société française (*L'Express*, 22 décembre 2020), et a recours, lui aussi, à l'Histoire : « Être français, c'est habiter une langue et une histoire, c'est-à-dire s'inscrire dans un destin collectif. » Et il insiste, plus fortement encore que Giscard d'Estaing, sur l'inscription du destin français dans l'idéal européen. Pour « reprendre le contrôle de notre vie, de notre vie intime et de la France comme nation », il convient de « s'appuyer sur l'idéal européen, ce formidable outil de reprise de contrôle de notre destin économique, technique, militaire, culturel ».

Et de déconstruire la notion de France, puissance moyenne : « Le jour où l'on a dit que la France était une puissance moyenne, quelque chose de grave a commencé. Ce n'était pas vrai, et les Français ne pouvaient pas se vivre comme cela. Ces dernières décennies, le modèle de l'intégration permanente des classes moyennes par le progrès s'est cassé. » Énumérant les symptômes du mal, il constate que c'est « la fin d'une histoire de progrès éducatif, culturel, économique et la fin de ce qui était notre socle... Ce doute existentiel en nous, nous avons tenté de le dépasser par le rêve européen et ce fut la grande intuition de François Mitterrand ».

Pour autant, Emmanuel Macron s'interroge sur la tension existant entre le rêve européen et le rêve national ; le référendum de 2005 et les divisions lors de la crise de 2007 sont passés par là : « L'Europe nous rend-elle plus grands ou est-ce une machine qui nous oppresse ? » D'où la solution du « en même temps » : « Nous sommes à présent pris par notre volonté farouche, absolue, de reprendre le contrôle de notre vie, de notre vie intime et de la France comme nation [...] en nous battant pour l'Europe qui est à la fois un idéal et un formidable outil de reprise de contact de notre destin économique, technologique, militaire, culturel, [...] une Europe de projet, […] une autonomie stratégique européenne indispensable aux côtés des États-Unis et de la Chine. » Décidément, la France est une puissance moyenne, mais elle ne peut se résoudre à l'être tout à fait. Cette observation rejoint une remarque intéressante de François Mitterrand dans les *Réflexions sur la politique étrangère de la France* : « La France n'est pas un phare éteint », ce qui implique sa conviction que la France est toujours une puissance, mais aussi son inquiétude quant à sa réelle influence de puissance moyenne. Et d'ailleurs, à y regarder de près, cette définition n'est pas suffisante.

Atouts et faiblesses dans un monde globalisé

Comme l'écrit le politiste Frédéric Charillon, en 2021 « la question de la France dans le monde fait sens ». Ce pays partage avec d'autres puissances européennes, le Royaume-Uni, l'Allemagne et l'Italie, un statut envié dans la communauté internationale, mais le poids des nouveaux géants les a déclassées.

Apparemment, la France est une puissance mondiale : c'est même un aspect de son identité. Elle dispose d'un siège de membre permanent au Conseil de sécurité de l'Organisation des nations unies (ONU), à l'égal des États-Unis, du Royaume-Uni, de la Russie et de la Chine. Elle est une des cinq puissances nucléaires mondiales, consacrée par le traité de non-prolifération nucléaire, et dispose de quatre sous-marins nucléaires lanceurs d'engins (SNLE), d'un porte-avions à propulsion nucléaire et d'une capacité d'observation satellitaire. Elle est membre du G7 et du G20. La France n'est pas seulement une puissance européenne : par ses départements et territoires en Amérique, dans l'océan Indien ou en Océanie, elle est présente sur tous les continents, au point de revendiquer la deuxième zone maritime exclusive au monde.

Le français est l'une des cinq langues les plus parlées. Notre réseau diplomatique est le troisième au monde, derrière ceux de la Chine et des États-Unis. Et la France rayonne grâce à un réseau d'instituts de recherche, d'écoles, de lycées, ainsi qu'à l'aide qu'elle prodigue par la politique de coopération poursuivie par l'Agence française de développement (AFD). La diplomatie française est universelle et traite de tous les sujets. L'armée française est la seule en Europe à avoir de réelles capacités de projection, au point qu'elle a pu multiplier les opérations extérieures, ce qui est important pour justifier le siège de la France comme membre permanent au Conseil de sécurité de l'ONU. Depuis 1969, elle est intervenue de nombreuses fois en Afrique, espace qui lui permet de prouver qu'elle n'est pas une puissance régionale spécifiquement européenne.

De plus, les institutions de la Ve République donnent au pouvoir exécutif une liberté de décision et d'action que n'ont pas les dirigeants d'autres démocraties. La France dispose d'ailleurs de bases militaires en Afrique, mais aussi au Proche-Orient et dans la nouvelle sphère indo-pacifique. Sur le plan économique, elle occupe le sixième ou septième rang des puissances mondiales par son produit intérieur brut (PIB), et compte en particulier dans le secteur aéronautique (Airbus) et d'armement, dans le secteur pétrolier (Total) ou chimique, dans l'industrie du luxe (LVMH). Plusieurs de ses groupes sont tournés vers l'international ; avec 46 500 filiales à l'étranger, la France devance le Royaume-Uni et l'Allemagne. Un de ses atouts est son modèle social, envié par beaucoup. Enfin, avant la pandémie de Covid, la France, pays le plus visité au monde devant l'Espagne et les États-Unis, brillait dans le secteur touristique ; le Louvre était le premier musée d'Europe par le nombre de visiteurs.

D'un autre côté, tous ces atouts ont tendance à s'amenuiser sous l'effet de deux phénomènes qui s'additionnent : une perte de substance et un déclin relatif dans un contexte de mondialisation, qui explique la difficulté à cerner la place de la France dans le monde.

À côté de géants comme la Russie et les États-Unis, la superficie de la France est réduite (0,5 % de la superficie totale de la planète). Il en est de même de sa population qui pèse à peu près 1 % de la population mondiale. Valéry Giscard d'Estaing insistait sur le fait que, sur cent personnes dans le monde, une seule était française. Sur le plan démographique, si la France est au-dessus de la moyenne de l'Union européenne (UE) pour l'indice de fécondité, sa population est vieillissante, ce qui pose à la fois le problème des retraites et celui du recours nécessaire à l'immigration, tout en en maîtrisant les flux. Sur le plan linguistique, force est de constater que l'usage du français recule dans les organisations internationales et que l'américanisation de la culture a provoqué un vrai retrait du français, y compris dans les territoires africains qui l'utilisaient comme langue vernaculaire. Il a presque disparu de l'ancienne Indochine française.

Sur les plans diplomatique et militaire, la France conserve une certaine importance, mais, même si elle refuse de s'aligner sur toutes les positions américaines, elle a rejoint l'Organisation du traité de l'Atlantique nord (OTAN), ce qui en fait une puissance intégrée. Surtout, sans le concours américain, elle est souvent démunie et incapable d'aller jusqu'au bout de ses intentions. Cela a été le cas lors de la guerre en Syrie en 2014, lorsque Britanniques et Américains ont décidé de ne pas bombarder les positions syriennes en représailles des opérations chimiques, et dans les opérations au Sahel, où la France est tributaire des moyens américains de reconnaissance par satellite.

Sur le plan social, la société française connaît un certain nombre de problèmes relatifs à l'intégration de l'islam, à la défiance à l'égard des politiques, à l'individualisation des valeurs et, sur le plan socioéconomique, elle présente un taux élevé de chômage combiné à une formation professionnelle insuffisante. Selon Jacques de Larosière, ancien gouverneur de la Banque de France, la population s'est appauvrie : en 1975, la France figurait au cinquième rang mondial pour le niveau de vie par habitant ; aujourd'hui, elle se situe au vingt-sixième rang.

Après la crise des années 1970 et l'approfondissement de la construction européenne, la France a perdu sa souveraineté budgétaire. La désindustrialisation consécutive à la mondialisation a réduit sa puissance commerciale, au point que sa part dans le marché mondial a chuté de moitié entre 1990 et 2018. Cette dégradation est due aux charges fiscales et sociales, au manque de compétences disponibles, ce qui favorise la délocalisation de la production, qu'illustre la disparition des grandes usines automobiles. Ce phénomène a des conséquences sérieuses. La France pèse en effet de moins en moins sur le plan industriel, en dehors des quelques secteurs déjà cités. Et le déficit commercial, expliqué par le choix de développer les investissements directs à l'étranger plutôt que d'investir sur le sol national, s'est creusé depuis l'an 2000.

L'autre grand défi est le débat autour de l'Europe conçue et voulue comme multiplicateur de puissance, avec l'ambition d'assurer l'influence de la France dans le monde *via* son rôle dans l'UE. Or l'évolution de la CEE et de l'UE depuis 1958 a fait que la France qui se trouvait à son aise dans un Concert de six puissances où elle pouvait faire valoir ses intérêts, souvent grâce à l'appui de l'Allemagne, n'est plus qu'un membre parmi vingt-sept autres et a souvent du mal à faire prévaloir son point de vue et ses intérêts. C'est ainsi que, dans la confrontation à la Turquie en 2020, la France n'a pas trouvé un appui sans faille du côté de ses partenaires de l'UE.

Alors qu'elle prône une Europe de la défense, la mise sur pied de celle-ci est toujours repoussée à cause des divergences d'analyse sur l'avenir du lien transatlantique, son rang de puissance militaire à l'échelle internationale et ses priorités ; pour les autres pays, ce qui compte surtout, c'est la menace à l'Est, la Russie. Malgré le souhait de la France d'inscrire sa politique africaine dans une approche multilatérale, ses tentatives visant à impliquer davantage l'UE, contre le terrorisme et la déstabilisation de l'Afrique face aux nouvelles priorités américaines, tout à leur pivot asiatique, ont peu d'effets.

Une ambition diplomatique universelle, des moyens limités

Un autre facteur du sentiment du déclin est l'évolution des puissances émergentes : d'où la priorité donnée au multilatéralisme et à la diplomatie d'influence. Cependant, dans ce domaine, la France expérimente une contradiction très forte entre une ambition diplomatique universelle et des moyens financiers et humains limités. Cela lui vaut une perception « incertaine » dans les autres pays. Certes, l'image de la France vue de l'étranger n'est pas toujours exacte, mais elle est révélatrice. Il faut y prêter attention, ne serait-ce que pour ne pas commettre d'erreurs dans une démarche ou une négociation.

La France vue des pays extra-européens est un pays européen parmi d'autres, et plutôt moins performant que d'autres. Avec ses grèves, manifestations, et le mouvement des Gilets jaunes, elle semble en crise permanente. La fiscalité y est jugée trop lourde, l'absence de flexibilité des emplois et la charge des prélèvements obligatoires sont montrés du doigt. L'écho rare et faible des événements français relatés, par exemple dans la presse américaine, est un bon indicateur : vue du Middle West, la France existe-t-elle ?

À part cela, les critiques faites à la France concernent sa prétention à être une puissance et à se considérer comme le centre du monde : son arrogance, sa suffisance et son absence d'ouverture d'esprit à l'égard de l'étranger sont souvent dénoncées, pas toujours à bon droit. L'expression de « grande nation » synthétise cette vision d'une France qui se hausse du col, souvent à tort – que l'on songe à la défaite de mai-juin 1940, vue comme un cataclysme par les Américains et aux crises de la IVe République (Diên Biên Phu, Suez), ou aux extravagances de la Révolution et de l'Empire subies par les Allemands et les Italiens.

Dans ce cadre-là également, la tendance est plutôt au déclin : l'influence culturelle de la France, immense avant 1939, diminue depuis la Seconde Guerre mondiale. On pense à l'attirance de la France pour les Américains dans l'entre-deux-guerres, au rôle des artistes français. Lors de l'exposition universelle de 1867, les paysagistes d'outre-Atlantique ont exposé leurs toiles, optimistes, et subi ricanements et sarcasmes des critiques français. Ils ont relevé le défi. En 1933, Matisse, de retour des États-Unis, prophétisait : « Un jour, ils auront des peintres. » C'est bien ce qui s'est passé.

Au-delà de ces questions, dans le contexte d'une mondialisation freinée mais pas stoppée par la pandémie, d'une confrontation entre la Chine et les États-Unis, et d'une Europe qui cherche sa voie, la France est – comme après la crise de Suez en 1956 – à un carrefour. La comparaison avec l'Angleterre est intéressante. En 1956, les Britanniques ont choisi de renouer une relation spéciale forte avec les Américains ; la France a privilégié l'Europe. En 2021, le Royaume-Uni a décidé de se retirer de l'UE et d'affronter seul le grand large ; la France – puissance moyenne d'ambition mondiale – mise sur l'Europe et doit donc accepter l'insertion européenne comme un enrichissement.

Pour en savoir plus

Frédéric CHARILLON (dir.), *La France dans le monde*, CNRS Éditions, Paris, 2021.

Jacques DE LAROSIÈRE, *40 ans d'égarements économiques. Quelques idées pour en sortir*, Odile Jacob, Paris, 2021.

Maurice VAÏSSE, *La Puissance ou l'influence ? La France dans le monde depuis 1958*, Fayard, Paris, 2009.

Maurice VAÏSSE, *La Grandeur, politique étrangère du général de Gaulle*, CNRS Éditions, Paris, 2013.

Maurice VAÏSSE (dir.), *Diplomatie française. Outils et acteurs depuis 1980*, Odile Jacob, Paris, 2017.

Maurice VAÏSSE, *Les Relations internationales depuis 1945*, Armand Colin, Paris, 2021 (17e éd.).

II. Les instruments de la politique étrangère française

- La diplomatie d'Emmanuel Macron : un pouvoir sans contre-pouvoirs
- L'évolution du Quai d'Orsay et le rôle de la cellule diplomatique de l'Élysée
- L'armée dans la politique étrangère
- Les ventes d'armes, causes et conséquences de la politique étrangère
- Naissance, essor et difficultés d'une diplomatie économique
- L'irrésistible ascension des néolibéraux à la française, le rôle des multinationales et la néolibéralisation du marché
- Lobbys, intermédiaires, et diplomatie parallèle
- La diplomatie culturelle de la France, du choc de la pandémie au défi de la réinvention
- En quoi la DGSE est-elle un instrument de politique étrangère ?

La diplomatie d'Emmanuel Macron : un pouvoir sans contre-pouvoirs

René Backmann
Journaliste, chroniqueur de politique internationale à Mediapart

Le 29 octobre 2020, l'Assemblée nationale a voté un projet de budget 2021 de la diplomatie française en hausse de 8 %. Le document prévoyait également une stabilisation des effectifs du ministère des Affaires étrangères à 12 105 emplois. C'était la première fois depuis 2017 que les crédits alloués au Quai d'Orsay échappaient au « rabot » qui avait imposé un gel du budget et une réduction des effectifs, en baisse de 10 % depuis 2007. Cette modeste progression – de 411 millions d'euros pour un budget de 5,4 milliards d'euros – a été saluée à l'Assemblée par le ministre des Affaires étrangères. Jean-Yves Le Drian a dit souhaiter qu'elle ne soit pas une simple « pause » dans les mesures d'économie, mais annonce « la fin de l'hémorragie ».

Pour l'heure, cette pause a permis au Quai d'Orsay de préserver son réseau diplomatique, le troisième de la planète derrière les États-Unis et la Chine, avec 160 ambassades et 89 consulats. En revanche, elle n'a pas débouché sur l'analyse approfondie, la révision, voire la redéfinition de la politique extérieure française que certains réclament depuis des décennies. Accueilli avec bienveillance par le corps diplomatique – 60 ambassadeurs avaient signé un appel en sa faveur –, Emmanuel Macron a rapidement déçu dans ce domaine.

Attendu pour la politique « disruptive » qu'il annonçait, il a d'abord semblé d'une stature internationale plus affirmée que celle de son prédécesseur par sa capacité à mettre en scène ses relations avec les autres chefs d'État. Mais il est vite apparu que les paramètres stratégiques de son action restaient proches de ceux de la politique étrangère française depuis des décennies. Et que les écueils de sa méthode, les excès ou les maladresses de sa communication et surtout la concentration à l'Élysée de la prise d'initiatives et de décisions diplomatiques le définissaient davantage que sa vision stratégique.

D'où les jugements sévères portés sur son action dans les cercles diplomatiques. Certes, Emmanuel Macron ne peut être tenu pour responsable de la personnalisation et de la concentration du pouvoir à l'Élysée. Mais il s'est adapté à ce pouvoir sans contre-pouvoirs, cédant rapidement à la tentation d'une posture « jupitérienne » fondée non sur une autorité naturelle ou une expérience incontestable, mais sur un recours permanent aux formes les plus triviales de la communication politique. S'autoconfinant au sein d'une cour d'experts et de conseillers plus prodigues en compliments qu'en avis éclairés.

« Il est arrivé avec une vision des relations internationales qui semblait assez positive, observe Bertrand Badie. Contrairement à Trump, il plaidait en faveur du multilatéralisme, son diagnostic de l'état de l'Europe était judicieux, et il s'était prononcé, pendant sa campagne électorale, en faveur de la diminution des interventions extérieures et contre la dérive néo-con de la diplomatie française. Le problème, c'est que chaque dossier de politique étrangère qu'il a ouvert s'est soldé par un échec. Pour de multiples raisons. [...] En résumé, je dirais qu'il a été bon en dissertation mais très mauvais en travaux pratiques... »

De fait, l'examen des principaux dossiers de politique internationale traités par le président de la République illustre les écueils de la « méthode Macron » et les limites de sa vision stratégique. Voire de sa lucidité géopolitique. Sur deux des principales situations de crise héritées du quinquennat Hollande – le Sahel et la Libye –, Emmanuel Macron n'a pas pu, su ou voulu sortir des ornières de la personnalisation du pouvoir. Ni s'affranchir des trajectoires adoptées par son prédécesseur.

Au Sahel, le jihadisme n'est pas le cœur de la crise

Son silence, le 9 octobre 2020, face à l'otage française Sophie Pétronin, libérée par les jihadistes après quatre ans de détention, lorsqu'elle a tenté de lui expliquer que la crise au Mali ne se résumait pas à un soulèvement jihadiste, a intrigué plusieurs témoins, habitués à la loquacité tout-terrain du chef de l'État. Car l'humanitaire française n'était pas la première à faire observer à un responsable de l'exécutif que l'intervention militaire ne pouvait pas être la seule réponse, et encore moins le remède à l'instabilité du Mali, et plus largement du Sahel. Et que cette erreur d'analyse persistante expliquait largement les difficultés récurrentes de Paris dans cette région. Difficultés que les succès ponctuels des militaires français ne sauraient dissimuler.

Si l'opération Serval, lancée en janvier 2013 par François Hollande, avait un objectif limité mais réaliste – stopper l'offensive jihadiste qui menaçait Bamako et reprendre le contrôle de Tombouctou et du nord du pays – qui explique sa réussite, l'opération Barkane, déclenchée en août 2014, affichait un dessein beaucoup plus ambitieux ; d'où son enlisement actuel.

Il s'agissait pour les 4 500 soldats français et les cinq contingents fournis par le Mali, la Mauritanie, le Burkina Faso, le Tchad et le Niger de « favoriser l'appropriation par les pays du G5-Sahel de la lutte contre les groupes armés terroristes » sur l'ensemble de la zone sahélienne, aussi vaste que l'Europe. Or les jihadistes y fondent leur présence sur leur aptitude à répondre à certains besoins de la population. Dans des pays dont l'administration et les services sont défaillants, dont les régimes sont corrompus, incapables et prédateurs, ils fournissent une forme de sécurité et de protection aux villageois.

Face à des États insensibles aux aspirations et sourds aux révoltes locales contre la brutalité impunie des forces de l'ordre, lorsqu'elles sont présentes, ils exploitent habilement les querelles et les rivalités tribales et ethniques. Il en va ainsi de l'opposition, explosive au Mali, entre les éleveurs peuls et les agriculteurs dogons, armés par un pouvoir central incompétent, injuste et violent. Pour cette raison, estime Roland Marchal, du Centre d'études et de recherches internationales de Sciences Po (CERI), « les Européens doivent accepter que le centre de la crise n'est pas le jihadisme, mais le fonctionnement des États sahéliens ».

Pourtant, l'Élysée a surtout paru chercher à partager le fardeau militaire avec ses alliés africains et préparer un plan de retrait d'un conflit dans lequel plus de cinquante soldats français ont trouvé la mort. En négligeant d'engager une nouvelle analyse de la situation sur le terrain. Et un examen sans complaisance du fonctionnement des régimes locaux. Or le temps presse. Selon Vincent Foucher, de l'International Crisis Group, « les franchises de l'État islamique progressent partout au sud du Sahara, notamment dans la région du lac Tchad ».

« Le choix de Macron au Sahel, qui s'est résumé à poursuivre la stratégie adoptée sous Hollande, n'a pas été très éclairé, commente Denis Bauchard, ancien directeur d'Afrique du Nord-Moyen-Orient (ANMO) au Quai d'Orsay. [...] Mais en Libye c'est pire : nous avons eu tout faux. En choisissant de continuer à soutenir Haftar malgré de nombreux avis contraires, l'Élysée a rendu la politique française dans ce conflit équivoque, voire illisible. Ce qui nous a privés de toute crédibilité, c'est-à-dire de toute capacité d'action diplomatique. D'ailleurs nous n'avons joué aucun rôle dans le cessez-le-feu conclu le 23 octobre 2020 à Genève, sous le patronage de l'ONU. »

Dans ce pays plongé dans la guerre en 2011 par la révolte contre le dictateur Kadhafi, puis par l'intervention française sous l'autorité de Sarkozy, avec l'appui de l'OTAN, Paris a reconnu en 2015 le régime issu du processus de paix, installé à Tripoli. Tout en apportant, à partir de 2016, un appui militaire discret à son principal ennemi, la rébellion basée en Cyrénaïque, dirigée par le général – autoproclamé maréchal – Khalifa Haftar, ancien officier kadhafiste, en exil aux États-Unis depuis 1990.

C'est en raison de l'efficacité de son « armée » contre les jihadistes que François Hollande, sur les conseils du dictateur égyptien Abdel Fatah al-Sissi, a ordonné à la Direction générale de la sécurité extérieure (DGSE) d'apporter une aide discrète au « maréchal ». Il se trouve que Haftar était soutenu par l'Égypte, l'Arabie saoudite et les Émirats arabes unis, partenaires stratégiques et clients des industriels français de l'armement. L'ami de nos amis était donc notre ami. Emmanuel Macron a emmené avec lui Le Drian, qui avait conclu, comme ministre de la Défense, les principaux contrats de vente d'armes avec les monarchies du Golfe, pour en faire son ministre des Affaires étrangères, et adopté la stratégie libyenne de son prédécesseur.

L'ONU a remis sur les rails, en octobre 2020, un processus de négociation, que les principaux alliés des deux camps – Ankara pour le régime de Tripoli, Moscou pour Haftar – ont soutenu avec l'aide du Caire. Ce processus a débouché, en février 2021, sur la mise sur pied d'un nouvel exécutif et la réunification symbolique entre la Tripolitaine (Ouest) et la Cyrénaïque (Est). La France, hors-jeu, a appelé au « retrait de toutes les forces étrangères et au démantèlement des milices », insistant toutefois davantage sur le départ des Turcs que sur celui des Russes. Ce qui, dès mars 2021, avait provoqué quelques problèmes avec l'administration Biden, pour qui la Turquie est un membre de l'OTAN, voire un pilier militaire de l'Alliance, tandis que la Russie incarne l'ennemi.

Le sauvetage raté du Liban

Peu de crises ont révélé aussi clairement les errements de la diplomatie macronienne que celle qui a éclaté au Liban après l'explosion d'un stock de nitrate d'ammonium le 4 août 2020, dans le port de Beyrouth, provoquant plus de 190 morts, des milliers de blessés et d'énormes dégâts matériels.

Alors que les sauveteurs travaillaient dans les décombres et que la colère des Libanais contre l'incurie et la corruption de leurs dirigeants déferlait dans les rues, le président français a débarqué à Beyrouth avec une posture de sauveur d'un pays à la dérive. « Comme s'il en avait l'autorité, relève le sociologue libanais Ahmed Baydoun, il a annoncé qu'il allait proposer un nouveau pacte politique national, appeler à la nomination immédiate d'un nouveau Premier ministre et à la formation d'un gouvernement de mission. »

Moins d'un mois plus tard, Emmanuel Macron est de retour à Beyrouth. Un nouveau Premier ministre, Moustapha Adib, ancien ambassadeur à Berlin, vient d'être désigné. Après s'être entretenu avec les chefs des principales factions politiques, Macron annonce que ceux-ci se sont engagés à faciliter la formation du gouvernement de mission dans un délai de quinze jours. Au bout de trois semaines de tractations, Adib renonce. Emmanuel Macron convoque une conférence de presse au cours de laquelle il laisse libre cours à une colère peu diplomatique, affirmant avoir « honte » pour les dirigeants libanais, accusés de « trahison collective » et d'entretien d'un « système de corruption ». « Son emportement montre qu'il n'avait rien compris au Liban, constate l'ex-ambassadeur Yves Aubin de La Messuzière, spécialiste du monde arabe. Beyrouth n'est pas une capitale de la Françafrique où Paris peut imposer son choix en quelques coups de fil. La politique libanaise est beaucoup plus compliquée, surtout lorsqu'on a peu de moyens de pression sur les protagonistes. »

La méconnaissance de la réalité, le caractère impulsif et personnel de ses décisions ont également été reprochés à Emmanuel Macron dans le dossier iranien. Après avoir échoué à dissuader Trump de quitter l'accord sur le nucléaire iranien de juillet 2015, puis défendu la thèse de l'élargissement de cet accord aux questions des missiles balistiques iraniens et du rôle de Téhéran en Syrie, en Irak, au Liban – questions dont les dirigeants iraniens ne veulent pas entendre parler tant que Washington n'est pas revenu dans l'accord –, Macron s'est proposé, après l'élection de Joe Biden, comme « médiateur » entre Américains et Iraniens.

Mais, selon l'ancien ambassadeur de France à Téhéran François Nicoullaud, interrogé peu avant son décès, les prémisses du président français sont « erronées ». Car si l'Iran a bien entrepris de reconstituer son stock d'uranium enrichi à 20 %, après la sortie de Washington de l'accord, la priorité est de revenir au plus vite à l'accord de 2015 et non d'alourdir les conditions de ce retour en y ajoutant des exigences inspirées par Israël et Riyad. Les négociations en cours entre les Iraniens et les Américains et la détente avec les Saoudiens vont dans ce sens.

Sur la Syrie, où Bachar al-Assad doit au Hezbollah, à Poutine et à l'Iran la survie de son régime, Macron s'est manifestement résigné à accepter l'enlisement. L'Élysée déplore la stérilité du « processus d'Astana », conçu par Moscou, Ankara et Téhéran, pour mettre un terme au conflit, mais semble avoir accepté le *statu quo* imposé par le Kremlin.

Sur le conflit israélo-palestinien, la paresse diplomatique

Emmanuel Macron a clairement imposé ses choix au Quai d'Orsay sur le dossier israélo-palestinien. Certes, il n'est jamais allé jusqu'à un « chant d'amour pour Israël et ses dirigeants », à la différence de François Hollande à Jérusalem en novembre 2013. Mais lorsque Donald Trump a présenté en janvier 2020 son « marché du siècle », qui liquidait les aspirations et les droits nationaux des Palestiniens, l'Élysée a inspiré à Le Drian un communiqué saluant « les efforts du président Trump » et promettant d'« étudier avec attention le plan de paix », sans rappeler les quelques principes fondamentaux sur lesquels doit reposer une solution juste, conforme au droit, du conflit israélo-palestinien. C'est-à-dire la position traditionnelle de Paris.

Pourquoi et comment un jeune président, qui revendiquait une politique « disruptive », s'est-il retrouvé prisonnier des vieux pièges institutionnels de la Ve République ? Grisé par le pouvoir ? Coupé des réalités par un écran de conseillers ? Trop sensible aux pressions des inconditionnels d'Israël, qui l'ont convaincu que l'antisionisme était la « nouvelle forme de l'antisémitisme » ?

Pour certains diplomates, les travers de la méthode Macron seraient dus à son inexpérience en relations internationales. Avant d'entrer à la banque Rothschild en 2010 puis au cabinet de François Hollande en 2012, l'expérience internationale du futur président se limitait à un stage de six mois à l'ambassade de France au Nigeria, au début des années 2000, dans le cadre de ses études à l'ENA, puis à un séjour aux États-Unis financé par le German Marshall Fund en 2007.

Un haut fonctionnaire en activité écrit sous le pseudonyme d'Arthur Mira : « Sur la forme, Emmanuel Macron a occupé un espace diplomatique important et redonné à la France un rôle incontournable, même si parfois critiqué par des partenaires européens ou américains. Cet activisme lui a permis de profiter de certains espaces ouverts par l'attitude de Donald Trump, par le Brexit ou l'immobilisme allemand. Sur le fond, les idées poussées par Emmanuel Macron étaient cependant moins disruptives que sa communication a pu le faire croire. Ses initiatives ou prises de parole chocs n'ont pas toujours été préparées avec les services diplomatiques et militaires compétents, mettant ces derniers souvent devant le fait accompli, et sans leur permettre de mettre en œuvre avec précision les orientations prises. [...] Il y a un équilibre fondamental à trouver entre incarnation de la France et personnalisation de sa politique étrangère. Le danger est sinon que la centralisation de la Ve République réduise la politique étrangère à l'intérêt personnel de ceux qui la portent sans s'appuyer sur un consensus national fort. »

Pour en savoir plus

Bertrand BADIE, *Nous ne sommes plus seuls au monde. Un autre regard sur l'« ordre international »*, La Découverte, Paris, 2016.

Bertrand BADIE et Dominique VIDAL (dir.), *Qui gouverne le monde ? L'état du monde 2017*, La Découverte, Paris, 2018.

Bernard BAJOLET, *Le soleil ne se lève plus à l'est. Mémoires d'Orient d'un ambassadeur peu diplomate*, Plon, Paris, 2018.

Jean-Paul CHAGNOLLAUD, *Proche-Orient, 7 ans de régression (2012-2019)*, L'Harmattan, Paris, 2019.

Olivier DA LAGE (dir.), *L'Essor des nationalismes religieux*, Demopolis, Paris, 2018.

Christian LEQUESNE, *Ethnographie du Quai d'Orsay. Les pratiques des diplomates français*, CNRS Éditions, Paris, 2017.

Barack OBAMA, *Une terre promise* (trad. de l'anglais [États-Unis] par Pierre Demarty, Charles Recoursé et Nicolas Richard), Fayard, Paris, 2020.

Hubert VÉDRINE, *Comptes à rebours*, Fayard, Paris, 2018.

L'évolution du Quai d'Orsay et le rôle de la cellule diplomatique de l'Élysée

Yves Aubin de La Messuzière
Ancien ambassadeur

La Constitution de la Ve République confère au chef de l'État un rôle éminent en matière de politique étrangère. Le président de la République, garant de l'indépendance nationale et de l'intégrité du territoire, négocie et ratifie les traités et dispose du pouvoir de nomination des ambassadeurs que la IVe République avait restreint. Sa fonction de chef des armées renforce son poids dans la conduite de la politique étrangère. La Constitution précise que le gouvernement détermine et conduit la politique de la Nation. Le ministre des Affaires étrangères est donc chargé d'élaborer et de mettre en œuvre la politique étrangère.

Dorénavant, les grandes initiatives diplomatiques sont du ressort du chef de l'État. C'est ainsi que le général de Gaulle, fort de la légitimité d'une première élection au suffrage universel, décide en 1966, sans consulter le Parlement, que la France quittera le Commandement militaire intégré de l'Organisation du traité de l'Atlantique nord (OTAN). Dans la pratique, la politique étrangère devient rapidement un « domaine réservé » du président, ce que contestent certaines forces politiques d'opposition. De Gaulle nomme à la tête du Quai d'Orsay un fidèle, le diplomate Maurice Couve de Murville, qui avait rejoint la France libre. Les titulaires successifs de la fonction, à quelques exceptions près, sont proches du chef de l'État et membres de la majorité gouvernementale. Sous les mandats de De Gaulle, Pompidou et Giscard d'Estaing, ce sont les secrétaires généraux de l'Élysée qui assurent, en l'absence de cellule diplomatique, le relais avec le Quai d'Orsay.

La multiplication des sommets de chefs d'État, européens et internationaux, l'OTAN, le G7, amène Giscard d'Estaing à s'entourer de plusieurs collaborateurs qui constitueront une cellule diplomatique. François Mitterrand l'élargira autour d'Hubert Védrine et créera la fonction de « sherpa » en charge de la préparation des sommets du G7, confiée à Jacques Attali. Une cellule africaine renforcée par François Mitterrand fonctionne séparément, si bien que les principaux dossiers africains échapperont au Quai d'Orsay. Ambassadeur au Tchad au début des années 1990, j'ai été confronté, comme plusieurs de mes collègues en poste en Afrique, à l'incohérence de notre action, faute de coordination des instances de l'exécutif : cellule africaine, ministères des Affaires étrangères, de la Coopération, de la Défense et Direction générale de la sécurité extérieure (DGSE).

Sous le mandat de Nicolas Sarkozy, le conseiller Afrique est intégré à la cellule diplomatique, mais son action est entravée par des réseaux africains toujours vivaces. Par la suite, tous les conseillers diplomatiques seront des diplomates de carrière. À partir de 1995, le diplomate occupant le poste de conseiller diplomatique cumule cette fonction avec celle de sherpa du chef de l'État aux sommets G7/G8 et G20. L'actuel titulaire, Emmanuel Bonne, arabisant issu du corps d'Orient, dirige, selon la nouvelle appellation, le « pôle diplomatique » de la présidence. Il compte une douzaine de conseillers, majoritairement des diplomates, son organigramme répliquant en partie celui du Quai d'Orsay s'agissant des attributions géographiques.

Prééminence de l'Élysée

La prééminence élyséenne en matière de politique étrangère n'a guère été contestée sous la Ve République. François Mitterrand, qui la mettait en cause dans l'opposition, a réaffirmé les prérogatives présidentielles en période de cohabitation face aux Premiers ministres, Jacques Chirac (1986-1988) et Édouard Balladur (1993-1995). La première cohabitation fut plus tendue que la seconde, notamment lorsque Jacques Chirac exigeait de participer aux sommets européens et du G7, ce qui en excluait automatiquement le ministre des Affaires étrangères et donnait une impression déplorable à nos partenaires. Il en fut de même, mais de manière plus tendue, sous la présidence de Jacques Chirac, lorsqu'il cohabita avec Lionel Jospin (1997-2002).

Dans les périodes de cohabitation, les principaux responsables du Quai d'Orsay, rarement pris en défaut de loyauté à l'égard de l'exécutif, se sont parfois trouvés dans des situations embarrassantes. Ce fut le cas, pendant la première cohabitation, lorsque des ambassadeurs reçurent l'instruction de ne pas transmettre directement les télégrammes diplomatiques à l'Élysée. La mesure, contraire à la lettre de la Constitution, fut vite abandonnée. En ma qualité de directeur Afrique du Nord/Moyen-Orient (ANMO), j'ai été confronté à une forte tension entre les deux pôles de l'exécutif lors de la visite en février 2000 de Lionel Jospin en Israël et dans les Territoires palestiniens. Celui-ci avait qualifié publiquement le Hezbollah libanais d'« organisation terroriste » (ce qui lui avait valu d'être caillassé par des étudiants palestiniens à Ramallah). Le Premier ministre s'était départi de la position officielle de la France qui entretenait des relations avec l'aile politique du mouvement islamiste. Un sévère communiqué de l'Élysée critiquait la prise de position du Premier ministre et annonçait qu'il était convoqué par le président. Le Quai d'Orsay, et plus particulièrement la direction ANMO, a été accusé par l'entourage de Lionel Jospin d'avoir pris parti en faveur de l'Élysée.

Comme le rapporte Jacques Chirac dans ses Mémoires, Hubert Védrine a exercé son talent de diplomate pour atténuer les divergences entre les deux pôles de l'exécutif. Jacques Chirac, qui appréciait les diplomates, contrairement à François Mitterrand (au moins ils savent écrire, disait-il des ambassadeurs), associait les directeurs géographiques et les ambassadeurs aux entretiens avec ses homologues. Il chargeait certains d'entre eux de missions auprès de chefs d'État. Mon prédécesseur Jean-Claude Cousseran et moi-même avons été les envoyés spéciaux du président au Proche-Orient, dans certaines situations de crise, en accord avec Hubert Védrine.

D'autres présidents désignaient de proches collaborateurs ou des personnalités politiques proches de la majorité pour effectuer des missions délicates. C'est ainsi que Roland Dumas fut porteur d'un message de François Mitterrand au colonel Kadhafi en 1986 sans que ni Matignon, ni le Quai d'Orsay, ni l'ambassadeur en aient été informés. Bernard-Henri Lévy, qui fut le « *deus ex machina* » de l'engagement militaire de la France en octobre 2011, a été de fait l'envoyé spécial de Nicolas Sarkozy, contournant Alain Juppé, le ministre des Affaires étrangères et les diplomates français sur place. On connaît le désastre qui en est résulté sur notre influence en Libye et dans la région.

Au cours des dernières décennies, le ministère des Affaires étrangères, qui a changé significativement d'intitulé pour être dénommé, sous la présidence d'Emmanuel Macron, ministère de l'Europe et des Affaires étrangères, a étendu ses attributions et son champ d'action en intégrant le ministère de la Coopération, en 1999, puis le Commerce extérieur et le Tourisme, en 2013. Toutefois, face à la résistance de Bercy, un décret d'attribution précise que le ministère exerce conjointement avec celui de l'Économie son autorité sur les services économiques à l'étranger. Par déclinaison, cette restructuration qui assure une plus grande cohérence de l'action extérieure de la France, conforte les pouvoirs de l'ambassadeur, dépositaire de l'autorité de l'État qui coordonne et anime l'action de tous les services des ministères rattachés à son ambassade. Fini le temps où un ministre de la Coopération estimait que le conseiller de coopération et d'action culturelle dans les pays africains était son représentant, marginalisant l'ambassadeur.

Une cellule diplomatique d'autant plus forte que les ministres sont faibles

Le chef de la cellule diplomatique de l'Élysée exerce souvent une influence importante, jugée parfois excessive. Jean-David Levitte, diplomate expérimenté, qui, au début de sa carrière, avait intégré l'équipe des diplomates auprès de Giscard d'Estaing, sera nommé conseiller diplomatique et sherpa de Jacques Chirac en 1995. D'emblée, face au ministre des Affaires étrangères centriste, Hervé de Charette, sans expérience de politique étrangère, Jean-David Levitte cherche à imposer l'autorité de la cellule diplomatique sur les dossiers qui intéressent directement le président de la République. J'en ai été le témoin, lorsque, nommé chef de poste à Bagdad, ce dernier m'a annoncé que « la question irakienne [était] gérée à l'Élysée » et que je serais reçu par le président avant mon départ. C'est en effet Jacques Chirac qui m'a donné la ligne à suivre, tandis que le ministre me transmettait les instructions classiques que reçoivent les ambassadeurs.

Lors de la troisième cohabitation de la Ve République (1997-2002), le Quai d'Orsay a retrouvé la plénitude de ses attributions grâce à la personnalité et à l'expérience d'Hubert Védrine sur les grandes affaires du monde. La cellule diplomatique exerce un poids d'autant plus fort que les ministres sont faibles. Philippe Douste-Blazy (2005-2007) et Bernard Kouchner (2007-2010) n'ont pu s'imposer face respectivement à Maurice Gourdault-Montagne et à Jean-David Levitte, lequel a retrouvé les mêmes fonctions auprès de Nicolas Sarkozy. Le premier a été choisi pour des raisons d'équilibre interne au sein de la majorité et probablement aussi parce que son prédécesseur, Dominique de Villepin, devenu Premier ministre, préférait une personnalité qui ne lui ferait pas d'ombre.

De fait, l'administration du Quai d'Orsay est alors tenue par le directeur de cabinet, Pierre Vimont, surnommé à juste titre le « vice-ministre des Affaires étrangères ». Le choix du fondateur de Médecins sans frontières, qui a appartenu à un gouvernement socialiste, répondait à une volonté d'ouverture à gauche. Bernard Kouchner n'a jamais pu assumer pleinement ses responsabilités face au sherpa du chef de l'État qui encadrait son action. Contrairement à la pratique depuis des décennies, le ministre n'était plus reçu en tête à tête par le président avant la réunion du Conseil des ministres. Les ambassadeurs les plus importants recherchaient leurs instructions auprès de la cellule diplomatique. Il en est résulté la démobilisation de certaines directions du ministère, dans un climat maussade en raison de nouvelles réductions du budget et des moyens du Quai d'Orsay.

Emmanuel Macron, entouré d'une confortable cellule diplomatique, contribue à déplacer encore davantage l'initiative en matière de politique étrangère du Quai d'Orsay à l'Élysée. Deux exemples illustrent cette tendance : sa tentative infructueuse de rapprocher les factions libyennes, dès le début de son mandat, et, fin 2020, son implication solitaire dans la solution de la crise libanaise. La diplomatie macronienne multiplie les coups d'éclat, donnant l'impression que l'action précède la réflexion stratégique – quand celle-ci existe.

Le président Macron semble, tout comme Nicolas Sarkozy, éprouver une certaine défiance à l'égard du corps diplomatique qu'il tient à distance. Fait significatif, les directeurs du ministère sont rarement associés à ses entretiens avec des chefs d'État étrangers. En 2008, au cours de la conférence des ambassadeurs, il n'hésita pas à dénoncer le « conservatisme des diplomates et l'appartenance de certains à un État profond ». Par ce propos surprenant, tant la formule « *deep state* » a une connotation conspirationniste, Emmanuel Macron s'en prenait visiblement aux diplomates rétifs à son tournant russe, marqué par l'invitation au fort de Brégançon de Vladimir Poutine, à la veille du sommet du G7 à Biarritz. Visait-il ce courant néoconservateur influent au Quai d'Orsay ? Dès le début de sa présidence, Emmanuel Macron a déclaré qu'il mettrait fin à cette forme de néoconservatisme importée en France et affirmé que son action diplomatique s'inscrivait dans la ligne gaullo-mitterrandiste, dont s'étaient séparés ses deux prédécesseurs. On ne s'en est toutefois guère aperçu sur le dossier israélo-palestinien…

Dans un discours devant les ambassadeurs au début de son mandat, Nicolas Sarkozy avait évoqué son attachement à « la famille occidentale et à ses valeurs » et annoncé, en 2007, le retour de la France dans le commandement militaire intégré de l'OTAN. Ce virage atlantiste satisfait des diplomates que l'on dénomme les néoconservateurs et heurte ceux qui restent attachés à une stricte indépendance stratégique vis-à-vis des États-Unis. Ce courant néoconservateur, ou occidentaliste, inspiré du néoconservatisme américain des années Bush, monte en puissance au Quai d'Orsay, notamment au sein de la direction des Affaires stratégiques, qui couvre les questions de désarmement et de la non-prolifération nucléaire. Ses responsables ont pour la plupart été affectés à Washington, New York ou Bruxelles auprès de l'OTAN, loin des terrains diplomatiques. Ces diplomates « occidentalistes » ont poursuivi leur ascension pendant le mandat de François Hollande. Le directeur général des Affaires politiques, Jacques Audibert, deviendra son conseiller diplomatique.

Les tenants de cette mouvance s'appuient sur certains cercles d'analystes et d'experts en matière de défense, réceptifs aux thèses des néoconservateurs américains. Une figure intellectuelle, Thérèse Delpech, agrégée de philosophie, devenue directrice des affaires stratégiques au Commissariat à l'énergie atomique, a exercé une influence excessive auprès des cercles de réflexion et des diplomates appartenant à la filière stratégique du Quai d'Orsay. Au cours d'une réunion présidée par le directeur général des affaires politiques, à laquelle j'assistais en tant que directeur d'ANMO, je me suis confronté à cette personnalité qui prétendait, contre toute évidence, que Saddam Hussein avait relancé son programme nucléaire. Elle appuyait cette affirmation sur la découverte par la Central Intelligence Agency (CIA) de l'importation d'uranium du Niger. Cette affaire, qui a inspiré un film, était un pur montage des services américains. Son obsession du risque nucléaire s'est tournée vers l'Iran.

Dans *Compte à rebours*, son ouvrage paru en 2018, Hubert Védrine écrit qu'au début du mandat de Sarkozy, les néoconservateurs se vantaient ouvertement d'éliminer « les séquelles du gaullisme et du mitterrandisme » et de « neutraliser la direction Afrique du Nord/Moyen-Orient du Quai d'Orsay qualifiée de secte ». Cet objectif a été partiellement atteint, puisque cette direction et les autres départements géographiques sont dorénavant placés sous l'autorité de la direction générale des affaires politiques.

Pour en savoir plus

Yves Aubin de La Messuzière, *Profession diplomate. Un ambassadeur dans la tourmente*, Plon, Paris, 2019.

Christian Lequesne, *Ethnographie du Quai d'Orsay*, CNRS Éditions, Paris, 2017.

Maurice Vaïsse, *Diplomatie française. Outils et acteurs depuis 1980*, Odile Jacob, Paris, 2018.

L'armée dans la politique étrangère

Aude Leroy
Grand reporter à Europe 1, spécialiste des questions de défense et de sécurité

L'article 15 de la Constitution de la Ve République est limpide : « Le président de la République est le chef des Armées. Il préside les conseils et les comités supérieurs de la défense nationale. » Cet atout maître du chef de l'État, directement hérité de la guerre d'Algérie et plus particulièrement du putsch d'Alger du 22 avril 1961, marque un pas vers la présidentialisation du pouvoir. La mainmise constitutionnelle du président de la République sur les affaires militaires n'est pas la seule : la politique étrangère est aussi entre ses mains, même si ce n'est pas inscrit dans les textes. Cette double prérogative, le « domaine réservé », relève de l'usage. Le chef de l'État décide seul, sans avoir à rendre des comptes, dans ces deux secteurs essentiels. D'où le poids et l'influence minimes de différents ministres de la Défense, notamment à partir de 2002. Sans capacité à prendre les décisions opérationnelles engageant les armées, le ministre est cantonné dans un rôle de technicien, chargé des finances de ce ministère régalien. Jean-Yves Le Drian, à qui le président François Hollande avait délégué une grande liberté d'action, a fait exception.

La « grande muette » scrupuleusement aux ordres du politique

Le putsch d'avril 1961 a provoqué chez le politique une certaine méfiance – le mot est faible – dans la perception du militaire. Concomitamment, dans une directive de décembre 1961, Charles de Gaulle pose et affirme sa doctrine : la dissuasion nucléaire, avec la possession de l'arme atomique, garantit les intérêts vitaux de la France, à qui il veut donner une place de choix sur l'échiquier mondial. Dès lors, le foisonnement de réflexions doctrinales militaires se tarit, l'institution militaire française confirme son statut de « grande muette », aux ordres du pouvoir politique.

Dans le même temps, le général de Gaulle crée ou recrée des postes qui placent certains militaires à des positions particulières au sein de l'appareil d'État : l'état-major particulier du président (EMP) à l'Élysée – nouveau nom de ce qui s'appelait jusqu'alors le cabinet militaire – dont le chef (CEMP) sert d'interface entre le chef de l'État et les armées. C'est un poste de conseiller d'influence, inévitablement. Les échanges sont directs, fluides, rapides. Cette singularité française donne au CEMP un poids particulier, en fonction de sa personnalité, de ses relations avec le chef de l'État, même si aucun écrit ne précise son rôle. Le Premier ministre et celui des Armées disposent également de cabinets militaires.

Pendant trois décennies, les armées, scrupuleusement aux ordres du politique, offrent un visage et une solidité rassurants, avec une puissance matérielle militaire entièrement tournée vers un classique affrontement Est-Ouest.

La bascule commence dès les années 1970 et se poursuit dans les années 1990. Paradoxalement, c'est lorsque la Guerre froide a cessé que la France revient progressivement et partiellement au sein de l'Organisation du traité de l'Atlantique nord (OTAN), dont elle avait quitté le commandement intégré en 1966. Elle devient l'un des premiers contributeurs aux déploiements en Bosnie (1993-2004) ou au Kosovo (1999-2013). Elle accroît ses engagements militaires, au nom d'une politique étrangère affirmée de soutien à ses alliés et de respect de ses engagements internationaux : de nouvelles opérations extérieures (Opex), lancées sous la présidence Mitterrand, d'abord interalliées (guerre du Golfe), puis internationales, sous mandat de l'Organisation des nations unies (ONU) (Forpronu en Bosnie-Herzégovine, à partir de 1992). Ou seule, comme en Côte d'Ivoire (opération Licorne, 2002), même si l'armée française est officiellement en soutien de l'Onuci.

Au sein des armées, cela bouge aussi avec la création du Commandement des opérations spéciales (COS) et de la Direction du renseignement militaire (DRM) en 1992, ou encore avec la fin de la conscription en 1996. Les leçons sont tirées de la guerre du Golfe, qui a imposé l'idée d'une armée professionnelle, formatée en corps expéditionnaire. La méfiance s'estompe, les autorités politiques donnent aux militaires les moyens de trouver une nouvelle place d'outil de la politique étrangère d'un pays membre permanent du Conseil de sécurité de l'ONU. Avec l'augmentation significative des engagements militaires, cette tendance accroît sensiblement la visibilité et le poids des militaires dans la société, surtout après les attentats de 2015.

Créé en 1992, au lendemain de la guerre du Golfe, pendant laquelle la France ne put participer aux côtés des Américains et des Britanniques à des opérations spéciales, faute de structure adaptée, le COS a pour devise « Faire autrement ». Il est capable d'agir dans tous les milieux avec ses propres moyens. Le regroupement des forces spéciales sous un même commandement opérationnel offre au président de la République un moyen supplémentaire et un nouvel atout, renforçant de fait sa capacité d'action mais aussi d'influence. Peu de nations disposent de capacités équivalentes – aucune au sein de l'Union européenne (UE), dont les États membres n'ont pas les mêmes exigences en termes d'interventions militaires. Le COS est avant tout un instrument de puissance particulièrement agile et très réactif, capable de mener des opérations qui sortent du champ d'action des unités conventionnelles, avec une empreinte au sol réduite. Il donne à l'autorité politique une souplesse d'emploi accrue de l'outil militaire à l'extérieur des frontières. Certains y voient une « armée dans l'armée », voire une « quatrième armée ». Dans les faits, c'est surtout une composante interarmées, restreinte (environ 4 400 personnels), agile grâce à une boucle de décision très courte et dotée d'une grande capacité d'adaptation sur le terrain.

L'envoi de forces spéciales est aussi, soulignent certains experts, « politiquement valorisable à moindre coût ». Autrement dit : gros effet sur la scène internationale pour un investissement « ridicule », selon quelques-uns.

À la tête de l'État, c'est donc un quatuor qui œuvre à l'utilisation de l'outil militaire, dans la politique étrangère : le président de la République, le ministre des Armées, le chef d'état-major particulier (CEMP) et le chef d'état-major des armées (CEMA). Selon les périodes, le ministre de la Défense et désormais des Armées est donc plus moins inséré dans le jeu. Mais la verticalité est toujours soigneusement respectée.

Le CEMA occupe une place centrale dans le dispositif. Le décret du 21 mai 2005 (complété par le décret de 2009) fixe ses attributions : « *primus inter pares* », il chapeaute les chefs des trois armées (terre, air, marine) très autonomes jusque-là, concrétisant ainsi le principe de l'interarmées. Il est celui à qui les trois armées devront soumettre leurs demandes budgétaires, celui qui tranche puis soumet ses propositions au ministre des Armées. Pour l'institution, cette rationalisation est une révolution. Par ailleurs, le CEMA est en dialogue direct avec le président de la République pour les opérations, conventionnelles ou spéciales, cyber ou spatiales… En tant que commandant des opérations militaires, il est donc responsable de la déclinaison opérationnelle des choix faits par le président de la République.

Derrière les organisations et les structures, il y a les hommes. Ainsi les équilibres s'ajustent-ils en fonction des personnalités en place. Jacques Chirac, dernier président à avoir connu le feu, avait sans doute également une relation « d'officier à officier » avec son CEMP ou son CEMA. Sans doute la nomination au poste de CEMA d'anciens CEMP (généraux Jean-Louis Georgelin, Henri Bentegeat, amiraux Jacques Lanxade et Édouard Guillaud) n'est-elle pas étrangère aux relations établies entre ces officiers généraux et le chef de l'État.

Un Parlement tenu à l'écart

Ce cercle restreint exclut *de facto* le Parlement. Et pourtant, dès qu'une opération s'inscrit dans une durée supérieure à trois mois, elle doit être soumise au pouvoir législatif. Les commissions des deux Assemblées ont beau auditionner régulièrement les chefs militaires, notamment au sujet des opérations extérieures, le Parlement n'est sollicité pour avis qu'après l'envoi de troupes, pour entériner les décisions présidentielles. Ce qui ne revient qu'à des débats « caricaturaux », selon un député, comme après l'intervention française en Libye (12 juillet 2011) ou après celle au Mali (22 avril 2013).

Cette situation mécontente nombre de parlementaires. Certains appellent à un recentrage des réflexions, des débats, des interrogations en matière de défense et de sécurité nationales. Ils souhaitent proposer un outil de diagnostic, qui « casse » le tête-à-tête entre le chef de l'État et les armées, afin que le Parlement puisse, en lien avec les militaires, mieux cerner, analyser les enjeux de demain, mieux les anticiper (« *Si vis pacem, para bellum* ») tout en s'appuyant sur les réflexions d'un plus grand nombre de personnes. Être mieux informé par exemple des ventes d'armes est aussi une volonté du Parlement français, démarche qui s'inscrit dans la droite ligne d'une position commune du Conseil de l'Europe datée de 2008. Si les autorités françaises publient chaque année un rapport au Parlement sur les exportations d'armement, son contenu ne révèle rien. Une opacité assumée par l'exécutif. Le pré carré reste élyséen et mutique.

La préparation de la décision politique est *de facto* centrale dans le processus d'engagement militaire. C'est pourquoi les militaires planifient en permanence des *scenarii* opérationnels. Lorsque la crise survient, ils proposent différentes options au CEMA qui les présente au président de la République. Ce dernier décide seul, *in fine*. La responsabilité du CEMA est donc grande. Pour cela, il dispose d'un état-major et d'un centre de planification et de conduite des opérations (CPCO) qui moulinent en permanence, pour coller à l'évolution du contexte géostratégique et à l'environnement international. Il s'agit pour les armées de pouvoir réagir très rapidement à l'émergence d'une crise, de planifier des hypothèses d'engagement plus lointaines, tout en définissant le modèle d'armée du futur, en fonction de projections de plus long terme. Ces travaux sont conduits dans une très grande confidentialité.

L'envoi de militaires français, dont le COS, sur certains terrains relève aussi de la pure solidarité stratégique. La question se pose notamment en 2003, après l'invasion américaine de l'Irak. Plutôt que de se lancer sur ce terrain, la France opte pour l'envoi de quelque 200 militaires des forces spéciales (FS) en Afghanistan pour exprimer sa solidarité stratégique avec les États-Unis, qui commanderont ces troupes. Une proposition « judicieuse » faite au président Chirac par le général Bentégeat, alors CEMP.

Lutte contre le groupe État islamique, présence face au détroit d'Ormuz, à proximité de l'Iran, solidarité stratégique affichée avec les Émirats arabes unis font partie des motifs de l'implantation de trois installations françaises permanentes dans cet État. Ce prépositionnement offre depuis 2009 à la France une présence dans le Golfe, pile au sein de l'arc de crise entre le Sahel et l'océan Indien.

Le stationnement des Rafale dans cette région du monde est aussi une parfaite vitrine pour l'industrie d'armement française. Les ventes d'armes font partie intégrante de la politique étrangère de la France, voire sont essentielles pour faire tourner son économie de défense et conserver les atouts de sa souveraineté industrielle. À ce volet s'ajoute l'opportunité d'afficher un soutien politique aux alliés du Golfe, au moment où les États-Unis, sur décision du président Obama, annonçaient se retirer du Moyen-Orient et d'Afrique du Nord, pour pivoter vers l'Asie-Pacifique. D'où les spectaculaires ventes d'armes de la période Le Drian/Hollande, en 2015, dont celles du Rafale, qualifié d'invendable « car trop sophistiqué » par le ministre de la Défense en septembre 2007. Avec le recul, le deuxième contrat de trente Rafale passé par l'armée égyptienne en mai 2021 y oppose à nouveau un cinglant démenti. Si elles sont nécessaires à l'industrie de défense, les ventes d'armes à l'Égypte ou à l'Arabie saoudite suscitent la polémique. Le régime égyptien est vivement contesté pour ses atteintes aux droits de l'homme ; la guerre au Yémen fait craindre, aux organisations non gouvernementales (ONG) notamment, l'utilisation d'armes françaises par l'Arabie saoudite et ses alliés contre les rebelles houthis et la population yéménite, surtout au moment où l'administration Biden annonce qu'elle cesse d'appuyer l'intervention saoudienne. Ces questions ne trouvent pour réponse, comme souvent, que le silence des gouvernements concernés.

Les menaces évoluent avec le retour de l'affrontement entre grandes puissances, soit mondiales comme la Russie et la Chine, soit régionales comme la Turquie et l'Iran. De nouvelles pratiques de lutte émergent :

cyber, spatiale, informationnelle... et s'ajoutent à de plus anciennes : sabotages, espionnage, utilisation de mercenaires... Un rapport de l'Institut Montaigne, « Repenser la guerre face aux crises du XXIe siècle » (février 2021), pointe l'inadaptation des armées françaises aux nouveaux conflits hybrides, apparus en 2008 lors de la crise en Géorgie, en Ukraine ou encore en Syrie. Ces guerres mêlent plusieurs dimensions d'actions : légales et illégales, civiles, militaires, diplomatiques, économiques, informationnelles (rumeurs, *fake news)* et même sanitaires, comme l'a démontré la crise de la Covid-19 à compter de 2020.

Conséquence directe des restrictions budgétaires, depuis 2010, la France n'engage plus jamais ses armées seules sur un terrain. Sauf ponctuellement, en cas d'urgence. Ce fut notamment le cas en 2011 lors de l'intervention en Libye, menée sous la houlette des Français et des Britanniques, avec le soutien des États-Unis. Ou encore lors de la projection au Sahel, en 2013. La France a toujours pour ambition d'être un moteur en Europe, mais elle peine à entraîner ses voisins, plus frileux et aux circuits politiques internes plus complexes.

Lancée en janvier 2020 au sommet de Pau, la *Task Force* Takuba, créée par la France et uniquement composée de membres de forces spéciales européennes au Sahel, a mis du temps à voir ses effectifs grossir. Et encore, certains pays européens y participent-ils avec une très grande parcimonie, n'y détachant que quelques personnels. Et en y multipliant des restrictions d'utilisation qui contraignent la France. Mais cette dernière préfère visiblement s'en contenter, y tirant notamment l'avantage d'être le moteur de Takuba tout en repoussant d'éventuelles critiques sur son éventuelle tentation d'impérialisme. La réalité des faits peut être cruelle.

L'incapacité française à entraîner ses voisins européens fracasse le discours du 26 septembre 2017 du président Macron sur une « refondation de l'Europe ». Le chef de l'État y avait décliné avec enthousiasme et lyrisme sa vision d'une Europe plus intégrée et plus démocratique face à des États-Unis en retrait ou à une Chine de plus en plus puissante et présente. Force est de constater que le compte n'y est pas à l'heure où la France s'apprête à présider l'UE pour six mois.

Pour en savoir plus

Bernard BARRERA, *Opération Serval. Notes de guerre*, Seuil, Paris, 2013.

Nicolas BAVEREZ et Bernard CAZENEUVE, « Repenser la défense face aux crises du XXIe siècle » (rapport de l'Institut Montaigne), février 2021.

Christophe GOMART (avec Jean GUISNEL), *Soldat de l'ombre. Au cœur des Forces spéciales*, Tallandier, Paris, 2020.

Thomas GOMART, *Guerres invisibles. Nos prochains défis géopolitiques*, Tallandier, Paris, 2021.

Michel GOYA, *S'adapter pour vaincre. Comment les armées évoluent*, Perrin, Paris, 2019.

Jean-Christophe NOTIN, *Les Guerriers sans nom*, Tallandier, Paris, 2021.

Philippe VIAL, « Une lente maturation », *Le Casoar*, n° 213, avril 2014, p. 13.

Les ventes d'armes, causes et conséquences de la politique étrangère

Aymeric Elluin
Chargé de plaidoyer armes à Amnesty International France

La France est le troisième pays exportateur d'armes au monde, loin derrière les États-Unis, qui occupent la première marche du podium, et après la Russie. Depuis le quinquennat de François Hollande (2012-2017), les exportations d'armes occupent une place centrale dans la politique étrangère française. De fait, c'est durant cette période que la France est montée sur le podium. Cela interroge sur les motivations de ces exportations d'armes et sur la cohérence finale de la politique étrangère française. Si la vente d'armes peut découler naturellement d'une politique étrangère répondant à des intérêts légitimes, dans d'autres cas, elle dissimule l'absence d'une réelle politique étrangère respectueuse du droit international.

Le ministère de l'Europe et des Affaires étrangères est l'acteur logique de la conduite de la politique étrangère. Les droits humains sont une des nombreuses priorités affichées par la diplomatie française, qui dit combattre, par son action, les violations des droits humains partout où elles sont commises. Elle doit également prévenir et empêcher leur réalisation à travers le traité sur le commerce des armes (TCA). Cet instrument juridiquement contraignant, entré en vigueur le 24 décembre 2014, a pour objet d'encadrer et de responsabiliser les ventes internationales d'armes classiques.

Autrement dit, la France, partie prenante du TCA, ne doit pas exporter d'armes dès lors qu'il existe un risque sérieux qu'elles soient utilisées pour commettre ou faciliter des violations graves des droits humains (violations du droit à la vie, notamment le meurtre) ou encore du droit international humanitaire comme les crimes de guerre, en ciblant des civils ou des infrastructures civiles. Le ministère des Affaires étrangères, qui avait la responsabilité de négocier le TCA, doit désormais veiller à son respect. En effet, toutes les décisions d'exportations d'armes prises par le Premier ministre reposent sur une évaluation interministérielle, à laquelle participe le Quai d'Orsay. Cette évaluation doit notamment déterminer, pour chaque demande d'exportation de matériels de guerre, s'il existe un risque de violation du droit international. Mais ce n'est pas tout. C'est le même ministère qui assure, depuis une réforme de 2014 qui lui a confié la promotion du commerce extérieur, la publicité des matériels de guerre auprès d'acheteurs potentiels. Dans cette logique, le ministère met son réseau diplomatique au service des intérêts nationaux de défense et de sécurité. Il est ainsi juge et partie.

Vendre à tout prix

« Mais au fond, pourquoi vend-on des armes ? » C'est à cette question posée par Florence Parly, ministre des Armées, qu'il faut répondre pour comprendre l'état de tension dans lequel se trouve la politique étrangère vis-à-vis de ses différentes priorités affichées, au risque de se rendre complice de violations du droit international humanitaire, comme dans le cadre du conflit au Yémen. La ministre a posé cette question en introduction à son audition, le 7 mai 2019, devant la commission des Affaires étrangères de l'Assemblée nationale. L'audition avait été réclamée par les élus suite aux révélations du média d'investigation Disclose, datées du 15 avril 2019, sur l'utilisation d'armes françaises au Yémen.

La réponse apportée par Florence Parly est la même depuis des décennies. Il s'agit d'assurer l'autonomie stratégique française et de garantir sa souveraineté. Autrement dit, la commande nationale étant insuffisante pour viabiliser l'industrie de défense, « nous n'avons donc pas le choix : il nous faut exporter », comme l'a asséné la ministre. Dernier argument mis en avant : exporter des armements crée de l'emploi et participe à la croissance économique. Pourtant, en 2017, le montant des exportations de matériels de guerre ne représentait que 1,8 % des exportations totales de la France. Vendre coûte que coûte, voilà donc une préoccupation française, car le pays n'a pas seul les moyens de son ambition. Il a besoin de clients pour pouvoir doter ses armées.

Cette dépendance vis-à-vis de clients étrangers n'est pas sans conséquence. Comme le souligne si bien la chercheuse Lucie Béraud-Sudreau : « Il convient ainsi de s'interroger sur la possibilité de voir l'importance des exportations en termes industriels et économiques guider des décisions diplomatico-stratégiques. » Et donc, pourrait-on ajouter, voir l'influence française réduite à peu de chose en raison de sa dépendance aux clients.

Les ventes d'armes en tant qu'outil de politique étrangère sont censées conférer une influence particulière à la France, au regard des partenariats stratégiques ainsi noués. Mais les ventes d'armes à l'Égypte, ou encore à la coalition militaire dirigée par l'Arabie saoudite engagée au Yémen, ne se sont jamais traduites par des gains politiques permettant de faire cesser soit les violations des droits humains en Égypte soit les possibles crimes de guerre commis par la coalition au Yémen. En janvier 2021, pour la sixième année consécutive, le groupe d'experts des Nations unies a indiqué que toutes les parties impliquées dans le conflit au Yémen avaient commis en 2020 des violations généralisées du droit international humanitaire, dont de possibles crimes de guerre. Pourtant les livraisons d'armes, notamment à l'Arabie saoudite, n'ont jamais été aussi importantes depuis le début du conflit. Il ne semble donc pas que le partenariat privilégié entretenu par la France avec l'Arabie saoudite se soit traduit par un arrêt des atrocités commises par la coalition.

La diplomatie française fait donc des choix politiques qui nient ses obligations internationales. En octobre 2017, à l'occasion de la visite du maréchal Al-Sissi à Paris, Emmanuel Macron a refusé de s'exprimer sur les violations des droits humains en Égypte, mais il le fait néanmoins au Caire, en janvier 2019, en lien avec l'emploi de véhicules blindés français à des fins de répression. Les Égyptiens n'apprécient pas. Aussi, en décembre 2020, la France revient à sa posture habituelle d'indulgence vis-à-vis de la répression brutale du président Al-Sissi. Dans le cas du conflit au Yémen, l'Élysée s'est démené publiquement depuis 2018, tout en assumant les ventes d'armes à l'Arabie saoudite, pour contester l'usage d'armes françaises, avant d'expliquer avoir les garanties que les armes ne seraient pas utilisées contre des civils, sans jamais en apporter la moindre démonstration. L'Égypte comme l'Arabie saoudite comptent parmi les principaux clients de la France.

Le droit international contraint la diplomatie

Le fait est que la politique étrangère ne consiste pas seulement à assurer la promotion d'intérêts économiques, géostratégiques ou de défense, parmi tant d'autres intérêts. Les ventes d'armes font l'objet d'un encadrement juridique national et international, dont le respect devrait se traduire dans la politique étrangère française. Ainsi les industriels ne sont-ils pas libres d'exporter des armes. Ils doivent demander l'autorisation au pouvoir exécutif, qui évalue chaque demande à l'aune du TCA. La France doit donc systématiquement se référer au droit international et mettre tout en œuvre, dans le cadre de sa politique étrangère, pour respecter strictement la législation internationale et la promouvoir auprès de ses partenaires. Elle a ainsi notamment l'obligation de faire respecter les lois de la guerre par ses partenaires. Dans cette perspective, soulignons que le code de la Défense donne toute liberté au pouvoir exécutif pour suspendre à tout moment des transferts d'armes en cours, si de nouvelles informations lui parviennent quant à la mauvaise utilisation de l'armement fourni.

L'absence de politique étrangère respectueuse des engagements internationaux de la France est favorisée par l'opacité qui règne en matière de ventes d'armes. La procédure de décision conduisant à la délivrance des exportations est frappée du sceau du secret. Quant aux informations relatives à ce que l'on vend, à qui et pour quoi faire, elles manquent cruellement. Or elles sont indispensables pour s'assurer de la légalité des ventes encouragées par le quai d'Orsay.

La politique étrangère française souffre clairement d'un manque de cohérence. Elle fait passer des intérêts mercantiles avant ses obligations juridiques qui consistent à ne pas fournir l'instrument des violations des droits humains. Tant que la France ne sera pas en mesure de condamner ces atteintes avec fermeté en mettant fin à ses transferts d'armes et en l'assumant, elle ne pourra pas se targuer d'une politique étrangère digne de ce nom. Aujourd'hui, elle n'a pas la capacité de peser sur ses partenaires. Elle n'hésite pas, pour masquer son impuissance, voire son alignement avec ses partenaires, à recourir à des mensonges d'État, comme les investigations de Disclose et des organisations non gouvernementales (ONG) l'ont montré.

Si les ventes d'armes n'ont longtemps pas prêté à conséquence au sein de l'opinion publique et de la classe politique, il se peut que le conflit au Yémen marque une rupture. En effet, les ventes d'armes n'ont jamais été aussi questionnées. Certes, le débat est nouveau, mais c'est un début. Il doit aboutir à mettre en place des garde-fous – comme l'ont proposé deux députés en novembre 2020 – à travers un contrôle parlementaire institutionnalisé et permanent sur les ventes d'armes, actuellement décidées par le seul pouvoir exécutif avec l'appui du ministère des Affaires étrangères.

Pour en savoir plus

Amnesty International, « Égypte : des armes françaises au cœur de la répression », 16 octobre 2018, <https://amnestyfr.cdn.prismic.io/amnestyfr%2F668512c5-5918-4ccd-943a-47b08af63d8b_rapport+egypte_francais_121018.pdf>.

Lucie Béraud-Sudreau, « La politique française de soutien aux exportations d'armement : raisons et limites d'un succès », *Études de l'Ifri, Focus stratégique*, n° 73, juin 2017.

Aymeric Elluin et Sébastien Fontenelle, *Ventes d'armes, une honte française*, Le Passager clandestin, Paris, 2021 (à paraître).

Anne Poiret, *Mon pays vend des armes*, Les Arènes, Paris, 2019.

Rapport annuel au Parlement 2020 sur les exportations d'armement de la France, <www.defense.gouv.fr/actualites/articles/exportations-d-armement-le-rapport-au-parlement-2020>.

Rapport d'information déposé par les députés Jacques Maire et Michèle Tabarot, en conclusion des travaux d'une mission d'information sur le contrôle des exportations d'armement, n° 3581, 18 novembre 2020, <www.assemblee-nationale.fr/dyn/15/rapports/cion_afetr/l15b3581_rapport-information>.

Naissance, essor et difficultés d'une diplomatie économique

Yves Doutriaux
Conseiller d'État, ancien ministre plénipotentiaire

Selon Laurent Fabius, alors ministre des Affaires étrangères et du Développement international (MAEDI), on finirait par poser la question « d'où parlez-vous ? » à un pays dont l'économie s'affaiblirait, même si l'influence ne se déduit pas du seul poids économique[1]. Or, si la part des exportations de biens et services dans le produit intérieur brut (PIB) du pays n'a cessé de croître depuis les années 1970, sa part de marché dans les exportations mondiales, sous l'effet de la croissance des émergents, dont la Chine – mais l'Allemagne, notre premier partenaire commercial, n'en a pas souffert, bien au contraire –, a baissé de 6,2 % à 3,3 % en vingt-cinq ans, menant au déficit abyssal constaté en 2020 de 65,2 milliards d'euros, évidemment dégradé par la crise de la Covid-19, qui a aussi gravement touché la balance des services, dont le tourisme étranger en France.

Certes, la France est l'un des cinq membres permanents du Conseil de sécurité et dispose de la puissance nucléaire, d'une force de projection extérieure et du troisième réseau diplomatique au monde ; selon Laurent Fabius, sa voix porte par les valeurs qu'elle défend, les droits de l'homme et la démocratie. Mais force est de reconnaître que son poids économique relatif recule.

1 *Géoéconomie,* n° 65, 2013/2.

« Mettre les outils diplomatiques au service de l'économie » et « les leviers économiques au service de la politique étrangère »

Dès son arrivée au Quai d'Orsay, en 2012, Laurent Fabius annonce vouloir faire de la diplomatie économique une priorité. Une Direction des entreprises et de l'économie internationale est créée, rebaptisée Direction de la diplomatie économique en janvier 2019, dotée de 73 agents[1], pour constituer le point d'entrée au ministère des entreprises, grands groupes comme petites et moyennes entreprises (PME). La diplomatie économique vise, selon le Quai d'Orsay, « à mettre les outils diplomatiques au service de l'économie » et « les leviers économiques au service de la politique étrangère ». En fait, dès le XVIIe siècle, les consuls ont pratiqué la diplomatie économique sans le savoir, puisqu'ils apportaient leur soutien aux navires marchands battant pavillon français. À partir du XIXe siècle, le ministère des Affaires étrangères a négocié les accords douaniers bilatéraux. La responsabilité de la diplomatie économique a fait l'objet de rivalités entre le Quai d'Orsay et le ministère de l'Économie et des Finances, lequel crée en 1918 le futur Corps de l'expansion économique, qui échappe encore aujourd'hui au ministère des Affaires étrangères.

Toutefois, en 2014, le champ de compétence du Quai d'Orsay est élargi au commerce extérieur et au tourisme étranger en France et trois opérateurs passent sous la tutelle conjointe du MAEDI : Atout France (promotion du tourisme vers la France), Ubifrance et l'Agence française des investissements internationaux, fusionnés en 2015 pour constituer Business France. D'après le ministère, les ambassadeurs, qui disposent d'une large palette d'instruments – octroi de visas aux entrepreneurs, aides au développement *via* l'Agence française de développement (AFD), conseils du service économique de l'ambassade, de l'attaché de défense ou de l'attaché agricole, programmes de bourses du service de coopération, etc. – consacreraient désormais 40 % de leur temps à la diplomatie économique.

Lors de la réunion d'instruction destinée à l'ambassadeur nouvellement nommé, l'accent est mis sur la feuille de route économique. Laurent Fabius avait annoncé, lors de la vingtième conférence des ambassadeurs, en août 2012, que « la diplomatie économique et les objectifs quantitatifs et qualitatifs pour chaque poste diplomatique seront une instruction prioritaire et permanente. Lorsqu'il partira en poste, un ambassadeur aura une série d'objectifs qualitatifs et quantitatifs à atteindre pour améliorer la situation économique de la France dans le poste qu'il dirige ». On suppose

1 Dirigée depuis 2020 par Hélène Dantoine, ancienne diplomate devenue inspectrice des finances et ayant occupé des postes importants chez Total, profil idoine pour interagir avec les entreprises et fluidifier les relations avec Bercy.

que les objectifs donnés à un ambassadeur nommé dans un pays en guerre civile ou extrême pauvreté ont été adaptés ; selon le Quai d'Orsay, les ambassadeurs en poste en Afrique consacreraient 28 % de leur temps à la diplomatie économique, contre 50 % pour ceux postés en Asie.

Depuis 2015, lors de la conférence annuelle des ambassadeurs, le ministère organise pour chacun des 170 chefs de poste des *speed dating* avec des entreprises, notamment des PME et des entreprises de taille intermédiaire (ETI). Or les PME ne contribuent qu'à hauteur de 15,5 % aux exportations, d'où la nécessité de les aider dans leurs efforts d'internationalisation. C'est l'une des différences avec l'Allemagne, dont les exportations par habitant sont deux fois supérieures à celles de la France et qui dispose d'un réseau d'entreprises de taille intermédiaire performantes.

Pour leur part, les grands groupes de l'industrie de l'armement, mais aussi du bâtiment et des travaux publics, de l'automobile et de l'industrie ferroviaire, de l'aéronautique ou du traitement de l'eau connaissent le Quai d'Orsay depuis longtemps et transmettent au bon moment les éléments de langage pour le président de la République, le Premier ministre et les ministres, lorsqu'ils doivent rencontrer leurs homologues étrangers, notamment de pays dans lesquels les considérations politiques priment pour l'attribution de grands contrats. Ces groupes, souvent invités à accompagner le chef de l'État dans ses visites officielles, mobilisent les ambassadeurs chaque fois que nécessaire.

D'autres initiatives ont été prises : nominations de représentants spéciaux du ministre à l'étranger pour développer les relations économiques avec quelques partenaires clés, que ces représentants connaissent bien et avec lesquels ils entretiennent des relations privilégiées. À ce jour, huit représentants officient : Jean-Pierre Chevènement (Russie), Jean-Pierre Raffarin (Chine), Ross McInness (Australie), Louis Schweitzer (Japon), Paul Hermelin (Inde), Alain Richard (Balkans), Pascal Lorot (Asie centrale) et François Corbin (Association des nations de l'Asie du Sud-Est [ANSEA]). Ont aussi été désignés des fédérateurs, personnalités bénévoles issues des entreprises, chargés de conseiller diplomates et entreprises et de représenter et structurer des offres françaises d'ensemble dans les secteurs de la ville durable, des énergies renouvelables, de la santé, de l'agroalimentaire et des industries culturelles et créatives.

Dans ce qui est présenté comme une bataille pour la diplomatie économique, d'autres outils préexistants sont mis en exergue : parmi les partenaires du ministère de l'Europe et des Affaires étrangères – nouvelle dénomination du Quai d'Orsay sous la présidence Macron – figure l'action extérieure des collectivités territoriales ou la diplomatie territoriale accompagnant l'ouverture des entreprises à l'international, la loi NOTRe de 2015 donnant compétence aux régions pour piloter la stratégie d'internationalisation des entreprises implantées sur leur territoire. Des conseillers diplomatiques auprès des préfets de région – parfois des ambassadeurs en attente de poste ou en préretraite – assurent l'interface entre ces collectivités et le monde diplomatique.

Business France, l'opérateur de l'État en charge de l'internationalisation de l'économie française, désormais placé sous la tutelle conjointe des ministres chargés de l'Économie, des Affaires étrangères et de l'Aménagement du territoire, facilite les exportations notamment des PME et ETI, gère les volontaires internationaux en entreprise (VIE) – près de 90 000 jeunes ont profité de ce statut auprès d'environ 8 000 entreprises depuis la création de ce statut –, soutient le développement des investissements étrangers en France et promeut son image économique et l'attractivité de ses territoires à l'international.

Un contrat d'objectifs et de moyens (2018-2022) prévoit la mise en place de la *Team France*, en déployant des collaborateurs en France auprès des chambres de commerce et d'industrie, et à l'étranger auprès d'opérateurs privés ; mais le même contrat stipule que Business France participe aux efforts de réduction des dépenses publiques pour atteindre l'équilibre financier, la plupart de ses prestations aux entreprises étant payantes. Ainsi, plusieurs bureaux à l'étranger ont été fermés, dont certains ont été remplacés par des prestataires de services.

Si l'AFD, source d'inspiration et acteur majeur de la politique de coopération et de développement, ne peut directement promouvoir les exportations, ce qui serait contraire aux principes de l'aide au développement, son contrat d'objectifs et de moyens, signé en 2020, lui demande de communiquer sur la part prise par les entreprises françaises aux appels d'offres auxquels elle contribue.

En outre, le Quai d'Orsay fait valoir son réseau de coopération culturelle, scientifique et technique, appelé à promouvoir la diplomatie économique par des synergies entre les événements de communication culturelle et de communication des entreprises, dont le mécénat est recherché pour compenser la décrue des budgets d'actions culturelles.

Une organisation complexe

Si, depuis 2012, le gouvernement a souhaité unifier l'action de l'État en renforçant les compétences du ministère des Affaires étrangères, le ministère de l'Économie et des Finances et sa puissante Direction générale du trésor – qui a intégré, en 2004, l'ancienne Direction des relations économiques extérieures et le réseau des chefs de poste d'expansion économique – restent à la manœuvre, notamment pour soutenir financièrement les investissements des entreprises françaises dans les pays émergents (dons du Fonds d'études et d'aide au secteur privé et prêts concessionnels de la

Réserve pays émergents, nouvelle dénomination des anciens protocoles financiers) ou pour promouvoir la *French Tech*, écosystème de start-up françaises qui participe au rayonnement de la France à l'international.

Cependant, depuis 2020, le ministre délégué au Commerce extérieur, placé auprès du ministre de l'Europe et des Affaires étrangères, a autorité sur la Direction générale du trésor en ce qui concerne la politique commerciale de l'Union européenne (UE). La Banque publique d'investissement (Bpifrance), qui accorde des prêts et garanties – reprise de la gestion des garanties publiques de la Coface – pour financer la croissance des entreprises à l'international et des crédits export et prend des participations au capital pour leur internationalisation, et la Caisse des dépôts sont également mobilisées. Issue de l'Union des chambres de commerce et d'industrie françaises à l'étranger fondée en 1907, CCI France International anime 123 chambres de commerce et d'industrie dans 92 pays, avec lesquelles Business France est parfois en compétition, tandis que l'Allemagne dispose du seul réseau, réputé efficace, de leurs chambres de commerce. Enfin les 4 000 conseillers du commerce extérieur – corps créé en 1898 dont les membres sont nommés par décret du Premier ministre – femmes et hommes d'entreprise en France et dans 149 pays, mettent bénévolement leur savoir-faire au service des PME.

Mais la diplomatie économique déborde le soutien aux exportations. Ainsi, le gouvernement – ces dossiers impliquent aussi souvent Bercy en premier chef – veut une régulation économique internationale, présentée comme un atout pour l'économie française, notamment la lutte contre l'optimisation fiscale agressive et les paradis fiscaux, la protection de la propriété intellectuelle… Des auteurs définissent la diplomatie économique multilatérale comme « les activités visant les méthodes et procédés de la prise internationale de décision et relatives aux activités économiques transfrontières ayant pour champs d'action le commerce, l'investissement, les marchés internationaux, les migrations, l'aide, la sécurité économique et les institutions qui façonnent l'environnement international et comme instruments les relations, la négociation et l'influence[1] ».

S'exacerbe, dans un contexte protectionniste voire de sanctions économiques le cas échéant extraterritoriales, une compétition internationale des modèles et normes entre l'UE, les États-Unis et désormais la Chine. Ainsi l'Instrument for Support of Trade Exchanges (Instex) créé en 2019 par la France, l'Allemagne et le Royaume-Uni pour répliquer par le troc aux sanctions américaines contre l'Iran est un outil de diplomatie écono-

1 Définition de Bergeijk et Moons *in* « New Frontiers of Economic Diplomacy », 2008, citée par Claude Revel, présidente-fondatrice d'IRIS Action dans un article intitulé « Diplomatie économique multilatérale et influence », *Géoéconomie*, hiver 2010-2011.

mique. Sur les accords de libre-échange, la France, qui prône l'ouverture, mais aussi la protection et une véritable réciprocité, a proposé en 2020 une révision de la politique commerciale de l'UE. Celle-ci devrait préserver son autonomie stratégique, s'assurer que les pays tiers respectent les règles de la concurrence équitable, moderniser l'Organisation mondiale du commerce (OMC) et avoir un « agenda bilatéral cohérent avec les intérêts stratégiques et les attentes en matière de développement durable », notamment le respect de l'accord de Paris de 2015 sur le climat. Ainsi, le Sénat a reporté son vote d'approbation de l'accord économique et commercial global euro-canadien, tandis que la France s'oppose à l'accord signé en 2019 avec le Marché commun du sud (Mercosur).

Avant la forte dégradation du déficit commercial et du nombre de visiteurs en France enregistrée en 2020 sous l'effet de la Covid-19 justifiant que le plan France Relance comporte un volet export, le Quai d'Orsay s'enorgueillissait de ce que, en 2019, les ambassades s'étaient mobilisées auprès de plus de 86 entreprises rencontrées en moyenne par poste, ce qui aurait facilité la signature de plus de 200 contrats et « l'obtention de plus de 680 changements favorables aux intérêts économiques français », 8 603 PME-ETI ayant bénéficié des prestations de Business France. Pour la promotion de l'attractivité de la France, le nombre d'interventions dans la presse, dans des colloques ou des séminaires et d'opérations de communication est retenu parmi les indicateurs pour quantifier l'action des ambassadeurs, sachant qu'en 2019, la France a été le premier destinataire en Europe des investissements étrangers et le premier pays visité. En 2015, il y aurait eu 1 200 interventions dans la presse et colloques, 2 300 opérations de communication, 4 407 investisseurs rencontrés, 1 200 projets d'investissements détectés et 935 projets aboutis. Mais l'interdiction, en 2021, par le gouvernement français du projet de rachat de Carrefour par le Québécois Couche-tard va à l'encontre de l'attractivité recherchée auprès des investisseurs étrangers.

Défendre des valeurs ou développer les exportations ?

Malgré la panoplie d'outils de promotion des exportations, le déficit commercial de la France se maintient à niveau très élevé, ses dix premiers partenaires, concentrant les deux tiers des échanges, étant des pays européens, les États-Unis et la Chine. La France n'y présente que deux excédents, avec le Royaume-Uni et la Suisse. D'où la priorité donnée aux marchés émergents à fort potentiel de croissance d'Asie, d'Amérique latine et d'Afrique, non seulement francophone, même si la francophonie est un « atout considérable pour la diplomatie économique », selon Laurent Fabius.

Certes, une focalisation exclusive sur le déficit commercial des biens serait erronée, la France étant aussi exportatrice de services (tourisme, services associés aux grands projets...). Mais les exportations restent concentrées sur un nombre limité de grandes entreprises généralement cotées au CAC 40, faute d'entreprises de taille intermédiaire et de grandes PME aptes à supporter les coûts d'accès aux marchés étrangers. Contrairement à l'Allemagne, nos grandes entreprises n'entraînent pas nécessairement les PME de leur secteur dans leur développement international. D'où la focalisation de la diplomatie économique en faveur du soutien aux petites entreprises actives dans des secteurs du savoir français, notamment dans les marchés émergents. Évidemment, ni le Quai d'Orsay ni les ambassadeurs ne maîtrisent les freins tenant à la moindre compétitivité des entreprises ou aux insuffisances de leurs recherches et innovations.

La priorité donnée à la diplomatie économique, dans un contexte de chômage élevé, est difficilement contestable, la plupart des diplomates en ayant bien compris l'enjeu et la direction de la diplomatie économique assurant un suivi vigilant des projets de contrats importants. Toutefois, des démarches commerciales insistantes auprès de certains pays pourraient paraître contredire les positions adoptées sur les droits de l'homme ou le respect du droit international. Il a bien fallu, après l'annexion de la Crimée, que la France renonce en 2015 à honorer un contrat conclu avec la Russie sur les porte-hélicoptères Mistral, tandis que les ventes de matériels d'armement, dont dépendent de nombreux emplois en France, à l'Égypte du maréchal Sissi ou à l'Arabie saoudite et aux Émirats arabes unis engagés dans des bombardements aériens au Yémen qui auraient tué des milliers de civils font l'objet de vives critiques d'organisations non gouvernementales (ONG). D'ailleurs, la direction de la diplomatie économique est aussi chargée de mettre en garde les entreprises lorsqu'elles agissent dans des pays qui ne respectent pas les droits de l'homme, comme en 2021, la Birmanie après le coup d'État qui a jeté Aung San Suu Kyi en prison.

Où placer le curseur entre les valeurs et les exportations ? Question délicate, quand bien même Laurent Fabius ne voyait « pas de contradiction entre la défense des valeurs et notre diplomatie économique ».

Pour en savoir plus

Laurence Badel, « Pour une histoire de la diplomatie économique de la France », *Vingtième Siècle. Revue Histoire*, n° 90, 2006/2, p. 169-185.

Marie-Christine Kessler, *La Politique étrangère de la France. Acteurs et processus*, Presses de Sciences Po, Paris, 1999.

Rapport de la Cour des comptes, juin 2020, <www.ccomptes.fr/fr/publications/le-pilotage-strategique-des-operateurs-de-laction-exterieure-de-letat>.

Rapport d'information au nom de la Commission des affaires économiques, de la défense et des forces armées par M. Emorine, rapporteur, Sénat, 22 juin 2016.

Claude Revel, « Diplomatie économique multilatérale et influence », *Géoéconomie*, hiver 2010-2011.

Terra Nova, « La diplomatie économique : une priorité politique pour le prochain quinquennat ? », juin 2017.

L'irrésistible ascension des néolibéraux à la française, le rôle des multinationales et la néolibéralisation du marché

Frédéric Amiel
Chercheur, coordinateur général des Amis de la Terre France

La France s'est souvent rêvée en challenger du monde anglo-saxon sur la scène internationale : coups de menton gaulliens contre le dollar, discours passionnés de Jacques Chirac sur la guerre ou le changement climatique, défense énamourée du multilatéralisme par Emmanuel Macron… Nombreux sont les épisodes où les chefs de l'État français ont semblé proches de prendre la tête d'une fronde contre l'ordre mondial, et particulièrement contre le poids disproportionné des États-Unis dans les relations internationales.

Pourtant, aussi remuantes soient-elles, ces prises de position n'ont jamais été jusqu'à remettre en cause la ligne directrice qui guide, au moins depuis un demi-siècle, les différentes étapes de la mondialisation politique et économique, à savoir une sujétion permanente de tout autre impératif à la cause économique et à la liberté du marché. Une croyance forcenée en la capacité du marché à apporter progrès et prospérité mieux connue sous le nom de « néolibéralisme ».

De Chirac à Macron, une dynastie néolibérale

S'il existe bien un « néolibéralisme à la française », sur lequel nous reviendrons, le concept de néolibéralisme et l'idéologie qui l'accompagne plongent leurs racines au cœur même de la capitale hexagonale. C'est en effet à Paris que se tient, en 1938, le colloque Lippmann, du nom de l'auteur de *La Cité libre*. L'événement est organisé par Louis Rougier, un philosophe français qui contribuera, avec de nombreux autres participants du colloque, au long travail d'influence qui fera du néolibéralisme, dans les années 1970, une idéologie dominante.

Le projet de Rougier, c'est de trouver une troisième voie entre le collectivisme socialiste et le « laisser-faire » caractéristique du libéralisme du XIXe siècle, accusé d'avoir conduit à la crise de 1929. Dans cette perspective, il théorise une forme de libéralisme, fortement axé sur la défense de la propriété privée, mais assorti d'un État fort, en mesure de faire respecter les règles du marché et l'orthodoxie économique. C'est cette spécificité (un interventionnisme, certes modéré, de l'État) qui distingue le néolibéralisme du libéralisme canonique. Surtout, la branche intellectuelle et politique de ce courant va s'appuyer sur elle pour se distinguer des mouvements anglo-saxons.

Dès les années 1970, après que se fut refermée la parenthèse gaullienne, la pensée néolibérale s'impose peu à peu en France. Jacques Chirac s'affirme alors progressivement comme une personnalité incontournable de la politique. Déjà, ce qui distingue le courant français, c'est sa teinte, osons le mot, « sociale », en d'autres termes, la volonté affichée de voir la liberté du marché bénéficier à l'ensemble de la société, et un discours, y compris chez une certaine droite, qui fait une part non négligeable à la lutte contre les inégalités. Jacques Chirac, à l'époque, n'hésite pas à affirmer que le gaullisme s'inscrit à gauche. En 1995, il fera de la « fracture sociale » le thème dominant de sa campagne.

Une série de figures intellectuelles et politiques, qui marqueront les décennies 1970, 1980 et 1990 – Raymond Barre, Édouard Balladur, Jacques Attali, Alain Minc et Dominique Strauss-Kahn –, contribueront à populariser cette doctrine, très différente du néolibéralisme conservateur d'une Margaret Thatcher ou d'un Ronald Reagan. Jacques Chirac, élu président de la République en 1995, sera le premier chef de l'État à mettre en œuvre un programme ouvertement imprégné de cette doxa néolibérale française, qui trouvera sa mise en pratique dans la vague sans précédent de privatisations marquant sa cohabitation avec la gauche sous le gouvernement Jospin et son ministre de l'Économie et des Finances, Dominique Strauss-Kahn.

Après deux mandats, c'est Nicolas Sarkozy, pouponné dans l'écurie Balladur, qui prendra la relève en inscrivant le début de son mandat sous le signe de l'« ouverture », avec la nomination de plusieurs ministres issus de la gauche. Pendant ce temps, la gauche néolibérale fourbit ses armes et se prépare à prendre la relève. Elle s'est choisi pour champion Dominique Strauss-Kahn, alors directeur du Fonds monétaire international (FMI), dont la raison d'être, sinon officielle, du moins officieuse, est la diffusion de la bonne parole néolibérale à travers le monde. Pour les raisons que l'on sait, c'est finalement François Hollande qui portera les couleurs socialistes en 2012, et se verra élire en se posant en « adversaire de la finance ». Il n'en fut rien.

C'est qu'en héritant de l'investiture socialiste, François Hollande récupère aussi des poids lourds de l'équipe Strauss-Kahn, notamment Pierre Moscovici, et bien sûr Manuel Valls. Surtout, il appelle à son gouvernement en 2014 un jeune banquier inconnu du grand public : Emmanuel Macron. À la même époque, François Hollande assume très clairement le tournant néolibéral de son quinquennat en relançant une politique de l'offre, basée sur une baisse des cotisations des entreprises.

Entouré d'anciens strauss-kahniens (Ismaël Emelien, Sibeth Ndiaye, Benjamin Grivaux, Stanislas Guerini, etc.), Emmanuel Macron remporte l'élection de 2017, sinon à la surprise générale, en tout cas au terme d'une campagne imprévisible et totalement inédite. Considéré par beaucoup comme une sorte d'héritier spirituel de Dominique Strauss-Kahn, il représente pour les milieux de la finance une aubaine autour de laquelle ils s'empressent. Vierge, ou presque, d'histoire politique et militante, ce jeune premier issu de la gauche s'affranchit sans hésiter des restes d'ambition égalitaire qui habitent encore le siège du parti socialiste.

Libéré de la tradition ouvriériste qui, jusque-là, avait freiné les élans d'émancipation de ses prédécesseurs, il assume clairement une politique au service du marché et d'une économie de croissance, sans s'encombrer de considérations sociales. En cela, il est non seulement un candidat idéal pour les tenants d'un néolibéralisme à la française, mais aussi un pur produit de cette tradition. Surtout, en rattrapant à marche forcée le « retard » de la France sur les grandes économies mondiales en matière de libéralisation, il se fait le nouveau champion du néolibéralisme en mettant en scène sa confrontation avec les régimes dits « illibéraux » de Donald Trump, Viktor Orbán ou Jair Bolsonaro.

Néolibéralisme et néocolonialisme

Les chantres du néolibéralisme à la française, comme Louis Rougier et l'économiste et physicien Maurice Allais, ne se sont pas contentés de théoriser la façon dont devait être conduite la politique économique au niveau national. La construction de l'Europe libérale est due en grande partie à leur influence, comme l'attestent la nomination de Jacques Attali à la tête de la Banque européenne pour la reconstruction et le développement (BERD) en 1991, le rôle de Valéry Giscard d'Estaing dans la rédaction du traité constitutionnel européen (abandonné après la victoire du « non » au référendum de 2005, mais presque intégralement repris dans le traité de Lisbonne adopté en 2008) ou la nomination de Pierre Moscovici comme commissaire européen aux Affaires économiques en 2014.

Surtout, dès les années 1960, en pleine décolonisation, les théoriciens français du néolibéralisme voient dans ces États neufs l'occasion de tester leurs idées à grande échelle. Pour eux, la cause est entendue : il y faut un État fort, à même d'imposer et de faire respecter les règles du marché, et une libéralisation de l'économie capable d'entraîner la croissance. Cette forme d'intervention qui mêle géopolitique, finance, commerce international et barbouzeries sera le creuset de ce que l'on appellera plus tard la Françafrique. Ce système complexe résulte d'une imbrication étroite entre, d'une part, les moyens de l'État – l'armée, les réseaux diplomatiques, mais aussi les services secrets – et, d'autre part, les entreprises françaises implantées, ou désireuses de s'implanter dans les pays en question. Cette mobilisation des entreprises et multinationales françaises au service de l'influence française (certains diraient cyniquement, du « rayonnement de la France ») et, en retour, des moyens diplomatiques (et militaires) de la France au service de la santé économique des grandes entreprises française est un autre trait caractéristique du néolibéralisme à la française et de sa contribution à la structure actuelle de la mondialisation.

À la fin des années 1970 et au début des années 1980 se met en place un système économique bien huilé : les banques françaises entraînées dans une financiarisation du capital prêtent de plus en plus aux pays dits du « tiers monde » pour financer une accélération, d'une part, des exportations de matières premières vers la France et l'Europe (à travers des entreprises du secteur extractif : Elf, Bolloré, Rougier, la Compagnie fruitière, etc.) et, d'autre part, des importations de biens manufacturés et de services depuis la vieille Europe (à travers des entreprises des secteurs du transport, de l'énergie ou des infrastructures). Cette dynamique presque exclusivement au service des intérêts occidentaux, et donc en partie français, entraînera ces pays vers une grave crise de la dette au milieu des années 1980, qui ne mettra pas fin pour autant à un ordre des choses qui a encore cours aujourd'hui.

L'État français a à sa disposition plusieurs outils pour accélérer ce processus : d'une part, une banque publique au nom trompeur, l'Agence française de développement (AFD) et sa filiale Proparco – qui prêtera, par exemple, de l'argent aux filiales du groupe Bolloré après que celles-ci auront acquis plusieurs plantations d'hévéas et de palmiers à huile en Afrique de l'Ouest, suite à leur privatisation dans le cadre des programmes d'ajustement structurels du FMI et de la Banque mondiale ; d'autre part, les plus discrètes garanties à l'export gérées par l'Agence de crédit à l'export, une branche de la Banque publique d'investissement (BPI), qui permettent aujourd'hui encore d'encourager l'implantation d'entreprises comme Total ou Technip, sociétés françaises du secteur parapétrolier, dans des pays tiers, quitte à en déstabiliser l'équilibre économique et politique, comme on l'a vu récemment au Mozambique.

Enfin, la France se distingue dans le paysage de la mondialisation par un nombre particulièrement important d'entreprises à capitaux publics (*via* l'Agence des participations de l'État). Elle possède en effet 14,5 % des multinationales publiques actives dans le monde, ce qui la place juste derrière la Chine (19,5 %) et devant la Russie (9,5 %).

Dans cette valse des influences et des intérêts économiques, il n'est pas toujours aisé de dire si ce sont les entreprises françaises qui pavent la voie au néolibéralisme, ou si c'est la diffusion de l'idéologie néolibérale qui précède la prédation économique des entreprises. D'autant que les trente dernières années ont vu, en parallèle, émerger un autre phénomène : la multiplication des accords de libre-échange et des accords d'investissement qui placent les entreprises privées à l'abri de tout recours, et en font non seulement les grandes gagnantes, mais les architectes de l'ordre économique mondial. Une dynamique que le président Macron semble déterminé à accélérer en ouvrant aux intérêts privés les grands sommets internationaux, l'un des derniers bastions de la souveraineté des États.

Le monde sur un plateau

Depuis son élection en 2017, l'activisme diplomatique d'Emmanuel Macron s'inscrit dans une nouvelle phase. Loin d'être échaudé par l'échec du Pacte mondial pour l'environnement, qui a montré les difficultés des équipes présidentielles à comprendre les subtilités de la diplomatie internationale et des arènes onusiennes, le président de la République multiplie les initiatives à travers une série de forums internationaux, dans lesquels, et c'est la nouveauté, les entreprises siègent à égalité avec les États, ces derniers se trouvant même parfois mis en minorité. Cette série d'initiatives mal coordonnées crée un véritable système parallèle à celui des Nations unies, dispersant les énergies, et sollicitant à outrance experts et équipes gouvernementales, qui ne savent plus à quel processus se vouer.

On peut citer le One Planet Summit, sur les enjeux climatiques et environnementaux lancé en 2017, le Paris Peace forum sur les questions de gouvernance inauguré en 2018 ou encore le Forum génération égalité sur les enjeux d'égalité femmes-hommes, dont la première édition devait se tenir en 2020 et qui a été repoussé à 2021. Bien qu'inscrit dans une série de conférences de l'Organisation des Nations unies (ONU), ces initiatives proposent une structure inédite qui fait la part belle aux entreprises. Elles ménagent toutes une large place au secteur privé et aux entreprises qui deviennent parties prenantes de l'organisation, des débats et bien sûr des solutions mises en avant.

Ces initiatives, qui transforment fondamentalement la structure du multilatéralisme, participent pleinement du phénomène de « déploiement » du néolibéralisme théorisé par certains chercheurs, phénomène par lequel le gouvernement des États, par la politique et le droit, est peu à peu remplacé par une « gouvernance » floue, pensée par et pour les intérêts économiques, qui prend la forme de chartes, d'engagements et de principes vagues, et dont la performance en matière de régulation est proche du néant.

La France, par cette mise à disposition permanente des moyens de l'État au service des intérêts privés, prend donc pleinement sa part dans le projet de mondialisation néolibéral et en devient, de plus en plus, une force motrice. Mais, à trop vouloir endosser le rôle de police économique, l'État risque de devenir policier. Surtout quand la population commence à renâcler, fatiguée des promesses non tenues de la croissance et des inégalités toujours plus flagrantes. La multiplication des phénomènes de criminalisation des activistes et des mouvements sociaux, suite au succès inattendu du mouvement des Gilets jaunes et à la progression des idées écologistes dans la société témoigne d'une radicalisation du libéralisme. La défense de la propriété privée et de l'intérêt économique prend alors un tour répressif qui va bien au-delà de l'interventionnisme modéré prôné par les théoriciens du néolibéralisme à la française. Petit à petit se dessine un État, non pas absent, mais asymétrique : « fort avec les faibles, faible avec les forts », comme le décrit si justement le philosophe Grégoire Chamayou. À l'ère néolibérale succède alors l'ère du libéralisme autoritaire.

Pour en savoir plus

Frédéric Amiel et Marie-Laure Guislain, *Le néolibéralisme va-t-il mourir ? Et comment faire pour que ça aille plus vite*, Éditions de l'Atelier, Ivry-sur-Seine, 2020.

Marlène Benquet et Théo Bourgeron, *La Finance autoritaire. Vers la fin du néolibéralisme*, Raisons d'agir, Paris, 2021.

Grégoire Chamayou, *La Société ingouvernable. Une généalogie du libéralisme autoritaire*, La Fabrique, Paris, 2018.

François Denord, *Le Néo-libéralisme à la française. Histoire d'une idéologie politique*, Agone, Marseille, 2016.

Romaric Godin, *La Guerre sociale en France. Aux sources économiques de la démocratie autoritaire*, La Découverte, Paris, 2019.

Serge Halimi, *Le Grand Bond en arrière. Comment l'ordre libéral s'est imposé au monde*, Agone, Marseille, 2012.

Lobbys, intermédiaires, et diplomatie parallèle

Marc Endeweld
Journaliste indépendant, il collabore à *La Tribune*, au *Monde diplomatique*, à *Vanity Fair* et au *Canard enchaîné*.

En 2017, lors de son accession au pouvoir, Emmanuel Macron se voulait le chantre d'une diplomatie française renouvelée, et affirmait vouloir rompre avec certaines habitudes du passé. Pourtant, avant et au cours de sa campagne présidentielle, il a été la cible de multiples lobbys, et depuis, l'Élysée n'a cessé de contourner le Quai d'Orsay en multipliant les canaux parallèles, notamment sur le dossier de la Libye.

Devenu président de la République à trente-neuf ans, Emmanuel Macron n'avait quasiment aucune expérience diplomatique internationale. C'est en fait comme ministre de l'Économie de François Hollande que le futur chef de l'État avait commencé à multiplier les voyages à l'étranger, au nom de la « diplomatie économique » si chère à Laurent Fabius, alors ministre des Affaires étrangères du gouvernement socialiste.

French Tech à Tel-Aviv

C'est ainsi qu'en septembre 2015 Emmanuel Macron, en charge de l'Économie, mais également de l'Industrie et du Numérique, se rend en Israël pour promouvoir les start-up françaises. À cette occasion, il multiplie les rencontres et lance officiellement le French Tech Hub Tel-Aviv, pour resserrer les liens entre les entrepreneurs du numérique des deux pays. Dans la même optique, le ministre signe un accord de partenariat entre Polytechnique et le Technion, la grande université technologique du pays. Il s'y déplace également avec une délégation d'une cinquantaine de chefs d'entreprise. Parmi eux, Jean-Manuel Rozan, cofondateur du moteur de recherche Qwant, soutenu par l'État français. Pour l'organisation de ce voyage, il va également recevoir l'aide de Philippe Guez, alors banquier d'affaires chez Rothschild et président du conseil des chefs d'entreprise France-Israël du Mouvement des entreprises de France (Medef).

Ce voyage, à deux ans de la présidentielle, est également l'occasion pour Emmanuel Macron de s'adresser aux nombreux expatriés. Lors de sa visite au lycée franco-israélien, il n'hésite pas à faire entendre une petite musique qui nourrira son futur projet présidentiel : « En France, nous sommes à la frontière technologique de la taxation, nous avons inventé des taxes sur tout ce qui est possible et puis on les modifie souvent, c'est un beau sujet d'étude, tiens on pourrait faire un partenariat avec le Technion... », s'amuse-t-il devant les parents d'élèves.

C'est l'une des originalités du parcours d'Emmanuel Macron jusqu'à la présidence de la République : le jeune politique, à peine nommé ministre de l'Économie de François Hollande, a reçu un soutien impressionnant des Français de l'étranger, en Israël comme partout ailleurs. Cet électorat fut séduit par son discours de rupture néolibérale et d'adaptation aux règles de la globalisation. Ainsi En Marche !, le mouvement présidentiel, a-t-il récolté à Londres près de 1 million d'euros entre 2016 et 2017, auprès de Français travaillant principalement dans la finance.

Quand Emmanuel Macron rencontrait des oligarques algériens en pleine campagne présidentielle

Le ministre Macron, futur candidat à la présidentielle, semble appréhender le monde à travers le prisme du « business ». En novembre 2014 et mai 2015, il accompagne ainsi en Algérie le ministre des Affaires étrangères, Laurent Fabius, pour inaugurer des usines, dont une chaîne de montage Renault. Lors de la campagne présidentielle, il retourne en Algérie en février 2017, où il rencontre discrètement plusieurs responsables économiques. Moins médiatisées, ou organisées à l'écart de la presse, ces entrevues sont particulièrement importantes. En amont, la Chambre algérienne de commerce et d'industrie (CACI), proche du pouvoir de l'époque, était entrée en contact avec les organisateurs du voyage. Lors du déplacement, un petit-déjeuner de travail est finalement organisé à Alger sur la terrasse de l'hôtel El Aurassi avec les représentants du Forum des chefs d'entreprise (FCE), l'équivalent algérien du Medef. Le grand patron Ali Haddad est tout sourire. À la tête d'Entreprise des travaux routiers, hydrauliques et bâtiments (ETRHB), un conglomérat qui s'est d'abord développé dans le bâtiment et les travaux publics (BTP), ce dirigeant est très proche du clan de Saïd Bouteflika, le frère du président.

Le « pragmatique » Emmanuel Macron semble s'en accommoder. Ce ne fut pas la seule rencontre confidentielle de ce voyage de campagne à Alger. Emmanuel Macron a également dîné avec Issad Rebrab, propriétaire du conglomérat algérien Cevital (industrie agroalimentaire, grande distribution, industrie et services). Malheureusement pour Emmanuel Macron, le Hirak et la chute du clan Bouteflika au printemps 2019 vont l'empêcher de bénéficier de ces contacts privilégiés une fois président de la République : en 2020, Ali Haddad est condamné à douze ans de prison pour corruption, et Issad Rebrab s'est également retrouvé plusieurs mois en prison. On touche là les limites d'une diplomatie économique axée principalement sur le business et les réseaux. Sans compter que ces tractations n'améliorent guère l'image de la France auprès des sociétés civiles et des populations des pays étrangers…

Justement, sur le dossier libyen qui aboutira finalement à une terrible impasse pour la diplomatie française, Emmanuel Macron et ses équipes vont, durant la campagne présidentielle, multiplier les contacts informels avec de multiples réseaux et intermédiaires. Cet « activisme », qui empruntera largement des canaux parallèles contournant l'administration du Quai d'Orsay, permettra au moins d'organiser, dès juillet 2017, le sommet de La Celle-Saint-Cloud (Yvelines), rassemblant autour d'une même table, Fayez al-Sarraj et le maréchal Khalifa Haftar. Un premier « coup diplomatique » qui n'aura que peu d'effets.

Une conférence diplomatique sur la Libye organisée par l'Élysée

Dès son arrivée au pouvoir, le président Macron ambitionne pourtant de jouer le « faiseur de paix » en Libye. Dans le plus grand secret, il prépare ainsi à l'Élysée avec ses quelques hommes de l'ombre ce « coup diplomatique ». Le jeune président est alors au faîte de sa gloire internationale. La presse internationale loue ses premières actions symboliques. *The New York Times* et *The Washington Post* voient en lui – pour quelque temps encore – un rival libéral à Donald Trump. Il pense donc pouvoir frapper un grand coup.

À l'Élysée, les deux « chargés de mission » qu'il a placés auprès du chef d'état-major particulier, Ludovic Chaker et Paul Soler, sont mandatés pour gérer ce dossier, ainsi qu'Aurélien Lechevallier de la cellule diplomatique. Soler comme Lechevallier vont multiplier les déplacements en Libye, sans en référer dans un premier temps au Quai d'Orsay. La diplomatie est clairement redevenue un « domaine réservé ». « Monsieur

Paul » s'impose alors comme une figure centrale du dispositif, multipliant les déplacements en Libye, où il rencontre, dès les premières semaines du quinquennat Macron, de nombreux acteurs du conflit, mais aussi des « sociétés françaises de sécurité opérant sur place », selon la lettre *Intelligence Online.*

Pour solliciter le maréchal Haftar, les hommes de l'Élysée passent notamment par le comité de haut niveau sur la Libye de l'Union africaine (UA), alors dirigée par Sassou N'Guesso, le dirigeant du Congo-Brazzaville. Le « château » n'est donc passé ni par les voies diplomatiques officielles ni par celles qui avaient été instaurées sous le précédent quinquennat, c'est-à-dire par les équipes de Jean-Yves Le Drian.

Ainsi, quand l'Élysée annonce, à peine quelques jours avant, la tenue d'une conférence diplomatique sur la Libye à La Celle-Saint-Cloud à la fin juillet 2017, c'est la surprise totale au Quai. Même Jean-Yves Le Drian n'était pas au courant du projet. Pour respecter le protocole, le ministre des Affaires étrangères est toutefois invité le jour J : « Sur la Libye, on était au mieux des exécutants », témoigne un diplomate. Au Quai, les diplomates de carrière dénoncent une « diplomatie parallèle ».

Le lobbying de Sassou N'Guesso

De son côté, Sassou N'Guesso, lui aussi absent de la photo de La Celle-Saint-Cloud, est furieux, et le fait savoir. Début août 2017, plusieurs articles sont publiés pour relayer la déception du représentant de l'UA de ne pas avoir été associé par l'Élysée, malgré l'aide apportée sur le dossier libyen. Mêmes réactions outrées de l'Algérie. Critiqué par les organisations non gouvernementales (ONG) et la presse internationale, empêtré par le scandale des biens mal acquis, « Sassou » compte sur le dossier libyen pour se présenter, à l'instar de Macron, comme un « faiseur de paix ». Et, pour bien faire passer le message à l'Élysée, ses « amis » tiennent un colloque le 26 septembre 2017 à la Maison de l'Amérique latine, tout près de l'Assemblée nationale. Coorganisé par l'institut Robert-Schuman pour l'Europe (à ne pas confondre avec la fondation), l'Institut prospective et sécurité en Europe et par le club Géopolitique, son intitulé laisse peu de doutes quant au mobile de la manifestation : « L'Union africaine, un avenir pour la paix en Libye ? »

Le colloque est alors introduit par la réalisatrice et ex-ministre Yamina Benguigui. Différents intervenants y participent, dont Ajili Abdussalam Brini, chef des « tribus et villes libyennes », un proche de Saïf Al-Islam, le second fils Kadhafi, qui vit dans le sud de la Libye, Emmanuel Dupuy, ancien conseiller sous Sarkozy, mais également la députée LREM Delphine O, membre de la commission des Affaires étrangères de l'Assemblée nationale, et sœur de Cédric O, conseiller du président à l'Élysée et désormais secrétaire d'État, qui a participé au financement de la campagne. Mission réussie pour les lobbyistes du Congo-Brazzaville : au printemps 2018, Sassou N'Guesso participe à la seconde conférence diplomatique sur la Libye organisée par Emmanuel Macron à l'Élysée le 29 mai 2018. Cette fois-ci, le président du Congo-Brazzaville apparaît en bonne place sur les photos.

Cela n'empêche pas l'Élysée, en décembre 2018, en pleine affaire des passeports d'Alexandre Benalla, d'assurer au *Monde* « vouloir rompre absolument avec la République des intermédiaires, notamment en Afrique ». « L'état-major particulier comme la cellule diplomatique n'ont pas recours à des intermédiaires dans le travail qu'ils réalisent en Libye ou en Afrique », affirme la présidence en maintenant que l'époque a changé : « L'agitation médiatique qu'entretiennent certaines personnes est bien la preuve de leur frustration face au fait qu'elles ne soient plus sollicitées. »

Les voyages d'Alexandre Benalla

Durant la même période pourtant, plusieurs chefs d'État africains se rapprochent d'Alexandre Benalla, comme l'a démontré la médiatisation de ses voyages au Cameroun, au Congo-Brazzaville et au Tchad. Par l'ancien « chargé de mission » de l'Élysée, ils espèrent pouvoir décrypter les clés du nouveau pouvoir macronien. Pour Benalla, ce n'est pourtant pas une première. Dès 2017, il s'était déplacé au Tchad avant et après l'élection d'Emmanuel Macron et, en juin de la même année, il s'était également rendu en République démocratique du Congo avec d'autres conseillers de l'Élysée et du Quai.

Ce n'est donc pas un hasard si on le retrouve en août 2019 en Dordogne dans le château de l'homme d'affaires Vincent Miclet, en compagnie d'Antoine Ghonda, ancien conseiller de Joseph Kabila. L'ancien « chargé de mission », qui était également chargé des déplacements présidentiels, notamment à l'étranger, s'est aussi rendu à l'île Maurice. Comme en Algérie lors de la campagne présidentielle, Alexandre Benalla a donc voyagé en Afrique d'une manière non officielle, avant l'élection d'Emmanuel Macron, comme après.

Pour en savoir plus

Sophie COIGNARD, *Benalla. La vraie histoire. Un intrus au cœur du pouvoir*, Éditions de l'Observatoire, Paris, 2019.

Marc ENDEWELD, *Le Grand Manipulateur. Les réseaux secrets de Macron*, Stock, Paris, 2019.

Antoine GLASER et Thomas HOFNUNG, *Nos chers espions en Afrique*, Fayard, Paris, 2018.

Antoine GLASER et Pascal AIRAULT, *Le Piège africain de Macron. Du continent à l'Hexagone*, Fayard, Paris, 2021.

Pierre PÉAN, *La République des mallettes. Enquête sur la principauté française de non-droit*, Fayard, Paris, 2011.

La diplomatie culturelle de la France, du choc de la pandémie au défi de la réinvention

Pierre Buhler
Ancien ambassadeur de France, à Singapour et en Pologne, ancien président de l'Institut français, chargé d'enseignement à Sciences Po

En ce mois de mars 2020, les annonces de fermeture, un peu partout dans le monde, des instituts français et des alliances françaises tombent en série, jour après jour, et sans préavis. Sur le terrain, il faut passer, lorsque c'est possible et quelquefois en improvisant, aux cours en ligne pour assurer une continuité du service au bénéfice des élèves de français. Et résister à la concurrence des écoles de langues privées, en l'absence du lien social et de la convivialité offerts dans les locaux. À Paris, au ministère de l'Europe et des Affaires étrangères, à l'Institut français, l'urgence est, dans les conditions du confinement, à la mise en place de mesures d'appui à ce réseau, sous la forme de modules de formation, de ressources culturelles en ligne, de conseils... Certains webinaires atteignent le millier de participants, frisant le maximum permis par le logiciel.

L'état de la diplomatie culturelle de la France s'apprécie à l'aune de cette épreuve. Une première évaluation des conséquences de ce choc sans précédent en dessine en soi un premier tableau d'ensemble. Mais ce tableau ne rend pas justice, parce qu'il les a éclipsées, aux dynamiques de transformation déjà à l'œuvre. Et si la mise à l'épreuve des dispositifs existants en a révélé les fragilités, elle en a également mis au jour des potentiels insoupçonnés, qui esquissent déjà les avenues de l'indispensable réinvention de la diplomatie culturelle.

Un effet de souffle inédit

Avec près d'un millier d'établissements – une centaine d'instituts français et 830 alliances françaises –, la France dispose du premier réseau au monde, fer de lance de sa diplomatie culturelle. Non seulement les centres de cours ont dû réinventer du jour au lendemain leur *modus operandi,* mais ils ont subi une perte de ressources parfois très accusée. L'État a été amené à intervenir avec des mesures de soutien budgétaire, à hauteur de 7 millions d'euros en 2020, pour permettre aux établissements les plus affectés de continuer de fonctionner.

Sur le terrain de l'action culturelle, l'interruption des déplacements et l'annulation de très nombreux événements ont profondément bousculé les programmations. La Biennale d'architecture de Venise a été reportée d'un an et la saison *Africa 2020*, ambitieuse présentation de la vitalité artistique et intellectuelle du continent africain, a dû se rabattre sur des formats essentiellement en ligne.

Au-delà du réseau culturel proprement dit, la France dispose d'outils d'influence eux aussi affectés par la crise. Les grandes « marques » telles que le Louvre, le Centre Pompidou ou le festival d'Avignon ont dû remettre à des jours meilleurs leurs projets à l'étranger. Le réseau éducatif à l'étranger et l'accueil en France des étudiants internationaux se sont également retrouvés dans un paysage fortement perturbé.

Angle mort, trop souvent, de l'attention prêtée à la panoplie du *soft power* français, le réseau des écoles françaises accueille, avec 540 établissements dans le monde, 368 000 élèves. Deux tiers sont étrangers – soit du pays d'accueil, soit originaires de pays tiers, attirés par l'excellence éducative du système français. L'impact de cette offre, proposée dans 140 pays, est considérable : si tous les bacheliers ne poursuivent pas nécessairement des études supérieures en France, des générations de francophones se sont formées sur les bancs des « lycées français ».

Nombre de ces établissements se sont, début 2020, retrouvés dans l'impossibilité d'accueillir les élèves et contraints de passer à l'enseignement à distance, parfois durablement. Les établissements de métropole ont certes connu des contraintes similaires, mais le modèle économique des lycées français est bâti sur des droits d'écolage, qui assurent 85 % des coûts, l'État apportant, pour sa part, en année normale, un soutien à hauteur de quelque 500 millions d'euros. Des dotations complémentaires de plus de 100 millions d'euros ont dû être mises en place pour aider les établissements les plus en difficulté, du fait notamment des pertes d'élèves (14 000) liées à la crise, mais aussi les familles les plus durement touchées.

Les études supérieures en France ont enregistré en 2019 une baisse de l'ordre de 10 % du nombre de candidatures, suite aux décisions, controversées, d'imposer des droits d'inscription aux étudiants extérieurs à l'Union européenne (UE). Pour autant, le nombre d'admissions est resté stable. Le nombre de candidatures est ensuite, grâce à une campagne active, reparti à la hausse : + 20 % à la rentrée 2020. Le choix de nombreuses universités et ambassades françaises sur le continent africain d'exonérer de ces droits les étudiants internationaux et les bourses – qui ouvrent droit à l'exonération – ont contribué à inverser cette dynamique. Sous l'effet de la crise sanitaire, les admissions ont baissé de 14 %, dans des proportions moindres, cependant, que dans d'autres grands pays d'accueil.

Avec 370 000 étudiants internationaux, la France reste donc, grâce à une progression de l'ordre de 50 % des effectifs au cours des dix dernières années, à la cinquième place des pays d'accueil.

Par contraste, l'audiovisuel extérieur, avec France Médias Monde (France 24, RFI...), TV5 Monde et Arte, a été relativement épargné par l'effet de souffle de la pandémie. Tel a également été le cas du réseau des 27 unités mixtes des instituts français de recherche à l'étranger (UMIFRE) qui, sur le terrain, conduisent de la recherche, de la formation et de la coopération en sciences humaines et sociales.

Des dynamiques vigoureuses de transformation

La nécessité de parer au plus pressé a éclipsé les évolutions en cours, rendues nécessaires par une érosion de l'influence de la France et par la montée en puissance d'offres alternatives, émanant soit du marché, soit des réseaux d'autres États. Ceux des partenaires européens – les instituts Goethe, Cervantès, ou encore le British Council – sont actifs, mais d'autres pays comme la Chine, le Japon, la Corée du Sud, la Turquie ont eux aussi mesuré l'intérêt de la diplomatie culturelle et y ont investi des moyens substantiels, notamment dans des régions – Afrique subsaharienne et Asie du Sud-Est – où la France est présente de longue date.

Les moyens dédiés à la diplomatie culturelle française ont subi une attrition durant la décennie écoulée, sur le plan des ressources tant humaines (– 23 %) que budgétaires (– 4,5 %). Cette baisse n'a cependant pas été l'occasion de poser la question ni de l'allocation optimale de ces moyens ni de l'adéquation du modèle à la demande. Il est légitime, en effet, de porter un regard critique sur un modèle qui tend à s'émousser, celui d'une culture et d'une langue françaises parfois perçues comme élitistes, surannées ou hermétiques. Le cinéma français, longtemps valeur sûre des exportations des industries culturelles et créatives, perd des parts de marché. L'attractivité des universités françaises est certes desservie par les classements internationaux, mais elles souffrent, face à la concurrence de leurs homologues anglo-saxonnes, d'un handicap structurel que ne compense pas la quasi-gratuité des droits d'inscription.

À vrai dire, ce constat a déjà été fait et une mue, sans doute trop peu perceptible, a progressivement embrassé l'action culturelle. Ainsi, la démarche de diffusion, c'est-à-dire de soutien à une offre représentative de l'excellence culturelle, a été limitée à la jeune création prometteuse. S'agissant de la culture patrimoniale et des « marques », désormais habituées à s'exporter, elles savent trouver le modèle économique de leur projection internationale. Et, sur certains marchés « prescripteurs » comme les États-Unis, l'État et ses opérateurs peuvent choisir d'appuyer ces démarches susceptibles de déboucher sur une résonance ailleurs dans le monde.

Pour mieux répondre à une demande en constante évolution, la diplomatie culturelle a changé de méthode, en faisant place au dialogue, à l'échange, au partenariat, à la coopération, entre institutions, professionnels et artistes. Les « saisons culturelles » croisées ont fourni un banc d'essai à une démarche qui a ensuite revêtu d'autres formes. Les résidences – d'artistes, d'écrivains... – offrent une belle illustration de l'échange entre cultures. La plus ancienne, la Villa Kujoyama, à Kyoto, a fait école, avec la Villa Saigon, à Ho Chi Minh-Ville, la Villa Ndar, à Saint-Louis du Sénégal, et désormais la Villa San Francisco, première d'une ambitieuse série appelée à se développer dans les grandes villes américaines.

Dans le même esprit se sont multipliées les démarches de coproduction, comme celle qui a abouti à la prise en charge par le gouvernement malien de la Biennale de Bamako, principale manifestation d'art photographique du continent. Consistant à faire dialoguer, toute une nuit durant, des intellectuels français avec leurs homologues à l'étranger, la « Nuit des idées » a partout rencontré un succès considérable.

Bien que plus récent, le changement est également sensible sur le terrain de la langue française, où le président de la République a, en 2018, choisi de desserrer le carcan, trop « hexagonal » et compassé, de l'approche française de la francophonie, par une mobilisation accrue de toutes les parties prenantes de cette vaste communauté linguistique.

Si la crise sanitaire a entravé cette logique partenariale, elle a surtout mis à nu les fragilités d'un réseau culturel très axé sur le « présentiel », avec des alliances et instituts essentiellement tournés vers des viviers de proximité, par effet d'inertie et du fait d'un sous-équipement en outils numériques.

Pour autant, passé l'effet initial de sidération, la pandémie a révélé une forte capacité d'adaptation, tant à l'échelon central que dans le réseau culturel. En Haïti, faute d'accès suffisant à Internet, les cours de français ont été poursuivis *via* WhatsApp. Des programmes de formation bâtis dans l'urgence ont permis d'initier des professeurs de français à l'enseignement en mode virtuel ou hybride. Une offre culturelle en ligne, dûment éditorialisée et appuyée sur une communication par les réseaux sociaux, a d'ailleurs permis d'atteindre de nouveaux publics. À Londres, Abidjan, Nairobi, Brazzaville, les instituts ou les alliances ont pris l'initiative de monter, dans leurs locaux, des studios de production, créant podcasts et vidéos. L'Institut français de Côte d'Ivoire a choisi d'ouvrir un cycle de débats par la Nuit des idées, à Abobo, un quartier relativement défavorisé de la capitale, en faisant dialoguer à distance, sur des sujets sensibles, intellectuels français et ivoiriens – le tout suivi en direct sur les réseaux sociaux par une dizaine de milliers de spectateurs.

Un modèle à réinventer

Un an après le début de la crise, l'inclination est forte vers un retour à des formes d'action plus classiques et plus gratifiantes, mais le paysage est transformé. Dictées par la sensibilité aux enjeux environnementaux, les préventions vis-à-vis de la mobilité – des œuvres, des artistes, des individus – se sont renforcées. Le souci de fidéliser les nouveaux publics conquis plaide en faveur d'un développement des offres en ligne ou de formats hybrides.

L'offre numérique formatée pour des publics jeunes a connu une croissance spectaculaire. Ce sont évidemment ces publics-là que la France doit viser pour assurer la relève de ceux d'aujourd'hui, plus attachés à des expériences en « présentiel ». Elle doit le faire à l'aide d'outils qui correspondent à leurs modes de consommation : le *streaming*, les réseaux sociaux, les podcasts, voire les plates-formes... Elle doit également proposer des contenus qui répondent à la demande de ces nouveaux publics, sollicités par une profusion d'offres alternatives. Le succès rencontré par le débat d'idées, dans ses différentes modalités, par les expériences de partage (Novembre numérique) invite à poursuivre dans cette voie pour associer l'image de la France aux notions de liberté, d'esprit critique, de nuance, de dialogue, de respect de l'autre et de créativité.

Sur le terrain, les situations sont très disparates, et il a fallu faire face avec les « moyens du bord », quelquefois limités par l'accès à Internet, faute de haut débit, mais aussi, et surtout, par un équipement manifestement inadapté au virage numérique. Le besoin porte sur du matériel performant et, plus encore, sur des outils logiciels – pour la gestion et le marketing des centres de langues, pour l'environnement numérique proposé aux apprenants, la gestion des bibliothèques, la billetterie, des outils de financement participatif, de conduite d'enquêtes et de consultations, de webinaires, de réseautage et de création de communautés. S'y ajoute bien sûr le volet, essentiel, de la ressource humaine, qui doit être adaptée, à la fois par le recrutement et la formation, à ces modalités d'opération assez nouvelles. Cette nécessité a été appréhendée par le ministère des Affaires étrangères et son opérateur, l'Institut français, engagés dans un chantier de « transformation numérique » du réseau culturel.

Le virage numérique est aussi l'occasion de repenser le rapport à ces lieux qui incarnent la France, sous la bannière locale d'un Institut français ou d'une Alliance française. Ce sont des espaces de rencontre et de socialisation, de liberté également, prisés du public dans les régimes autoritaires ou dictatoriaux car relativement soustraits à la surveillance. Ils restent un capital précieux d'attractivité, et il importe de les préserver, mais leur visibilité peut également exercer un effet de « bulle », en attirant surtout un public d'habitués, déjà « acquis » en quelque sorte.

Or la distance, qu'elle soit géographique ou sociale, laisse un large public potentiel hors d'atteinte. Ce constat invite à projeter l'offre « hors les murs », dans des lieux tiers où précisément se trouvent ces publics éloignés. Ceux-ci se trouvent également dans l'espace numérique, ordonné par une profusion d'acteurs – réseaux sociaux, plates-formes, « influenceurs »... – et de mécanismes de recommandation et de partage, dans le jeu desquels il faut entrer pleinement, sous peine d'être à terme marginalisé. Une autre avenue, négligée, est celle de l'action concertée avec les partenaires de l'UE pour projeter le *soft power* européen dans le monde[1].

Enfin, le débat mérite d'être ouvert sur l'articulation entre les services culturels des ambassades, auxquels incombe le pilotage de la diplomatie culturelle, et les instituts français, qui dispensent des cours, organisent des activités culturelles, animent des médiathèques – remplissant la même fonction que les alliances françaises. Ils bénéficient certes d'un statut d'autonomie financière, mais leur intégration avec l'ambassade est telle que l'ensemble forme une machinerie complexe, génératrice de lourdeurs de gestion et significativement plus coûteuse que le recours aux alliances françaises pour remplir les mêmes missions. Il en résulte une forte déperdition d'énergie et de ressources – au détriment d'autres priorités, dont précisément celle d'investir dans les moyens exigés par le basculement numérique.

Les instituts français ne pouvant bénéficier de la personnalité morale, leur transformation en alliances françaises est une solution à étudier dans les pays où existe un droit d'association. Cette perspective se heurtera inévitablement à des obstacles, des conservatismes, des résistances. Pour autant, elle est le gage non seulement d'une gestion assainie, mais aussi

1 Voir Pierre Buhler, « Quel "soft power" européen ? Un espace politique s'ouvre aujourd'hui », *Diploweb*, 21 juin 2020.

d'une libération des énergies pour aborder les défis de l'indispensable réinvention de la diplomatie culturelle.

Pour en savoir plus

Philippe BOULANGER, *L'Alliance française. Francophonie et diplomatie culturelle au XXIe siècle*, Éditions du Cygne, Paris, 2017.

François CHAUBET et Laurent MARTIN, *Histoire des relations culturelles dans le monde contemporain*, Armand Colin, Paris, 2011.

Christian LEQUESNE (dir.), *La Puissance par l'image. Les États et leur diplomatie publique*, Presses de Sciences Po, coll. « L'Enjeu mondial », Paris, 2021.

Marie-Christine KESSLER, « La diplomatie culturelle », *in* Thierry BALZACQ *et alii* (dir.), *Manuel de diplomatie*, Presses de Sciences Po, Paris, 2018, p. 263-274.

N, « La réforme de la diplomatie culturelle française. Un chantier inachevé », *Annuaire français des relations internationales* (AFRI), vol. XII, 2011.

En quoi la DGSE est-elle un instrument de politique étrangère ?

Agnès Levallois
Maîtresse de recherche à la FRS, vice-présidente de l'iReMMO, chargée de cours à Sciences Po

« Le renseignement commence là où s'arrête la diplomatie. » C'est ainsi que Bernard Bajolet, coordonnateur du renseignement de 2008 à 2011, s'exprime sur la relation entre les deux mondes dans l'hebdomadaire *Le Point* (2 février 2011). Pierre Brochard, directeur général de la sécurité extérieure de 2002 à 2008, déclare quant à lui, lors d'une intervention à Sciences Po, en mai 2010, que « la diplomatie et le renseignement sont deux outils régaliens. Ils ont en commun le traitement de la "matière extérieure." » Il n'en demeure pas moins que les deux métiers sont différents et complémentaires : le ministère des Affaires étrangères est en charge de l'analyse stratégique, quand la Direction générale de la sécurité extérieure (DGSE) s'occupe de chercher et de recueillir le renseignement qui sera ensuite intégré dans l'analyse stratégique ; la diplomatie traite de politique extérieure et la DGSE se préoccupe de sécurité nationale afin de protéger la nation.

Sur le papier, la répartition des rôles paraît claire mais, dans les faits, les relations sont plus compliquées, car le secret étant à la base du fonctionnement du Service, une grande méfiance existe vis-à-vis de son fonctionnement, de ses méthodes, renforcée par quelques affaires qui ont marqué les esprits – ainsi lorsqu'en 1985 les agents français coulèrent le *Rainbow Warrior* de Greenpeace, en partance pour l'atoll de Mururoa afin de protester contre les essais nucléaires français, opération qui tua le photographe Fernando Pereira. De nombreux diplomates pensent également que le représentant de la DGSE dans les ambassades est présent pour faire son métier, mais aussi pour les surveiller, ce qui ne fait évidemment pas partie de ses missions. Après l'échec de l'opération du *Rainbow Warrior*, des réformes ont été entreprises pour fluidifier la relation avec les autorités.

La nomination du préfet Claude Silberzahn à la tête de la DGSE, en 1989, a impulsé un changement avec la création de la Direction de la stratégie, confiée à un diplomate respecté, Jean-Claude Cousseran. L'idée du nouveau directeur général est de faire en sorte que le Service noue des contacts et des relations suivis avec les institutions et les organismes avec lesquels il travaille et, tout particulièrement, le Quai d'Orsay, avec lequel les liens étaient le plus souvent tendus, et de créer une culture du renseignement auprès des diplomates. Ce dialogue vise à ajuster les actions de recherche de renseignement en fonction des besoins immédiats et stratégiques des différents ministères : Affaires étrangères, bien sûr, mais également Économie, Armées... Ce rapprochement avec le Quai d'Orsay se poursuivra avec la nomination de Jean-Claude Cousseran à la tête de la DGSE (de 2000 à 2003), de Pierre Brochand (2002-2008), de Bernard Bajolet (2013-2017) et de Bernard Emié (en fonction depuis 2017), tous ambassadeurs. Le choix de confier à des diplomates la direction du Service suscite des réserves chez certains de ses membres, attachés à la spécificité de leurs missions, qui estiment que cela accentue le mélange des genres entre diplomatie et renseignement.

Cette ouverture vers les différents services de l'État a été renforcée par la création, en juillet 2008, du Conseil national du renseignement auprès de la présidence de la République, qui est confié à Bernard Bajolet. Celui-ci conseille le chef de l'État, transmet les instructions au Premier ministre et s'assure de la bonne coopération des services. Il s'agit là d'une évolution significative, car la pratique du renseignement se « présidentialise », les plus hautes autorités de l'État se familiarisent avec ce champ. Jusqu'en 1989, l'interlocuteur de la DGSE à l'Élysée était le chef de l'état-major particulier du président.

Autre nouveauté, les services ont été sommés de travailler ensemble, de partager le renseignement, ce qui allait à l'encontre des pratiques habituelles, chacun voulant valoriser au mieux « son » renseignement auprès des autorités, au détriment de l'efficacité. Le renseignement va ainsi progressivement être intégré dans l'appareil d'État et participer au processus de décision concernant les politiques étrangères et de sécurité. Pour reprendre l'expression d'un ancien directeur général, « il faut intégrer l'action de la DGSE dans une stratégie et l'État doit être branché sur le service ».

L'émergence du terrorisme a participé de la prise de conscience de l'importance du renseignement et de la nécessité pour la présidence de s'en préoccuper davantage en favorisant les échanges entre les différents instruments dont elle dispose. Les structures de l'État s'adaptent ainsi à la nouvelle donne.

Spécificités du renseignement

Si l'on se réfère à la stratégie nationale du renseignement élaborée en juillet 2019, « le Renseignement doit permettre aux décideurs d'avoir une lecture plus avertie et plus lucide de l'ordre international et de ses bouleversements. Le Renseignement complète par les moyens qui lui sont propres l'éclairage qui relève de la compétence de notre réseau diplomatique ». Instrument de la politique étrangère, il vient en soutien et aide à la décision, en fournissant une information qui complète celle apportée par d'autres structures, dont les représentations diplomatiques : il ne s'agit en aucun cas que les deux organisations entrent en concurrence mais, au contraire, qu'elles se complètent au mieux de leur potentiel et de leurs ressources respectives, selon l'expression de Jean-Claude Cousseran et Philippe Hayez, pour qui « la diplomatie et le renseignement sont à la fois des concurrents et des collaborateurs ».

Mais le propre d'un service de renseignement est d'avoir sa propre marge de manœuvre. Les autorités ne lui donnent pas des instructions, mais des orientations. L'ancien officier de renseignement Alain Chouet précise, dans son ouvrage *Au cœur des services spéciaux*, que « si tous les États entretiennent des services spéciaux [...] c'est pour pouvoir s'affranchir si nécessaire de la légalité intérieure ou internationale et mener des actions préemptives ou curatives en cas de besoin sans engager leur responsabilité ». La vocation même du service est de définir certaines actions sans toujours en référer au chef de l'État, estimant qu'il doit seul en prendre le risque et la responsabilité pour, en cas d'échec, épargner le président de la République.

À en croire Claude Silberzahn, « le bon fonctionnement de la République ne permet pas de mêler le président à la conduite quotidienne des services spéciaux de la nation ». Il ajoute que « s'il a la conviction d'avoir 98 % de chances de réussir [dans la mission qu'il entend mener] sans que sa main apparaisse ou que si elle apparaît cela n'aura ni influence ni répercussions notables sur la diplomatie française ou sur la vie politique intérieure du pays, alors c'est son travail et il doit l'accomplir dans la solitude ». Il pense, en effet, que c'est de sa responsabilité, tout comme il est de sa responsabilité d'entendre et de transmettre des choses qu'il qualifie « d'indicibles au sens propre du terme ».

Et là, la spécificité du renseignement, qui doit trouver puis dire ce qui n'est pas visible, est précieuse. Le Service entend aussi être un facilitateur, permettre de nouer des contacts puis éventuellement un dialogue avec des acteurs, pas toujours fréquentables, afin d'éviter un conflit, initier une médiation avant de laisser la diplomatie traditionnelle reprendre ses droits. Le cas de la médiation menée en 1991 entre le Sénégal et la Mauritanie est intéressant de ce point de vue. Il a évité un conflit armé entre les deux pays, ce qui traduit l'engagement du Service à déminer une situation donnée et sa capacité à le faire loin des caméras et même des circuits diplomatiques. De même, le dialogue intra-afghan organisé à Chantilly en 2011 et 2012 a été facilité par le Service, qui a permis des échanges qui se sont révélés utiles.

Diplomatie et renseignement : complémentarité ou concurrence ?

Concernant la relation entre diplomatie et renseignement, il est un point important à souligner. L'objectif du Service n'est pas de faire mal ce que les diplomates font bien, mais d'exploiter au mieux ses ressources propres. Il est là pour parler avec ceux avec lesquels l'État ne peut pas parler. C'est un canal de discussion, de négociation complémentaire des voies de la diplomatie. Dès lors, il est légitime de poser la question du maintien des agents de la DGSE dans des pays après la rupture des relations diplomatiques.

Sous cet angle, le cas de la Syrie est particulièrement intéressant. En mars 2012, les relations sont rompues et l'antenne du service est fermée : les agents devaient-ils rester afin de garder des capteurs et permettre de suivre la situation au plus près ? Pour beaucoup d'entre eux, la réponse est « oui », car c'est leur raison d'être, quitte, en cas de problème, à ce que les autorités se démarquent d'eux. Car, pour reprendre l'expression d'un ancien haut responsable de la DGSE : « Les agents sont payés pour être désavoués en cas de problème. » D'autres jugent au contraire que, dans pareil cas, la DGSE doit suivre la politique officielle et qu'à ce titre elle ne doit pas rester dans un pays avec lequel les relations diplomatiques ont été rompues. Ce qui ne les empêche pas de continuer à faire leur travail différemment.

Les relations sont parfois tendues entre la DGSE et les politiques, car il n'existe pas de culture du renseignement en France. Les agents sont souvent mal perçus, la méconnaissance de leur travail, de leurs méthodes ou l'idée que l'on s'en fait suscite bien des interrogations, à la différence des pays anglo-saxons, où ils sont beaucoup plus intégrés dans l'appareil d'État, qui prévoit de nombreuses passerelles entre les services et les autres institutions.

Cette méfiance favorise l'apparition, dans des dossiers délicats, souvent liés à des prises d'otages, de personnes privées qui se proposent pour mener des opérations, alors que le Service est légitimement en charge de telles actions. Les dérives observées par ce recours au privé sont notables. Non seulement le prix à payer est extrêmement élevé, mais l'efficacité n'est pas forcément au rendez-vous. L'interférence de plusieurs réseaux est contre-productive. Elle joue au détriment du résultat et entretient une confusion sur le rôle de la DGSE, dont l'image pâtit encore. Au Liban, par exemple, la DGSE pouvait tenter une opération pour sortir des otages (enlevés en 1985, ils seront libérés en 1988, en pleine campagne électorale française), mais le pouvoir politique a refusé l'opération, considérant que celle-ci comportait trop de risques. Il a préféré la confier à des émissaires privés, ce qui lui permettait de prendre ses distances en cas d'échec.

Par ailleurs, la DGSE peut être amenée à dire des choses, à avancer des analyses qui ne sont pas partagées par les diplomates, qui tenteront alors de discréditer le travail de renseignement. Si les relations entre les deux structures se sont nettement améliorées, les appréhensions demeurent ; les différences de culture et de pratique continuent à susciter des réserves, de part et d'autre.

La désignation de diplomates à la tête de la DGSE depuis les années 2000 a facilité l'orientation nouvelle qui a été donnée au Service, mais certains « anciens » soulignent que, de ce fait, on risque de ne pas utiliser au mieux les spécificités du renseignement et de faire de la DGSE un outil de diplomatie complémentaire du quai d'Orsay au lieu de lui permettre de jouer son rôle de diplomatie parallèle. Le Service doit démontrer au ministère des Affaires étrangères que, non seulement il n'existe pas de rivalité mais qu'il faut au contraire développer des synergies.

Le directeur général de la sécurité extérieure participe au conseil de défense qui réunit les cinq ministres concernés, présence qui a été systématisée sous la présidence de François Hollande. Cela représente un changement positif notable, car cela intègre le renseignement dans les décisions et permet que les questions de sécurité nationale, cœur de métier de la DGSE, soient prises en compte dans la définition des orientations de politique étrangère.

En février 2021, Bernard Emié, directeur général de la sécurité extérieure participait aux côtés de la ministre des Armées et du chef d'état-major des Armées à une réunion consacrée au contre-terrorisme. Sa prise de parole exceptionnelle a été interprétée comme une volonté de faire part de l'analyse du Service à propos de la menace jihadiste sur les terrains extérieurs et tout particulièrement le Sahel et la zone irako-syrienne. Son expression est caractéristique du rôle de la DGSE qui analyse le phénomène du terrorisme et ses conséquences en termes de sécurité nationale, puisqu'il a mis en avant le fait que des attentats étaient en cours de préparation dans la région mais aussi en Europe.

Le chemin parcouru depuis les années 1990 pour intégrer le Renseignement dans la structure de réflexion sur les orientations de politique étrangère est réel et la DGSE est bien un instrument de politique étrangère avec ses caractéristiques propres, son mode de fonctionnement, qui font son utilité lorsque toutes les autres voies sont dans l'impasse. Il convient néanmoins de relativiser le rôle de la DGSE, car sa valeur ajoutée n'est pas le renseignement diplomatique mais bien le renseignement qui cible les questions de sécurité nationale.

Si la volonté de transparence des missions et des modes d'action de la DGSE est souhaitable, elle doit garder sa part d'ombre qui est intrinsèque à sa raison d'être. Ainsi, si les relations sont bien meilleures aujourd'hui entre la DGSE et les autres structures étatiques en charge de la politique étrangère, une certaine méfiance, inévitable, sera toujours d'actualité. Seule une bonne coordination permet à chacun de faire le métier qui est le sien et d'élaborer une politique extérieure correspondant aux objectifs affichés par le politique.

Pour en savoir plus

Alain Chouet, *Au cœur des services spéciaux. La menace islamiste : fausses pistes et vrais dangers*, La Découverte, Paris, 2013.

Jean-Claude Cousseran et Philippe Hayez, *Nouvelles Leçons sur le Renseignement*, Odile Jacob, Paris, 2021.

Claude Silberzahn (avec Jean Guisnel), *Au cœur du secret. 1 500 jours aux commandes de la DGSE, 1989-1993*, Fayard, Paris, 1995.

III. Études de cas

- L'introuvable autonomie face aux États-Unis
- Chine : existe-t-il une « exceptionnalité française » ?
- Le tandem franco-allemand est-il un mythe ?
- L'Afrique et le sentiment antifrançais
- La France au Moyen-Orient : du volontarisme gaullien à la « disruption » macronienne
- France/Israël/Palestine : la loi du balancier
- L'« initiative française » pour un Liban saigné par son oligarchie
- La diplomatie climatique française après la COP21
- *Quid* du multilatéralisme ?
- Quand la France méconnaît les puissances du Sud
- La politique européenne de la France depuis 2005
- L'interventionnisme, pour maintenir la place de la France dans le monde
- Vu d'outre-Manche
- Comment la France se voit, comment le monde la perçoit

L'introuvable autonomie face aux États-Unis

Philip S. Golub
Professeur, Université américaine de Paris
(Propos recueillis par Dominique Vidal)

Les rapports avec les États-Unis sont une des caractéristiques majeures de la politique extérieure mise en œuvre par chaque président français. Il faut dire que l'alliance entre les deux pays plonge ses racines dans la longue histoire : la France de Louis XVI a largement contribué au combat victorieux des indépendantistes nord-américains.

Philip Golub : La monarchie française déclinante apporte en effet son soutien à la lutte des indépendantistes américains pour affaiblir la Grande-Bretagne. Elle le fait après avoir subi une défaite majeure pendant la guerre de Sept Ans, et après l'humiliation du traité de Paris de 1763, qui consacrait la suprématie navale britannique, la perte de la plupart des « possessions » françaises en Inde, et le contrôle par Londres de toute l'Amérique du Nord. Menant avec Vergennes, ministre des Affaires étrangères (1774-1787), une politique « réaliste », Louis XVI voulait avant tout épuiser les Britanniques : « Plus ils feront la guerre, et plus ils se détruiront eux-mêmes », écrit-il. Aussi accorde-t-il – *via* Vergennes, Beaumarchais et La Fayette – un soutien clandestin, financier et militaire, aux indépendantistes. Sous l'impulsion de Vergennes, la France est entrée officiellement en guerre en 1778.

Cette politique n'est nullement inspirée des Lumières, dont ni Louis ni Vergennes n'entendaient stimuler la diffusion. D'autres agents avaient des motivations idéelles, à commencer par La Fayette qui épousa entièrement la cause américaine, joua un rôle important auprès de George Washington et collabora à l'élaboration de la *Déclaration des droits de l'homme et du citoyen* avec Thomas Jefferson, rédacteur de la *Déclaration d'indépendance* des États-Unis et ambassadeur en France avant la Révolution. Nul hasard si le très beau parc devant la Maison-Blanche s'appelle « Lafayette Square ». Thomas Paine, auteur des textes influents dont *Le Sens commun* (1776) et *Droits de l'homme* (1791), offre un autre exemple, plus radicalement démocratique. Mais n'idéalisons pas ce moment de convergence géopolitique sur la toile de fond d'idées politiquement révolutionnaires. Le jeune État américain signe une paix séparée avec Londres en 1782 et se dissocie de la France lorsque la Révolution française prend un tour violent.

Depuis, les deux pays se disputent l'héritage des Lumières en prétendant tous deux incarner des valeurs universelles qui reflètent le plus souvent leurs particularismes. Comme le souligne Pierre Bourdieu, et comme j'ai cherché à le montrer dans mes travaux, les discours universalistes français et états-uniens se fondent sur des conceptions impériales de soi. L'universalisme démocratique états-unien se heurte au fait social majeur qu'a été l'esclavage et à ses suites bien au-delà de la guerre de Sécession, comme le démontre aujourd'hui le mouvement Black Lives Matter. En France, l'esclavage aboli par la Révolution sera rétabli par l'impérialisme napoléonien, et la fascination d'un Tocqueville pour *La Démocratie en Amérique* ne l'empêche pas de devenir l'apôtre de la colonisation…

Comment les États-Unis deviennent-ils la première puissance ? On sait ce que cette ascension doit aux deux guerres mondiales. Mais n'a-t-elle pas des raisons structurelles intrinsèques ?

L'autodestruction de l'Europe, par deux fois, a évidemment contribué à la montée en puissance des États-Unis. Mais ceux-ci ont surtout connu un développement endogène continu et dynamique grâce à une série de facteurs structurels :

— une expansion territoriale dynamique, aux dépens de la France, du Mexique et de la Russie, mais surtout des populations amérindiennes ;

— des ressources naturelles quasiment illimitées ;

— l'exploitation du travail esclave à grande échelle dans les États du Sud, composante essentielle de la nouvelle division internationale du travail issue de la révolution industrielle britannique, avec le rôle du coton dans la première industrie mondialisée ;

— une croissance démographique endogène rapide, complétée par des flux migratoires transnationaux considérables (33 millions d'immigrants essentiellement européens entre 1800 et 1913, sans lesquels le pays ne compterait aujourd'hui que 200 millions d'habitants)…

J'ajoute que deux océans rendaient les États-Unis presque invulnérables stratégiquement. Contrairement aux Européens, ils ont donc fait l'économie d'une armée pléthorique : en 1914, 165 000 hommes !

À l'époque, ils étaient déjà devenus la première puissance économique mondiale, avec 23 % de la production manufacturière contre 18,5 % pour la Grande-Bretagne, 13,5 % pour l'Allemagne et 6 % pour la France, selon les travaux de Paul Bairoch. Les deux guerres mondiales accentuent considérablement ces tendances. Sur la seconde, je me permets de renvoyer à ma contribution dans *L'état du monde 2020* sur la fin du leadership américain[1]. Les États-Unis n'ont perdu « que » 418 000 hommes, soit 0,3 % de leur population, contre 14 % pour l'URSS. Leur produit intérieur brut (PIB) a crû de 80 %, tandis que les pertes vont de 64 % en Grèce à 58 % en Allemagne, 45 % en France, 42 % au Japon, 39 % en Italie, 33 % en URSS, etc.

C'en est fini de la suprématie européenne. Les États-Unis constituent désormais le cœur de l'économie capitaliste avec plus du tiers du PIB mondial. New York en est le centre financier et le dollar fait office de monnaie de réserve internationale. La supériorité militaire états-unienne est incontestable, avec le monopole – pour un temps – de la bombe atomique, une flotte dominant mers et océans et un archipel de bases planétaire.

Plus qu'aucun autre dirigeant français, Charles de Gaulle a symbolisé la volonté d'indépendance vis-à-vis des États-Unis. Ce dessein, il le cultive dès la Seconde Guerre mondiale…

De Gaulle, à Londres, est une figure très solitaire, qui n'a ni le soutien de Roosevelt (qui l'appelait « Jeanne », sous-entendu « d'Arc ») ni vraiment celui de Churchill, sauf quand celui-ci l'utilise contre le président américain. Mais il réussit progressivement à prendre place parmi les « Grands » qui, *a priori*, ne considéraient pas la France défaite en 1940 comme un État autonome ni ne voyaient dans la France libre un acteur légitime doté d'une autorité nationale. Eisenhower avait plus de respect pour de Gaulle que Roosevelt. Cela pèsera dans la reconnaissance graduelle accordée au premier, comme pèseront, évidemment, l'unification de la Résistance réalisée par Jean Moulin et l'Empire français, où la France libre reconstitue ses forces.

Ce dernier point contrarie l'administration Roosevelt qui, dans la réforme des institutions internationales qu'elle projette, entend pousser

1 Philip S. Golub, « Au sortir de la Seconde Guerre mondiale », *in* Bertrand Badie et Dominique Vidal (dir.), *Fin du leadership américain ? L'état du monde 2020*, La Découverte, Paris, p. 41-48.

à une décolonisation des empires européens. Pendant la guerre, les États-Unis jouent un jeu ambigu, nouant des liens avec les nationalistes des pays colonisés, auxquels ils affirment qu'ils soutiennent leur cause, tout en promettant à leurs alliés européens que ceux-ci recouvreront leurs colonies.

La première réussite de De Gaulle, c'est de s'imposer face au général Giraud, choisi par les Anglo-Américains après le débarquement en Afrique du Nord ?

L'administration Roosevelt voyait dans Giraud un homme susceptible de mieux servir les objectifs américains, pendant et après la guerre. Churchill, lui, misait sur les deux. De Gaulle a joué entre l'Américain et le Britannique pour s'imposer comme la voix de la France. Trois atouts vont l'y aider : l'empire, pour rétablir la « grandeur » de la France ; la Résistance française qui, unie par Jean Moulin, incarne le nationalisme français, y compris celui des communistes, rétif à toute autorité dirigée *de facto* par les États-Unis ; et la Russie soviétique, où il se rend en décembre 1944 pour faire contrepoids aux Anglo-Américains. De Gaulle met en échec l'AMGOT, le projet d'administration directe de la France par les États-Unis, et limite l'ambition américaine d'un monde dans lequel les vieux empires en déclin seraient incorporés dans des rôles subalternes de l'hégémonie états-unienne naissante.

Après guerre, le Royaume-Uni et la France adoptent des stratégies différentes. Ils tentent de sauver leur empire, de restaurer leur autorité ébranlée et de peser dans la politique mondiale, le premier en s'alignant et la seconde en se séparant des États-Unis. Dans l'espoir d'influencer la politique américaine et de regagner ainsi une partie de son autonomie perdue, le Royaume-Uni a adapté sa politique étrangère aux préférences américaines, concrétisant les prévisions de Clement Attlee en 1948, selon lesquelles « les îles britanniques [devraient désormais être considérées] comme une extension vers l'est d'un arc stratégique dont le centre est le continent américain ».

L'État gaulliste poursuit le même objectif général – retrouver l'influence mondiale de la France après l'empire – en adoptant une politique inverse, en contestant l'hégémonie américaine. De Gaulle cherche à réinventer un rôle mondial pour la France en jouant sur les contradictions des deux superpuissances, en œuvrant pour une Europe semi-autonome sous direction française et en prônant une « troisième voie » française. Conçues pour rétablir leurs positions, du moins en partie, ces deux stratégies n'ont pas produit les effets escomptés. Le Royaume-Uni n'a pas eu voix au chapitre dans la politique américaine. La France, elle, n'a jamais obtenu de leadership en Europe et a perdu sa capacité à danser entre les blocs lorsque l'Union soviétique s'est effondrée en 1991.

Une fois de Gaulle parti, la IVe République plonge, en ce temps de Guerre froide, dans l'atlantisme, avec le lancement du plan Marshall en 1947 et la création de l'Organisation du traité de l'Atlantique nord (OTAN) en 1949.

Fruit de la configuration bipolaire naissante, l'atlantisme de la IVe République est un choix idéologique et politique des partis au pouvoir, des socialistes de la SFIO aux démocrates-chrétiens du MRP. C'est aussi et surtout le prix à payer pour la continuité de l'Empire français : Washington, tout en prônant la libéralisation des empires, choisit d'apporter une aide financière et militaire à la France en Indochine au nom de la politique d'endiguement global de « Guerre froide » (qui ne fut jamais froide en Asie orientale). Après 1945, les États-Unis octroient à Paris un rôle secondaire de gendarme régional en Afrique et en Asie.

Washington fixe des limites nettes à l'action souveraine de ses alliés – Royaume-Uni, France, Pays-Bas – qui dépendent du plan Marshall pour leur reconstruction. N'oubliez pas aussi que, dans cette Europe en ruines, la puissance du Parti communiste, en France comme en Italie, est perçue comme une menace révolutionnaire. Les élites économiques et politiques françaises considèrent l'ancrage atlantique comme la condition de la renaissance économique, mais aussi de leur position et de la perpétuation de leur empire.

1956 marque sans doute, de ce point de vue, le grand tournant ?

Absolument. Suez met brutalement au jour les nouveaux rapports de forces d'après guerre. Pour Washington, la guerre que Paris déclenche, en alliance avec Londres et Tel-Aviv, contre l'Égypte du colonel Nasser menace la politique des États-Unis envers les nouveaux pays indépendants. En septembre 1956, Eisenhower met en garde le Premier ministre britannique, Anthony Eden : « Les peuples du Proche-Orient et de l'Afrique du Nord, et, dans une certaine mesure, de toute l'Asie et de toute l'Afrique, se ligueraient contre l'Occident à un degré qui, je le crains, ne pourrait être surmonté en une génération et peut-être même en un siècle, compte tenu notamment de la capacité des Russes à faire du grabuge. » Devant le fait accompli, Washington met en œuvre une diplomatie économique coercitive pour forcer le retrait des intervenants, notamment en spéculant contre la livre qui s'effondre. Si bien que Londres retire ses forces, suivie par les Français et les Israéliens. Européens et Israéliens se voient indiquer les limites précises de leur autonomie d'après guerre. L'action américaine, ainsi que le soutien indirect apporté plus tard par l'administration Kennedy aux indépendantistes algériens alimenteront l'antiaméricanisme des droites françaises procoloniales.

L'attitude américaine dans l'affaire de Suez ne traduit-elle pas aussi une volonté d'ouverture en direction du mouvement nationaliste, dans le monde arabe et au-delà ?

Il y a, autour d'Eisenhower, une véritable réflexion sur la question coloniale. Les Européens, pense-t-on à Washington, devraient libéraliser progressivement leur système colonial afin d'aller, à terme, vers une plus grande autonomie permettant le maintien de leur contrôle, mais de manière indirecte...

... C'est un peu le wilsonisme de l'après-Première Guerre mondiale ?

... Oui, mais sans la formalisation des mandats. L'anticolonialisme du secrétaire d'État John Foster Dulles est paternaliste et orientaliste : pour lui, les peuples non occidentaux ne sont pas encore prêts pour l'indépendance. Eisenhower, lui, trouve Pierre Mendès France sympathique, mais dépassé : la France, écrit-il, devrait ouvrir un chemin vers l'indépendance de ses colonies, seule voie pour assurer la pérennité de sa présence.

En 1956, Dulles déclara devant le Conseil de sécurité nationale : « Les États-Unis marchent sur une corde raide, entre d'une part l'effort pour maintenir nos anciennes et précieuses relations avec nos alliés britanniques et français, et de l'autre l'effort pour nous assurer de l'amitié des pays nouvellement indépendants qui ont échappé au colonialisme. »

Dès son retour au pouvoir, en 1958, de Gaulle II se lance dans une longue escalade de gestes d'indépendance à l'égard des États-Unis : explosion de la bombe atomique française (février 1960), accueil de Nikita Khrouchtchev à Paris (mars 1960), traité franco-allemand de l'Élysée (1963), reconnaissance de la Chine populaire (1964), retrait du commandement militaire intégré de l'OTAN (mars 1966), discours de Phnom Penh (septembre 1966), embargo sur les armes au Proche-Orient (juin 1967), discours du « Québec libre » (juillet 1967). Cependant, lorsque la Guerre froide se réchauffe, de Berlin à Cuba, c'est un allié fidèle de Washington.

De Gaulle affirme en général sa volonté d'indépendance. Mais, dans les moments décisifs, il choisit en effet clairement l'alliance américaine. Et ce soutien est d'autant plus significatif que la France est autonome dans la mesure où elle dispose de l'arme nucléaire. Elle peut donc signifier à l'URSS les limites qu'elle entend fixer.

Tout en poursuivant la politique d'indépendance de De Gaulle, ses premiers successeurs ne l'infléchissent-ils pas ? Je pense notamment à la création du G5 par Valéry Giscard d'Estaing.

On aurait tort, s'agissant du G5, d'y voir une « ré-atlantisation ». Giscard reconnaît la prédominance des États-Unis, mais prend aussi en compte la puissance économique de l'Europe et intègre le Japon. Il crée, non un « directoire du monde », mais un lieu de concertation entre chefs d'État et de gouvernement occidentaux et nippons. Moins connu est le rôle que va jouer la France – à travers Bercy, le Fonds monétaire international et la Banque mondiale – pour institutionnaliser, dans les années 1980, un libéralisme alors en plein essor, et y intégrer son économie.

Et l'engagement de François Mitterrand pour le déploiement des euromissiles contre les SS 20 – qui, selon sa formule, sont à l'Est alors que les pacifistes sont à l'Ouest ?

Mitterrand a sans doute la conviction que la France, ayant quitté le commandement militaire intégré de l'OTAN, ne peut faire entendre sa voix qu'en intégrant plus nettement le camp atlantique… Sans pour autant lui être subordonnée.

Dans ce jeu d'équilibre, la politique dite « arabe » de la France ne constitue-t-elle pas une dimension privilégiée d'autonomisation par rapport à l'Amérique ? De Gaulle aurait dit qu'il ne fallait pas « laisser aux Américains la défense des droits des Palestiniens »…

Sur le Proche-Orient comme sur l'Afrique, l'Asie ou l'Amérique latine, Paris aurait toujours voulu – depuis de Gaulle – affirmer une « troisième voie » entre Washington et Moscou. Sauf que la France, économiquement et stratégiquement, n'en a pas vraiment eu les moyens. Durant toutes ces années, elle a du mal à articuler le souhaitable et le possible. La fin de la Guerre froide représente pour elle un problème ; comme a pu le dire Mauriac : « J'aime tellement l'Allemagne que je suis ravi qu'il y en ait deux. » La réunification conforte la prépondérance économique et diplomatique de l'Allemagne. Et la disparition de l'URSS laisse Paris face à face avec Washington, la privant ainsi de marges de manœuvre.

Ces difficultés, Paris les gérera de façon inconstante et inconsistante au cours des décennies suivantes. Quelle est, par exemple, la logique de la réintégration dans le commandement militaire intégré de l'OTAN, où elle ne pèse guère ? Pourquoi le déclin de la « politique arabe » qui, en fait, n'est plus arabe ? Que signifie l'ambition de construire une « Europe autonome », que Washington refuse, et une « Europe française », dont Berlin ne veut évidemment pas ? La France est relativement marginalisée en Europe et ne dispose pas de points d'ancrage suffisants pour jouer un grand jeu diplomatique. La banalisation du principe états-unien d'extraterritorialité des sanctions a fini par enlever à la France la part minimale d'autonomie qui pouvait être la sienne du temps du général de Gaulle.

Dans cette évolution, il se passe quelque chose entre le Chirac de 2003 et celui de 2005. Mais quoi ? Le boycott français de l'invasion anglo-américaine de l'Irak a-t-il entraîné un tel « French bashing *» que le grand capital français décide de siffler la fin de la récréation ?*

Les milieux patronaux étaient d'emblée hostiles à la position de Chirac et de Villepin. Ils s'opposaient à tout affrontement avec les États-Unis, conscients, comme Colin Powell l'avait dit, que « la France paierait ». Les pressions américaines, politiques et économiques – surtout potentielles –, aiguisèrent les clivages au sein des élites françaises : le capital se battit pour un « recentrage » de la politique française. Avec succès.

De Nicolas Sarkozy à François Hollande et, jusqu'à nouvel ordre, à Emmanuel Macron, on peut même parler de réalignement. Tout se passe comme si la France n'avait plus d'alternative à l'alliance avec les États-Unis et au parapluie américain.

Je dirais même qu'il n'y a plus de politique extérieure française, plus de vision sur l'ordonnancement possible du monde. Depuis Sarkozy, la diplomatie française se distingue rarement et les politiques économiques internationales, emmenées par Bercy, ont épousé celles du Trésor américain en promouvant l'intégration financière internationale *via* le FMI. La France peut encore peser à travers ses anciennes zones d'influence, au Proche-Orient ou en Afrique, mais son rôle international passe désormais par la construction d'une Union européenne politique seule à même d'influer véritablement sur les affaires mondiales.

Pour en savoir plus

Philip S. Golub, *Une autre histoire de la puissance américaine* (trad. de l'anglais par Claude Albert), Seuil, Paris, 2011.

Stanley Hoffmann, *Essais sur la France*, Seuil, Paris, 1974.

Stanley Hoffmann, *The European Sisyphus. Essays on Europe, 1964-1994*, Westview Press, Boulder, 1995.

Jonathan Kirshner, *Currency and Coercion. The Political Economy of International Monetary Power*, Princeton University Press, Princeton, 1997.

Annie Lacroix-Riz, *Les Protectorats d'Afrique du Nord entre la France et Washington*, L'Harmattan, Paris, 1988.

William Roger Louis et Ronald E. Robinson, « The imperialism of decolonization », *Journal of Imperial and Commonwealth History*, n° 22-3, 1994.

Erwin M. Wall, *France, the United States, and the Algerian War*, University of California Press, Berkeley, 2001.

Chine : existe-t-il une « exceptionnalité française » ?

Dominique Bari
Journaliste

De toutes les puissances occidentales, la France est celle qui entretient avec la Chine les relations les plus complexes, voire les plus passionnelles. Une des raisons en serait l'ambiguïté qui prévalut à la reconnaissance diplomatique de la République populaire de Chine (RPC) par le général de Gaulle en 1964. Faussement présenté comme une première parmi les puissances occidentales[1], ce « geste historique », fut néanmoins vécu comme « un coup de tonnerre en plein cœur de la Guerre froide[2] ». Mais il ne s'est pas concrétisé par le soutien de Paris à l'octroi à Pékin du siège au Conseil de sécurité de l'Organisation des Nations unies (ONU), occupé par Taïwan, avant que les États-Unis eux-mêmes n'en décident autrement en 1971.

Pourtant, de la décision gaullienne est né le récit développé par Paris et Pékin d'une « exceptionnalité » des relations bilatérales, se démarquant ainsi des autres capitales occidentales. Cette exceptionnalité repose, selon Sylvie Bermann, ancienne ambassadrice de France à Pékin, sur des « affinités électives », fondées sur « la rencontre de deux cultures » et « les résonances particulièrement fortes en Chine » de la Révolution française et de la Commune de Paris, enseignées dans le secondaire, écho favorisé

1 La Grande-Bretagne, notamment, l'avait précédée dès 1950. La France a en revanche été le premier pays occidental à procéder à des échanges d'ambassadeurs avec la Chine.

2 Richard Nixon, *Leaders. Ceux qui ont changé le monde*, Plon, Paris, 1984.

par le « mouvement des études en France » qui a conduit des centaines de jeunes Chinois à venir, dans les années 1920, se frotter à la modernité occidentale.

Or les relations ont été émaillées de brouilles, où la volonté politique de maintenir cette exceptionnalité le dispute à celle de la banalisation, selon la perception des hôtes de l'Élysée. Un état de fait qui a engendré un manque de constance et de cohérence de la politique chinoise française, soumise à de multiples réajustements. La France semble poursuivre des objectifs mal définis et contradictoires, reflétant des priorités changeantes ou divergentes, liées à l'évolution du contexte international, à la trajectoire politique et économique si particulière de la Chine et aux pressions économiques et idéologiques. À la vision stratégique de De Gaulle, ses successeurs immédiats incluront la dimension économique liée au développement de la Chine et appelée à peser de plus en plus lourd dans les dossiers bilatéraux.

Du dialogue gaullien aux volte-face macroniennes

En 1964, la reprise du dialogue avec Pékin a été un des axes majeurs de la nouvelle stratégie diplomatique gaullienne. L'Élysée entend alors redonner à la France un statut de grande puissance mondiale et réaffirmer sa voix sur la scène internationale en se démarquant de Washington. Bien qu'asymétrique, à l'époque en faveur de Paris, la relation se noue entre deux puissances nucléaires, statut considéré de part et d'autre comme la condition de l'indépendance nationale. Pékin et Paris apparaissent alors comme les chefs de file de la lutte contre le condominium soviéto-américain. De Gaulle « voit [...] dans la Chine une réalité géostratégique et une puissance future » susceptible de travailler, avec la France, à la construction d'un ordre multipolaire. Célébré par les uns, mais contesté par le courant « atlantiste », ce rapprochement historique est considéré par les deux capitales comme « un référent symbolique fort », à l'aune duquel s'est construite une relation bilatérale qui se dit « privilégiée ».

La donne change sous le septennat de François Mitterrand. Après la répression du mouvement populaire de 1989, l'implosion de l'Union soviétique ouvre la voie à un monde unipolaire dans lequel l'avenir du régime chinois est grandement hypothéqué pour bon nombre d'observateurs occidentaux. Un clivage s'installe durablement au cœur de la politique chinoise de la France, comme dans l'ensemble du monde euro-atlantique, entre partisans d'une ligne idéologique centrée sur la défense des libertés et les tenants de la Realpolitik commerciale soutenue par les grands groupes industriels. Ce courant pragmatique se rallie toutefois à l'idée, défendue outre-Atlantique, que la libération économique de la Chine entraînerait sa démocratisation politique. Une illusion qu'aurait pu dissiper une meilleure connaissance des ressorts de la modernisation chinoise au regard de son histoire avec les puissances européennes. La vente de frégates et d'avions de chasse à Taïwan, en 1991, provoque la première grave crise diplomatique entre Paris et Pékin.

Refonder l'« exceptionnalité » de la relation franco-chinoise est l'ambition de Jacques Chirac. Le président s'inscrit dans l'héritage gaullien en signant en 2004 le « partenariat global stratégique », basé sur les responsabilités particulières des deux membres permanents du Conseil de sécurité pour favoriser « la marche vers la multipolarité », reposant sur des intérêts communs au-delà des divergences idéologiques et dans le respect des différences. La France promeut alors une « approche pragmatique et minimaliste » de la question des droits de l'homme. Un agenda très serré de visites officielles contribue à mettre en place de grands partenariats dans l'aéronautique, le nucléaire et le spatial et à inaugurer la politique des « grands contrats », dont les signatures attestent, effets d'annonces à l'appui, le succès de ces visites et le bien-fondé des liens avec Pékin. Parallèlement, d'importants échanges culturels voient le jour, notamment dans le cadre des « années croisées ».

Reste que ce partenariat stratégique entretient des angles morts : le multilatéralisme dont se réclament les deux États et leur vision de nouvelles relations internationales ne donnent pas lieu à des initiatives de coopérations significatives à l'échelle mondiale.

Quoi qu'il en soit, Nicolas Sarkozy bouscule la « relation privilégiée ». Ses convictions atlantistes, concrétisées par le rapprochement avec les États-Unis, la réintégration au sein du commandement de l'Organisation du traité de l'Atlantique nord (OTAN) et son ancrage résolu dans la « famille occidentale[1] » sont perçues à Pékin comme un affaiblissement de la singularité française, et donc de son poids international.

Le président enchaîne les volte-face suite aux différents événements de l'année 2008 : le fiasco organisé lors du passage de la flamme olympique à Paris, la menace de boycotter, pour cause de répression au Tibet, la cérémonie inaugurale des jeux Olympiques de Pékin, à laquelle il participera finalement, puis la rencontre en novembre à Gdańsk avec le dalaï-lama. L'incohérence de la position de l'Élysée engendre d'exceptionnelles tensions. Il en résultera l'annulation par Pékin du sommet Chine-Union européenne (dont la France assure alors la présidence) et le gel des relations durant un an. Leur reprise, dont Nicolas Sarkozy affirme qu'elle ne se fera pas « au prix de renoncer à nos valeurs européennes », s'annonce difficile. Les négociateurs se succèdent à Pékin, parmi lesquels

1 Discours à la conférence de Munich sur la sécurité de 2009.

d'anciens Premiers ministres et ministres, capitaines d'industrie, missionnés pour restaurer la « confiance » ou au moins une relation bilatérale dans laquelle pèse l'impératif commercial. Le déséquilibre des échanges affiche quelque 30 milliards d'euros et la France est singulièrement distanciée sur le marché chinois par ses plus proches partenaires, Allemagne en tête. Une réalité qui pousse le président à charger Xavier Bertrand, alors secrétaire général de l'Union pour un mouvement populaire (UMP), de signer un « mémorandum » entre le Parti communiste chinois (PCC) et son parti !

Du mandat de ses prédécesseurs, François Hollande conclut que la politique asiatique de l'Hexagone est trop sino-centrée. Il cherche à diversifier ses partenariats en Asie, faisant de son ministre des Affaires étrangères, Laurent Fabius, le VRP d'une « diplomatie économique ».

Mais la Chine est devenue incontournable. François Hollande y effectue sa première visite un an après son élection, au moment où le nouveau président chinois Xi Jinping lance son gigantesque projet des Routes de la soie. Ce voyage tardif, de trente-sept heures, n'est pas du goût de Pékin, comme l'atteste, le 27 avril 2013, l'ironique dépêche de l'agence officielle Xinhua : « Ce n'est donc pas uniquement pour évoquer l'"amitié" que François Hollande se rend enfin en Chine. Il y poursuit sa "diplomatie économique", pour mettre à profit le marché chinois en plein essor. » Dans la perspective de la conférence de Paris sur le climat, l'Élysée relance la « bonne entente » bilatérale. À moins d'un mois du coup d'envoi de la COP21, le président retourne à Pékin pour obtenir le soutien décisif de Xi Jinping. Pour la première fois se dessine un projet de coopération franco-chinois à l'échelle planétaire.

À son accession à la présidence, Emmanuel Macron semble vouloir poursuivre le partenariat bilatéral axé sur le multilatéralisme pour remettre fortement la France dans le jeu international. Devant l'Assemblée générale de l'ONU (septembre 2017), il se fait le héraut d'un « multilatéralisme fort ». « Nous sommes irrémédiablement liés les uns aux autres dans une communauté de destins », relève le président, soulignant que « les équilibres du monde ont profondément changé [...] et cela veut dire qu'il nous faut réapprendre la complexité du dialogue ». Un discours apprécié à Pékin, première destination asiatique de son quinquennat, où il se rend en janvier 2018. Les communiqués qui suivent pointent la nécessité d'une coopération plus étroite « pour répondre efficacement aux principaux problèmes mondiaux ».

Retour à la logique des blocs ?

La posture gaullo-mitterrandienne que le nouveau chef de l'État affiche vise à le distinguer de ses deux prédécesseurs et à enclencher « un changement radical de la politique extérieure ». Concernant la Chine, la succession des interventions présidentielles ambivalentes laisse rapidement place, dans les faits, à une diplomatie ambiguë.

Ainsi, à Pékin, Emmanuel Macron salue les Routes de la soie comme « une réelle opportunité », appelant l'Europe à s'y engager. Quelques mois plus tard, lors de la Conférence des ambassadeurs d'août 2018, il qualifie le projet chinois de « vision de la mondialisation » à caractère « hégémonique », se ralliant à la position de Bruxelles, de plus en plus méfiante. Un revirement qui s'inscrit dans un activisme volontariste de l'Élysée, dans lequel le facteur chinois est utilisé pour recréer une unité européenne.

Dans le sillage de Donald Trump, l'UE se fait plus fortement l'écho des griefs du monde libéral contre Pékin : trop d'État, pas assez d'ouverture économique et financière, une trop grande protection des secteurs clés. Pour Bruxelles, Pékin est devenu « un rival systémique ». La diplomatie chinoise de la France s'européanise : en mars 2019, Xi Jinping est reçu à l'Élysée par son homologue français, épaulé par la chancelière allemande et le président de la Commission européenne. Pour son second séjour à Pékin, en novembre 2019, Emmanuel Macron intègre à sa délégation un commissaire européen, deux ministres allemands et les représentants d'entreprises d'outre-Rhin. Deux mois plus tôt, Angela Merkel s'était bien gardée d'inviter des chefs d'entreprise français à l'accompagner en RPC.

L'Europe n'est pas le seul terrain sur lequel la politique chinoise de Paris évolue. En Asie, la France engage sa politique extérieure dans le concept global défendu par le Pentagone d'« axe Indo-Pacifique », tourné contre Pékin et réunissant les États-Unis, l'Inde, l'Australie et le Japon, formant le « Quad ». Paris rappelle que « la France est une grande puissance de l'Indo-Pacifique », et joue des muscles dans la région par le biais de sa capacité de projection militaire, unique en Europe. L'implication française s'accompagne d'une multiplication des patrouilles militaires tricolores, dont le sous-marin nucléaire d'attaque (SNA), dans l'océan Indien et le Pacifique *via* la mer de Chine méridionale et des exercices militaires avec, selon Florence Parly, ministre des Armées, les « partenaires stratégiques » du « Quad ».

Washington ne peut que s'en féliciter. Un document du Pentagone cite la France comme un « allié clé » dans la région[1]. Pour Paris, l'intérêt est double : ses ventes d'armes à l'Inde et à l'Australie bondissent avec d'importants contrats de Rafale et de sous-marins. Pour Florence Parly, cette politique d'exportation « est vitale pour notre diplomatie ». Elle estime, non sans cynisme, que le contexte stratégique incite « certains pays à maintenir leurs investissements en matière de défense ». Dans cet état d'esprit s'inscrit un nouveau contrat d'armement passé avec Taïwan.

1 « Indo-Pacific strategy report 2018 ».

La pandémie de la Covid-19 marque le retour en force du courant néoconservateur que le président avait fustigé l'année précédente[1]. La Chine est ouvertement pointée du doigt comme une menace au leadership états-unien. Le « virus chinois », la contestation à Hong Kong et la répression contre les Ouïghours sont l'occasion d'une nouvelle croisade propre à ressouder la « famille occidentale ». Un document des Affaires étrangères du printemps 2020[2] appelle à « éviter que l'après-crise ne permette l'emprise de la Chine sur la mondialisation et la gouvernance mondiale ». D'autres publications abondent dans ce sens, comme le « Rapport d'alerte » de l'École de guerre économique, au titre explicite : « La Chine communiste est-elle devenue une puissance dangereuse du temps de paix ? »

De nouveaux groupes de pression apparaissent pour influencer les centres de décision et travailler l'opinion publique, telle l'Alliance interparlementaire sur la Chine (IPAC). Fondée en juin 2020, elle regroupe des élus atlantistes, dont plusieurs Français, dans le but de contrecarrer les « ambitions » de la RPC, véritables « défis aux États démocratiques ». L'arrivée à la Maison-Blanche de Joe Biden, qui « entend faire de ses alliances un outil puissant pour s'opposer à la Chine » comble leurs vœux.

La première victime de ce retour de la politique des blocs est l'accord d'investissement global Chine-UE signé en décembre 2020 et suspendu en mai par la Commission européenne. Bruxelles l'inscrivait pourtant dans la logique d'« une autonomie stratégique » qui avait offusqué Washington. La nouvelle administration américaine a déclaré qu'elle apprécierait dorénavant une « consultation » des alliés européens sur la Chine. Même si quelques voix déplorent un alignement des agendas européen et états-unien qui pourrait « devenir un piège pour l'UE », Bruxelles prend l'initiative de sanctionner la Chine pour sa politique au Xinjiang. Pékin réagit par des mesures qui touchent des parlementaires français.

Au début de son mandat, Emmanuel Macron promettait de changer radicalement la politique étrangère de la France en défendant le multilatéralisme et le dialogue au sein de la mondialisation. Mais sa principale chance de refonder une politique étrangère bénéficiaire et crédible serait de renoncer à la grille de lecture atlantiste de l'évolution du monde reposant sur la confrontation et les rapports de forces.

En nouant des relations avec Pékin, le général de Gaulle affirmait que la France ne faisait que « reconnaître le monde tel qu'il est ». La réalité du nouveau monde est une interdépendance généralisée et non de blocs. Changer les logiciels pour le comprendre et s'y insérer implique un dialogue soutenu et exigeant avec la Chine et non de céder aux pressions

1 Interview au *Figaro*, le 23 juin 2017.

2 Élaboré par le Centre d'analyse, de prévision et de stratégie (CAPS) du Quai d'Orsay.

occidentalistes pour la « diaboliser ». Au-delà du géant asiatique, l'ensemble des sociétés en émergence est concerné par la volonté de maintenir l'hégémonisme occidental. L'avenir passe par une réactivation de la coopération pour relever les grands enjeux internationaux, sociaux, climatiques, alimentaires et de sécurité globale. L'audace, aujourd'hui, est d'abandonner les notions d'ennemi ou d'allié et de privilégier celle de « partenaire ».

Pour en savoir plus

Sylvie BERMANN, *La Chine en eaux profondes*, Stock, Paris, 2017.

Pierre GROSSER, *L'Histoire du monde se fait en Asie. Une autre vision du XXe siècle*, Odile Jacob, Paris, 2017.

Emmanuel LINCOT, « Réinventer les relations franco-chinoises », *Géoéconomie*, vol. 67, n° 4, 2013, p. 155-168.

Kishore MAHBUBANI, *Le Jour où la Chine va gagner. La fin de la suprématie américaine*, Saint-Simon, Paris, 2021.

Claude MEYER, *L'Occident face à la renaissance de la Chine*, Odile Jacob, Paris, 2018.

MINISTÈRE DES ARMÉES, « La Stratégie de défense française en Indopacifique », juillet 2019.

Le tandem franco-allemand est-il un mythe ?

Hans Stark
Professeur de civilisation allemande à Sorbonne Université

Même s'il peine à résister aux fractures qui caractérisent l'évolution du système international depuis la fin de la Guerre froide, le tandem franco-allemand existe. D'abord et surtout grâce au message qu'il envoie au monde depuis plus de soixante ans : deux États ennemis et deux sociétés qui se sont entre-déchirés pendant un siècle et demi, qui se sont fait la guerre à trois reprises en soixante-dix ans et dont la rivalité a été en très grande partie à l'origine des deux guerres mondiales, ont su se réconcilier. Ils ont été les architectes et demeurent les garants officieux d'une Union européenne qui assure pour l'essentiel la prospérité, la liberté des échanges et des mouvements, l'État de droit et le rayonnement global du Vieux Continent.

En même temps, la France et l'Allemagne sont restées très différentes l'une de l'autre. Leurs systèmes politiques divergent, tout comme leurs philosophies économiques et monétaires. Enfin, les deux pays ont des cultures et des intérêts stratégiques et militaires largement opposés. Le lancement de la construction européenne en 1950 avec le plan Schuman n'a pas permis de gommer ces différences, bien au contraire. Plus l'Europe avance sur le chemin de l'intégration (qui passe par la convergence), plus les divergences franco-allemandes se font jour et bloquent les avancées communautaires. Ces dernières étant cependant perçues comme essentielles pour les deux pays, c'est à travers des compromis souvent fastidieux et usants que Paris et Berlin parviennent à s'accorder sur des dénominateurs communs (qui ne sont pas forcément toujours les plus petits).

Si elle engendre des lenteurs, des frustrations, voire parfois des reculs, cette démarche n'a pas que des inconvénients. Étant donné leur poids économique et démographique, une France et une Allemagne constamment au diapason transformeraient les deux acteurs en directoire de l'Union européenne (UE), alors que cette dernière est fondée sur la primauté du triangle institutionnel Commission-Parlement-Conseil, qui garantit l'équilibre entre grands et petits États membres. Les traités européens ne prévoient évidemment pas l'existence d'un directoire, que les autres États membres accepteraient aussi peu qu'ils appellent de leurs vœux un leadership franco-allemand lorsque Paris et Berlin butent sur des désaccords bilatéraux. Qui peuvent d'ailleurs se révéler fructueux.

En effet, ils suscitent des débats politiques qui permettent aux experts, aux journalistes et plus largement à la société civile de participer à la discussion sur la construction européenne. Mais, surtout, l'éventail parfois très large des positions initiales françaises et allemandes reflète et représente souvent aussi les points de vue défendus par les autres États membres. La recherche de compromis entre Paris et Berlin permet ainsi d'amorcer des processus d'agrégation, rapprochant les diverses positions sans les enfermer dans un cadre franco-allemand qui serait forcément étriqué et ressenti comme hégémonique. Les négociations sur le plan de relance post-Covid, en juillet 2020, l'ont amplement démontré.

La démarche choisie par les deux gouvernements pour parvenir à des compromis est fastidieuse. Elle s'appuie pour l'essentiel sur les sommets et innombrables institutions franco-allemands créés ces dernières décennies. Mais la démarche se heurte aussi à des obstacles, dressés par la persistance de cultures politiques et économiques incompatibles, et bien entendu aussi par le contexte politique intérieur dans les deux pays, tous les partis des paysages politiques français et allemand n'adhérant pas à la volonté de trouver un consensus.

Un bilatéralisme unique au monde

Au fil des décennies, pour marquer les dates clés de la réconciliation et se prémunir contre un éventuel délitement de leur partenariat privilégié, la France et l'Allemagne ont créé un nombre impressionnant de structures bilatérales. Mentionnons de façon extrêmement synthétique les rencontres régulières au plus haut niveau (chef d'État et chancelier, ministres, très hauts fonctionnaires) instaurées à un rythme soutenu par le traité de l'Élysée de 1963. Comme les sommets qui réunissent les exécutifs français et allemand deux fois par an. Ces derniers ont été transformés en conseils des ministres franco-allemands (CMFA) lors du quarantième anniversaire de ce traité, en janvier 2003.

Auparavant, en 1988, le dispositif avait été complété par la création de la Brigade franco-allemande et par l'instauration du Conseil franco-allemand pour la défense et la sécurité (réunissant les ministres de la Défense et les chefs d'état-major) et le Conseil économique et financier franco-allemand qui réunit les ministres de l'Économie et des Finances des deux pays. À cela s'ajoute le Conseil franco-allemand d'intégration, créé en 2016, qui rassemble les ministres de l'Intérieur et les deux secrétaires généraux pour la coopération franco-allemande (postes mis en place en 2003), également en charge de la politique européenne dans leurs gouvernements respectifs.

À l'échelle législative, il faut mentionner les groupes d'amitié France Allemagne de l'Assemblée nationale, du Bundestag, du Sénat et du Bundesrat, ainsi que l'Assemblée parlementaire franco-allemande. Composée de cinquante députés français et autant d'allemands, cette dernière doit veiller à la mise en œuvre des dispositions du traité d'Aix-la-Chapelle, proposer des législations relatives aux questions transfrontalières et promouvoir la mise en œuvre conjointe des directives de l'UE.

Pièce essentielle de la coopération entre les deux pays, le traité d'Aix-la-Chapelle, signé le 22 janvier 2019, actualise et complète le traité de l'Élysée. Il a pour objectif d'approfondir la coopération franco-allemande en matière de politique étrangère, de défense et de sécurité, de politique économique et de politique de construction européenne. Il lance une plate-forme numérique commune, quatre instituts culturels intégrés, des programmes de mobilité élargis et un fonds citoyen commun, de même que des structures de coopération bilatérales dans les domaines transfrontalier, spatial, social et en matière de recherche.

Ces nouvelles structures s'ajoutent à un vaste réseau d'organismes. À commencer par l'Office franco-allemand pour la jeunesse. Au niveau de la coopération économique, mentionnons la Chambre franco-allemande d'industrie et de commerce de Paris ou les rencontres économiques d'Évian. L'éducation demeure hélas le parent pauvre en raison de la chute de la pratique de l'allemand dans le secondaire et le supérieur en France, mais les deux pays ont créé une multitude de parcours bilatéraux dans le cadre de l'Université franco-allemande (UFR).

Sur le plan culturel enfin, il convient de rappeler l'existence du Haut Conseil culturel franco-allemand, de l'Académie franco-allemande du cinéma (fondée en 2000), de la coopération en matière de littérature et bien sûr l'importance de la chaîne culturelle Arte. Enfin, il ne faut pas oublier le rôle des jumelages entre villes et petites communes de part et d'autre du Rhin qui ancrent avec peu de moyens financiers le franco-allemand dans les villes et les régions. Toutes ces structures participent au fonctionnement du tandem, même quand des divergences difficilement surmontables se font jour entre les gouvernements.

Des cultures et des traditions politiques et économiques opposées

Malgré un réseau bilatéral sans équivalent, des différences de culture persistent entre les deux pays en matière de politique étrangère et de sécurité ainsi que sur le plan de la politique économique et commerciale. Dans un contexte international marqué par l'érosion croissante des structures de sécurité et des pratiques de coopération multilatérale, ces différends empêchent Paris et Berlin de faire avancer l'UE dans des domaines aussi vitaux que la politique de sécurité et de défense commune (PSDC) ou la gouvernance de l'eurozone.

Ainsi, la Bundeswehr est une armée parlementaire composée de citoyens-soldats, fonctionnant sous le contrôle étroit du parlement allemand, qui a également compétence pour décider de son engagement. En France, le président de la République décide seul de l'envoi des forces armées. À la différence de la France, puissance nucléaire avec une longue tradition de projection de forces, Berlin n'est pas hostile à l'idée d'un monde dénucléarisé et cultive une forte retenue, quand il s'agit d'associer l'armée allemande à des opérations extérieures. Les missions de la Bundeswehr se limitent généralement à du soutien logistique ou de formation ; elle ne participe pas à des opérations de combat.

Cette approche tranche avec la tradition expéditionnaire d'une armée française au service de la politique étrangère, conçue et menée par le chef de l'État. En outre, la France, membre permanent du Conseil de sécurité des Nations unies, conserve l'idée qu'elle doit faire entendre sa voix. Ainsi, même si le traité d'Aix-la-Chapelle évoque l'objectif d'un « partenariat de plus en plus étroit entre l'Europe et l'Afrique », les différentes interventions décidées par la France au sud de la Méditerranée, notamment pour lutter contre le terrorisme, suscitent beaucoup de méfiance en Allemagne. Alors que la France s'engage avant tout en Afrique, l'Allemagne accorde la priorité absolue à la défense territoriale à l'Est, face à la Russie. D'où l'importance qu'elle accorde depuis toujours à l'Organisation du traité de l'Atlantique nord (OTAN), tandis que la France en souligne les faiblesses et les contradictions.

Les différences *économiques*, notamment au sein de la zone euro, s'expliquent par les divergences de modèle économique. Le modèle français diffère du modèle allemand à presque tous les égards, qu'il s'agisse du rôle de l'État, de la pensée économique, des structures économiques ou de la législation du travail. L'Allemagne est fidèle à la philosophie de l'ordolibéralisme, un courant de pensée libéral qui limite le rôle économique de l'État à la création d'un ordre normatif, garant d'une concurrence libre entre les entreprises. Cette philosophie va de pair avec une politique monétariste qui accorde la priorité à la lutte contre l'inflation et à une gestion budgétaire saine et équilibrée.

Par ailleurs, l'économie allemande favorise les exportations par rapport à la demande intérieure. Politique de rigueur et accumulation d'excédents commerciaux sont au cœur du système économique allemand, à la différence de la France qui conteste l'utilité d'une politique d'austérité sans fin et soutient la demande intérieure, quitte à accepter des déficits commerciaux et budgétaires. Le modèle économique français est confronté à de nombreux défis depuis plusieurs décennies, tels que la faible compétitivité internationale, l'ampleur des dépenses publiques par rapport au produit intérieur brut (PIB) qui sont les plus élevées des pays de l'Organisation de coopération et de développement économiques (OCDE), une fiscalité lourde, une dette publique croissante et un taux de chômage important. Souffrant d'une démographie déclinante, l'Allemagne a pris du retard sur le plan des investissements publics dans les infrastructures et la digitalisation. Mais elle profite d'un marché du travail dynamique et la part de l'industrie dans le PIB allemand reste élevée. Ces différences structurelles ont un impact négatif sur la façon dont la France et l'Allemagne conçoivent l'avenir de la zone euro (aussi bien que la politique migratoire, Berlin ayant maintenu ouvertes ses frontières en 2015 et 2016, pour des raisons à la fois humanitaires et démographiques, tandis que Paris a fait le choix inverse, sous la pression d'une extrême droite en progression dans les sondages et dans les urnes).

L'intégration monétaire et la monnaie unique ont une importance toute particulière pour la France. Mais, au niveau de la gouvernance de la zone euro, la politique française diffère sensiblement de celle de l'Allemagne. Paris et Berlin n'ont pas les mêmes priorités en matière d'intégration fiscale et des visions très différentes au sujet de la lutte contre la dette publique et le déficit budgétaire. Enfin, ils divergent sur la question de savoir si un plus grand interventionnisme économique est souhaitable au niveau supranational ou pas. Par conséquent, ils ont également des opinions différentes sur le rôle de la Banque centrale européenne (BCE) et sa conduite de la politique monétaire. Loin de former un « tandem » au sein de l'eurozone, la France et l'Allemagne sont en réalité aux antipodes. La proposition d'Emmanuel Macron de réviser les critères de Maastricht, que Paris juge « d'un autre siècle », permet des discussions animées avec Berlin.

Si les deux pays divergent sur des sujets essentiels comme l'euro ou la défense, c'est aussi en raison de leurs structures politiques si différentes.

Grâce au centralisme et à la nature du régime de la Ve République, le président français bénéficie de l'existence d'une chaîne de décision politique très verticale qui lui permet de choisir des options rapidement et de poursuivre, s'il l'estime nécessaire, une stratégie disruptive pour imposer ses vues. À part l'opinion publique et les sondages, qui lui sont par ailleurs rarement favorables, il n'a pas à craindre outre mesure l'obstruction de contre-pouvoirs – si ce n'est celle de sa propre majorité, comme sous François Hollande.

En Allemagne, pays fédéral où le pouvoir est divisé entre l'État et les *Länder*, son exercice suit des logiques plus horizontales. La chancelière peut s'appuyer sur sa majorité au parlement, certes, mais elle doit tenir compte de l'avis des partis et des ministres-présidents des *Länder*, des partenaires de sa coalition, de ses ministres qui disposent de plus de latitude que leurs homologues français, du Bundestag, de l'opinion publique bien sûr, de la banque centrale allemande et, surtout, de la Cour constitutionnelle. Un chancelier doit toujours prendre en considération l'expérience historique d'un État militairement vaincu et économiquement ruiné à deux reprises au siècle dernier, expérience qui lui impose une approche plus multilatérale en matière de sécurité, une forte discipline sur le plan budgétaire et la recherche permanente du compromis avec une multitude d'acteurs. Par conséquent, le processus de prise de décision en Allemagne est très lent, et donc peu en phase avec celui de la France.

Aussi, pour l'Allemagne, la France est devenue un partenaire difficile, quoique indispensable. Il en va de même pour Paris vis-à-vis de Berlin. Le tandem franco-allemand subsiste malgré tout, parce que les deux pays ressentent la nécessité de maintenir la cohésion de l'Europe des 27. Paris et Berlin convergent souvent quand il s'agit d'analyser l'évolution de l'état du monde. Mais ils divergent au moment de passer aux actes concrets, car ils ne partagent ni les mêmes traditions ou cultures ni le même type de gouvernance.

Pour en savoir plus

Cécile Calla et Claire Demesmay, *Que reste-t-il du couple franco-allemand ?*, La Documentation française, Paris, 2013.

Images et réalités : retour sur une relation franco-allemande contrastée, Allemagne d'aujourd'hui, n° 214, octobre-décembre 2015.

Stephan Martens, *L'Urgence européenne. Éloge de l'engagement franco-allemand*, PUB, Pessac, 2021.

Hélène Miard-Delacroix, *Le Défi européen. 1963 à nos jours*, Septentrion, Villeneuve-d'Ascq, 2011.

Les Relations franco-allemandes : vers un nouveau traité de l'Élysée, Allemagne d'aujourd'hui, n° 226, octobre-décembre 2018.

Hans STARK, Martin KOOPMANN et Joachim SCHILD (dir.), *Les Relations franco-allemandes dans une Europe unifiée. Réalisations et défis*, PUB/Ifri, Pessac/Paris, 2012.

Gilbert ZIEBURA, *Les Relations franco-allemandes dans une Europe divisée. Mythes et réalités*, PUB/Ifri, Pessac/Paris, 2012.

L'Afrique et le sentiment antifrançais

Fanny Pigeaud
Journaliste, collabore notamment à Mediapart sur des sujets liés à l'actualité du continent africain

Médias et officiels français font le même constat : la réputation de la France en Afrique francophone s'est beaucoup dégradée au cours des années 2010. Les propos, caricatures et images qui critiquent sa présence sur le continent sont de plus en plus nombreux à circuler sur les réseaux sociaux. Lors de manifestations organisées dans plusieurs pays (en République centrafricaine en 2013, au Sénégal en 2015, au Niger en 2019, au Mali en 2020, etc.), des slogans tels que « À bas la France ! », « France, dégage ! » ont été scandés et le drapeau tricolore a été brûlé.

La tension est montée d'un cran en mars 2021, lorsqu'au Sénégal des enseignes françaises ont été prioritairement visées par des émeutiers lors d'un mouvement de révolte populaire sur fond de crise sociopolitique. Quelques mois plus tôt, fin 2020, un sondage réalisé par l'Ichikowitz Family Foundation, un organisme sud-africain, auprès de jeunes de plusieurs pays, indiquait que 71 % des Gabonais, 68 % des Sénégalais, 60 % des Maliens et 58 % des Togolais avaient une mauvaise opinion de la France.

Dans les plus hautes sphères de l'État français, on parle d'un « sentiment antifrançais » pour décrire cette situation et l'on s'en inquiète. Après un séjour de travail au Cameroun, un député rapportait en 2015, devant la Commission des affaires étrangères de l'Assemblée nationale, avoir été « très frappé par le sentiment antifrançais, qui deviendra très inconfortable s'il perdure et il va perdurer ». Un de ses collègues l'approuvait, affirmant qu'il s'agissait d'un « problème profond » en Afrique. En janvier 2020, un sénateur notait à son tour : « Depuis quelques mois, on a vu se répandre au Burkina Faso, ainsi qu'au Mali, un sentiment antifrançais dont il ne faut pas sous-estimer la portée. »

De hauts gradés ont également été consultés, fin 2019, par les députés de la Commission de la défense nationale et des forces armées sur ce que l'un d'eux appelle le « bruit de fond antifrançais ». Début 2020, le président Emmanuel Macron a reproché publiquement à des dirigeants sahéliens (qu'il n'a toutefois pas nommés) de laisser « prospérer » ce « mouvement antifrançais », avant d'accuser, quelques mois plus tard, la Russie et la Turquie, deux puissances concurrentes de la France sur le continent africain, de l'alimenter.

Selon les explications souvent avancées par les officiels français, la colère contre la France serait due à une mauvaise compréhension des enjeux, à des idées reçues, à une approche passionnelle, à une incapacité des pays africains à regarder leurs propres failles, ce qui les pousserait à chercher un bouc émissaire (« il est plus aisé de critiquer l'action d'un État tiers que de se remettre en cause », affirmait l'un des officiers auditionnés par l'Assemblée nationale en 2019). Ces diagnostics apparaissent cependant réducteurs et erronés, même si une partie des messages anti-France diffusés relèvent de la désinformation.

Début 2012, un quotidien sénégalais, *Enquête Plus*, estimait qu'il serait plus approprié de parler d'un « vent antidomination » plutôt que d'un « sentiment antifrançais ». L'économiste Ndongo Samba Sylla évoque de son côté un « désir d'émancipation, de libération du néocolonialisme ». Car la contestation qui s'exprime est de nature politique : ceux qui la portent ne dénigrent pas systématiquement tout ce qui serait lié à la France, mais reprochent aux autorités françaises de vouloir maintenir à tout prix la domination de leur pays sur les anciennes colonies subsahariennes (à savoir le Bénin, le Burkina Faso, la Côte d'Ivoire, le Mali, le Niger, le Sénégal, le Togo, le Cameroun, le Congo, le Gabon, la République centrafricaine et le Tchad), à leur détriment. « Nous ne sommes pas contre la France, ni contre les Français en général, mais contre la politique que mène l'État français », répètent ceux qui adhèrent à cette critique.

Une décolonisation en trompe-l'œil

Cette tension croissante tire ses origines de la décolonisation en trompe-l'œil des pays d'Afrique subsaharienne. La France s'est en effet organisée pour conserver une forte influence sur ses anciennes colonies. Elle a d'abord écrasé les mouvements et partis anticoloniaux, en utilisant au besoin la force militaire, comme à Madagascar (1947-1948) et au Cameroun (1955-1960) – la mémoire collective de ces pays est restée marquée par cette période traumatique.

Les autorités françaises ont par la suite installé au pouvoir des dirigeants qui leur étaient acquis. En échange de l'indépendance, en 1960, elles leur ont fait signer des « accords de coopération » qui couvraient divers domaines (défense, commerce et exploitation des matières premières, économie, monnaie, finances, enseignement supérieur, marine marchande, aviation civile, culture, etc.). Grâce à ce dispositif, Paris avait la priorité sur les ressources du sol et du sous-sol et a pu conserver des bases militaires dans plusieurs pays.

Le gouvernement français est aussi resté maître du système monétaire imposé aux nouveaux États, étant donné que l'accord de coopération monétaire qu'il leur avait fait ratifier les obligeait à demeurer membres de la zone franc et donc à utiliser le franc CFA. Cette monnaie, créée en 1945 par un décret du général de Gaulle, est placée depuis sous la tutelle du ministère français des Finances. Elle a une parité fixe avec la monnaie française. Cet arrangement monétaire, qui constitue aussi pour la France un instrument de contrôle politique, oblige les États africains à déposer leurs avoirs extérieurs sur un compte spécial du Trésor français et à passer par le marché des changes de Paris pour réaliser leurs transactions avec l'étranger. La zone franc est ainsi devenue la seule zone monétaire coloniale à survivre aux indépendances.

Cette politique, mise en œuvre par Jacques Foccart, conseiller élyséen et secrétaire général des Affaires africaines et malgaches, a permis à la France de continuer à disposer d'un accès sécurisé et à bas prix aux matières premières africaines, et à avoir des débouchés et contrats pour ses entreprises. Du point de vue de l'élite française, le contrôle des anciennes colonies est essentiel pour que leur pays assure sa réussite économique et maintienne son rang de grande puissance sur la scène internationale.

Si certains accords de coopération ont été révisés au début des années 1970, à la demande de plusieurs chefs d'État africains, le dispositif est demeuré en place, à l'instar de la zone franc, dont le fonctionnement n'a été que légèrement modifié (le siège des deux banques centrales de la zone a été par exemple déplacé de Paris au Sénégal et au Cameroun). Rien n'a changé au cours des décennies suivantes, comme le président socialiste François Mitterrand le déclare en 1983, deux ans après avoir été élu : « Il n'y a pas de hiatus dans la politique africaine de la France avant mai 1981 et après. Si la méthode a changé, l'objectif est resté. Il consiste à préserver le rôle et les intérêts de la France en Afrique. »

Au fil des décennies, les quelques hommes politiques et intellectuels africains qui ont osé s'opposer à cette domination française ont subi des représailles. Parmi eux, le président du Togo, Sylvanus Olympio, qui voulait faire sortir son pays de la zone franc et qui a été assassiné en 1963, et l'écrivain camerounais Mongo Beti dont le livre *Main basse sur le Cameroun* a été interdit à sa sortie en France, en 1972. La stratégie suivie par les responsables français consiste à « consolider le pouvoir » des dirigeants africains qui jouent « loyalement le jeu de l'amitié franco-africaine » et de « faire sentir le mors » à ceux qui regardent « un peu trop dans d'autres directions », tout en contrant « les visées des puissances concurrentes » jugées « menaçantes », analyse le journaliste Pierre Biarnès en 1987.

Le tournant des années 2000

La contestation prend de l'ampleur dans les années 2000, s'exprimant dans la rue. On l'observe d'abord en Côte d'Ivoire, sous la présidence de Laurent Gbagbo (2000-2010) : en novembre 2004, dans un climat de fortes tensions entre Paris et Abidjan, des foules gigantesques réclament le départ des troupes françaises stationnées dans le pays. À partir de 2011, la critique se popularise davantage et se retrouve dans plusieurs autres pays du « pré carré » de Paris, après deux événements majeurs : les crise et guerre postélectorales de 2010-2011 en Côte d'Ivoire, dans lesquelles la France a joué un rôle politique et militaire majeur, et qui ont abouti à l'arrestation de Laurent Gbagbo ; et l'intervention militaire de l'Organisation du traité de l'Atlantique nord (OTAN) en 2011 en Libye, dans laquelle elle a été aussi fortement impliquée et qui a mené au renversement de Mouammar Kadhafi, déstabilisant une partie du continent. Une grande part des opinions publiques africaines considère ces deux dirigeants africains comme des victimes de l'impérialisme et des intérêts français. L'acquittement de Laurent Gbagbo, après dix ans de procédure, par la Cour pénale internationale (CPI) qui le poursuivait pour de présumés crimes contre l'humanité, et son retour triomphal en Côte d'Ivoire, en juin 2021, les ont confortées dans cette idée.

Depuis, le mouvement n'a cessé de croître. L'opération militaire française Barkhane, déployée depuis 2014 dans le Sahel pour lutter contre des groupes terroristes dans cinq pays (Burkina Faso, Mauritanie, Mali, Niger, Tchad), est de plus en plus considérée par une partie de la population comme une force d'occupation. Plusieurs éléments expliquent cette défiance : le fait que l'action de Barkhane n'ait pas réduit les attaques des groupes armés mais semble au contraire exacerber la violence ; les bavures commises par des soldats français (la mort d'un enfant malien de dix ans en novembre 2016, celle de onze soldats maliens en 2017 et de dix-neuf civils dans un bombardement sur la localité de Bounti le 3 janvier 2021) ; les liens de coopération que Barkhane entretient avec des groupes armés au Mali, dont des groupes séparatistes.

Pour de nombreux intellectuels sahéliens, il apparaît évident que la France a des intérêts géostratégiques à défendre dans cette région, riche en matières premières (sel, or, pétrole, gaz, fer, phosphate, cuivre, étain, uranium, terres rares, etc.) et que la présence de son armée résulte aussi de sa volonté de maintenir son rayonnement sur la scène internationale. Cette appréciation se trouve renforcée par les déclarations de certains officiels français : « La France sans Barkhane, c'est l'Italie », expliquait fin 2020 un officier français, cité par des médias. Dans ces conditions, le discours de Paris selon lequel la France n'intervient au Mali que pour des raisons de sécurité, sans « visées néocoloniales, impérialistes », sans « finalités économiques », comme l'a assuré Emmanuel Macron fin 2019, passe mal.

Le franc CFA, aujourd'hui utilisé par quatorze États, nourrit aussi la critique. Une partie de la jeunesse est de plus en plus sensible à l'idée qu'il faut que les pays africains recouvrent leur souveraineté monétaire. Au Sénégal, un groupe d'activistes a créé un Front pour une révolution anti-impérialiste populaire et panafricaine (Frapp) et lancé, en 2017, une campagne de plaidoyer avec le slogan « France dégage ! » pour abolir cette « monnaie coloniale » qui freine le développement des pays qui l'emploient, selon de nombreux économistes. Le Frapp a aussi dénoncé à plusieurs reprises la domination des entreprises françaises sur l'économie du pays, parlant même d'une « recolonisation ».

D'autres activistes du continent, ainsi que des opposants politiques, accusent par ailleurs les dirigeants des pays africains d'être trop soumis à Paris et fustigent le « deux poids, deux mesures » de la diplomatie française, prompte à condamner les violations des droits de l'homme dans certaines parties du monde, mais silencieuse lorsqu'il s'agit de dirigeants alliés de son « pré carré ». En 2020, la France s'est ainsi vu reprocher d'avoir affiché son soutien à plusieurs chefs d'État ouest-africains, dont Faure Gnassingbé au Togo, Alassane Ouattara en Côte d'Ivoire, Alpha Condé en Guinée, qui se présentaient pour un nouveau mandat non constitutionnel et au prix d'une réduction des libertés publiques.

De plus, la manière dont les dirigeants français s'adressent à leurs homologues africains ou parlent de leurs pays est souvent perçue comme condescendante et arrogante. La « convocation » à Pau des chefs d'État du Sahel par Emmanuel Macron, en janvier 2020, a été « vécue comme une humiliation de plus », a relevé un groupe d'intellectuels africains. En janvier 2021, le ministre français des Affaires étrangères, Jean-Yves Le Drian, a choqué à son tour en parlant du Mali comme de la « frontière Sud » de la France. Enfin, la gestion dure de l'immigration et la politique restrictive en matière d'octroi de visas menées par les autorités françaises à l'égard de l'Afrique sont jugées peu humaines et ingrates au vu de l'Histoire.

La France réagit en privilégiant la communication

Après avoir longtemps donné l'impression qu'elles ignoraient ce vent de fronde, les autorités françaises tentent de le contrer sur le plan communicationnel. Elles utilisent pour cela les réseaux sociaux, qui ont joué un grand rôle pour « fédérer les opinions », selon l'expression de l'écrivain Boubacar Boris Diop, accentuer la contestation et la rendre plus visible. *Via* les géants américains Facebook et Twitter, les ambassades se mobilisent pour démentir certains des messages critiques qui circulent, et donner une image positive de la France et de leur action sur le terrain. Afin de défendre Barkhane, l'armée française a elle aussi investi ce nouveau terrain dans une guerre d'influence avec la Russie : en décembre 2020, Facebook a déclaré avoir fermé des réseaux de faux comptes qui lui étaient manifestement liés et vantaient les mérites des opérations militaires françaises dans le Sahel. Alors que Barkhane était désormais décriée aussi en France, Emmanuel Macron a fini par annoncer, le 10 juin 2021, à la surprise générale – il n'avait pas consulté le chef d'état-major des armées, ni son ministre des Affaires étrangères –, la « fin » prochaine de cette opération, sans toutefois donner les modalités de ce retrait et en laissant entendre que la présence militaire française dans le Sahel serait maintenue sous une autre forme.

Paris s'est aussi résolu à prendre des mesures sur le franc CFA, la pression de l'opinion publique étant devenue trop forte : fin 2019, le président Macron et Alassane Ouattara, le président de la Côte d'Ivoire, pays pilier de la zone franc, ont annoncé une « réforme » du franc CFA d'Afrique de l'Ouest. Adoptée début 2021 par les députés français, elle prévoyait de rebaptiser « eco » le franc CFA, de supprimer l'obligation pour la banque centrale des huit d'Afrique de l'Ouest (BCEAO) de placer 50 % de ses devises auprès du Trésor français et de retirer le représentant français des instances de la BCEAO. L'opération n'a toutefois pas permis de faire retomber la tension : la réforme, qui concerne huit pays, a aussitôt fait l'objet de critiques de la part d'intellectuels et d'activistes, car elle n'a fait l'objet d'aucun débat en Afrique et surtout ne rompt pas le lien de subordination monétaire.

La révolte qui s'est manifestée en mars 2021 à Dakar et d'autres villes sénégalaises à travers le pillage et le saccage de supermarchés Auchan, de boutiques Orange et de stations Total, a d'ailleurs montré que la nature de la relation France-Afrique restait problématique. Elle laisser en outre supposer que tant que la France ne changera pas de politique, elle restera impopulaire. Il est d'ailleurs probable que Paris peinera de plus en plus à maintenir ses prétentions sur cette partie du monde, ne serait-ce que pour des raisons démographiques : alors qu'en 1945 les actuels pays africains de la zone franc étaient moins peuplés qu'elle, le rapport s'est peu à peu inversé, si bien qu'ils comptent aujourd'hui deux fois et demie plus d'habitants que la France.

Pour en savoir plus

Boubacar Boris DIOP et Aminata Dramane TRAORÉ, *La Gloire des imposteurs. Lettres sur le Mali et l'Afrique*, Philippe Rey, Paris, 2013.

Raphaël GRANVAUD et David MAUGER, *Un pompier pyromane. L'ingérence française en Côte d'Ivoire d'Houphouët-Boigny à Ouattara*, Agone/Survie, Marseille, 2018.

Fanny PIGEAUD, *France Côte d'Ivoire. Une histoire tronquée*, Vents d'Ailleurs, La Roque d'Anthéron, 2015.

Fanny PIGEAUD et Ndongo Samba SYLLA, *L'Arme invisible de la Françafrique. Une histoire du franc CFA*, La Découverte, Paris, 2018.

La France au Moyen-Orient : du volontarisme gaullien à la « disruption » macronienne

Denis Bauchard
Conseiller spécial Moyen-Orient, IFRI

Les relations de la France avec le Moyen-Orient ont des racines très anciennes. Cette zone stratégique aux confins de trois continents, sur le trajet de la Route de la soie, puis de la Route des Indes, riche de ses hydrocarbures, lieu d'affrontements entre grandes puissances, a toujours suscité l'intérêt et la vigilance de la France. La Ve République y a développé une politique particulièrement active fondée sur quelques principes clairs basés sur la promotion de l'intérêt national. Cependant, son évolution récente a marqué une inflexion, voire une rupture avec le président Sarkozy, tandis qu'Emmanuel Macron affirme une « diplomatie disruptive ».

De la continuité...

Les fondements de la politique extérieure prônés par le général de Gaulle, ont été confirmés et précisés par ses successeurs.

Pour assurer son indépendance stratégique et sa sécurité, la France entend mener, au Moyen-Orient comme ailleurs, une politique active pour promouvoir ses intérêts et son influence. Dès l'indépendance de l'Algérie, elle souhaite rétablir avec les pays du Moyen-Orient des relations de confiance et des partenariats basés sur des intérêts mutuels et dans le respect de leur souveraineté. Dans cette perspective, elle estime que la promotion de la démocratie et des droits de l'homme, auxquels elle est attachée, doit venir d'un processus interne, qu'elle peut encourager, mais sans s'ingérer dans les affaires intérieures des États.

Les interventions extérieures des États ne sauraient avoir d'autre cadre que la légalité internationale, validées par le Conseil de sécurité ou à la demande d'un gouvernement reconnu. Dans une zone aussi sensible que le Moyen-Orient, la préoccupation essentielle affirmée de la France est de veiller au maintien de la paix et de la stabilité en contribuant à réintégrer au sein de la communauté internationale les États, tels l'Irak, l'Iran ou la Libye, qualifiés de « voyous » par Washington. Dans cette perspective, la France se doit de parler à tout le monde et de jouer les *honest brokers* (« honnêtes courtiers »).

Elle renoue ainsi avec les pays qui, à l'exception du Liban et de l'Iran, avaient rompu leurs relations diplomatiques depuis la désastreuse affaire de Suez en 1956. Lors de la guerre des Six-Jours, le général de Gaulle prend une position sans équivoque sur le conflit entre Israël et les pays arabes en condamnant l'acquisition des territoires par la force et leur occupation. Le président Pompidou développe cette politique, amorce des relations privilégiées avec la Libye, l'Irak et l'Iran. Dès la fin du protectorat britannique sur les monarchies du Golfe, la France installe des ambassades dans la région et y développe son influence.

Face au choc pétrolier de 1973, le président Giscard d'Estaing s'efforce de résoudre la crise par le dialogue avec les principaux pays producteurs en leur proposant un véritable partenariat. Il se rapproche de l'Arabie saoudite, notamment en envoyant, à la demande du roi Khaled, le Groupe d'intervention de la gendarmerie nationale (GIGN) lors de l'attaque de la grande mosquée de La Mecque en novembre 1979. Avec la déclaration de Venise de 1980, il engage la France et l'Europe dans le soutien à l'autodétermination du peuple palestinien. Ces orientations furent reprises et développées par les présidents François Mitterrand et Jacques Chirac. Celui-ci a donné une forme plus solennelle à la « politique arabe et méditerranéenne » de la France lors de son intervention au Caire, en avril 1967. Son refus de valider la désastreuse intervention américaine de 2003 en Irak en a été le point d'orgue.

Cette politique a permis à la France de jouer un rôle important au Moyen-Orient. Politiquement, elle a permis d'établir avec la plupart des pays de la région des relations de confiance qui souvent, notamment avec Jacques Chirac, prennent une dimension personnelle. La France est vue comme un interlocuteur influent qui permet de ménager un espace de respiration face aux pressions des États-Unis et, jusqu'en 1989, de l'URSS. Elle est très présente économiquement, notamment dans le domaine sensible de la coopération en matière de défense et par la présence de ses sociétés pétrolières. Sur le plan culturel, son réseau est particulièrement dense, y compris dans le domaine de l'audiovisuel avec des programmes en français, en anglais et en arabe.

Cette politique d'indépendance a d'ailleurs suscité de fortes tensions avec les États-Unis, notamment sur la question palestinienne et l'Irak, eux qui considèrent que toute initiative française au Moyen-Orient porte atteinte à leurs intérêts. Mais la France y a gagné respect et crédibilité internationale.

Des inflexions ponctuelles ont été apportées à ces orientations. Ainsi, en 2004, Jacques Chirac souhaite apaiser les vives tensions qui ont surgi en 2003 en proposant au président Bush une action commune pour obtenir de la Syrie l'évacuation du Liban. Après la visite d'Ariel Sharon à Paris en juillet 2005, son soutien à la question palestinienne est moins décisif. Mais ces bémols n'ont pas porté atteinte de façon substantielle aux principes qui sous-tendaient la politique étrangère menée depuis les années 1960.

... à la rupture

Le président Sarkozy entend rompre avec la période précédente tant en matière de politique intérieure que de politique étrangère et l'explicite lors de la conférence des ambassadeurs, en août 2007. Il insiste sur « l'amitié entre les États-Unis et la France aussi importante aujourd'hui qu'elle l'a été au cours des deux siècles passés ». Devant les ambassadeurs arabes, il commence son intervention en déclarant : « Je vous le dis clairement, je suis l'ami d'Israël. » Il souligne que « la France est porteuse d'un message et de valeurs qui résonnent à travers le monde, ceux de la déclaration des droits de l'homme », en reprochant à son prédécesseur son relativisme en la matière. En nommant Bernard Kouchner au Quai d'Orsay, il veut donner la priorité à la promotion des droits de l'homme et à la diplomatie humanitaire fondée sur la responsabilité de protéger.

Les relations avec l'Irak occupé et sous contrôle des États-Unis sont pleinement rétablies. Sur l'Iran, il prend une posture très agressive, évoque une « alternative catastrophique : la bombe iranienne ou le bombardement de l'Iran ». Il s'ensuit une grave crise, caractérisée notamment par la prise en otage d'une jeune chercheuse française par Téhéran. La mise en œuvre de la responsabilité de protéger tourne au droit d'ingérence, notamment en Libye : elle rencontre une forte hostilité de la part de la Russie et de la Chine, mais également des grands pays émergents.

Lors de l'éclosion des printemps arabes, à compter de décembre 2010, la politique est brouillonne, oscillant de la complaisance à l'activisme. Après avoir, par la voix de sa ministre des Affaires étrangères Michèle Alliot-Marie, apporté son soutien au président Ben Ali, la France fait volte-face et se veut la championne de la promotion de la démocratie dans les pays arabes, tout en scellant une alliance privilégiée et imprudente avec le Qatar, dont l'objectif était de récupérer ces révolutions pour promouvoir l'islamisme politique incarné par les Frères musulmans. Alors qu'il avait accueilli en grande pompe Mouammar Kadhafi en décembre 2007, le président Sarkozy est à l'origine de l'intervention en Libye, réussie militairement mais dévastatrice sur les plans politique et sécuritaire. On constate la même évolution sur le dossier syrien : après avoir reçu en visite officielle Bachar al-Assad, en décembre 2010, de façon particulièrement chaleureuse, il l'appelle à « quitter le pouvoir » et développe une politique plus incantatoire qu'efficace.

Paradoxalement, la politique étrangère de François Hollande prolonge celle de son prédécesseur et contribue à brouiller l'image de la France. Il sous-estime les réticences à se réengager au Moyen-Orient des États-Unis, qui se focalisent sur la seule lutte contre l'État islamique. Il sous-estime la détermination tant russe qu'iranienne à défendre le régime de Bachar al-Assad. Il n'a pas perçu l'importance qu'Obama attachait à l'accord sur le nucléaire avec l'Iran, que son ministre des Affaires étrangères, Laurent Fabius, contribue à retarder. De même, ses ambiguïtés sur la question palestinienne, l'aval donné à l'intervention israélienne à Gaza en juillet 2014 et son amitié affichée avec Benyamin Netanyahou marquent un infléchissement par rapport à la politique traditionnelle de la France.

Pendant cette période, il y a rupture dans l'approche et la définition de la politique étrangère. La tentation de l'intervention militaire et des sanctions à caractère punitif, malgré leur inefficacité et leurs effets pervers[1], prend le pas sur la volonté de rechercher un accord par la diplomatie. D'honnête courtier, la France devient un acteur engagé, ses plus hautes autorités dénonçant personnellement tel ou tel dirigeant que « son pays ne mérite pas ». La politique étrangère est menée sur un ton agressif avec un vocabulaire souvent guerrier. Rompant avec ce qui est le propre de la diplomatie, on diabolise l'ennemi, à l'instar de George W. Bush dénonçant « l'axe du mal ».

Une diplomatie disruptive ambiguë

Le président Macron semble revenir à une politique inspirée des principes qui ont prévalu jusqu'en 2007. Il se prononce lui-même explicitement en faveur d'une politique « gaullo-mitterrandienne », devant les ambassadeurs réunis le 27 août 2017. L'accent mis sur l'indépendance, la volonté de « jouer pleinement le jeu multilatéral » et de « dialoguer avec tous » sont les marqueurs d'une inflexion dans ce sens.

---

1 Voir Denis Bauchard, « La problématique des sanctions internationales », *in* Thierry de Montbrial et Dominique David (dir.), *Un monde sans boussole ? Ramsès 2020*, IFRI/Dunod, Paris, 2019.

De fait, dans un contexte difficile, la France a mené une politique très active avec un engagement personnel du président. La préservation de l'accord nucléaire signé à Vienne le 15 juillet 2015, malgré le retrait américain, a été une de ses priorités. L'invitation surprise du ministre des Affaires étrangères iranien, Mohammad Javad Zarif, au sommet du G7 de Biarritz, en août 2019, l'illustre. Malgré la dénonciation de l'accord de Vienne par Donald Trump et la mise en place de nouvelles sanctions, l'essentiel de l'accord a été préservé, les quelques entorses faites par l'Iran étant limitées et réversibles. Cependant, avec la reprise de la négociation amorcée par l'administration Biden, la France s'est alignée sur une position américaine qui entend durcir l'accord, notamment en l'étendant aux missiles, ce qui laisse présager un échec.

Au Levant, la France affiche sa priorité libanaise. Après l'explosion meurtrière intervenue dans le port de Beyrouth, le président Macron y fait deux déplacements spectaculaires en août et septembre 2020, prend contact avec toutes les forces politiques du Liban en soulignant « l'exigence que la France porte depuis des années de réformes indispensables », semblant oublier la responsabilité de la France dans l'institutionnalisation en 1943 et le maintien depuis du système confessionnel. Paris privilégie la relation avec l'Égypte dont la stabilité est un enjeu majeur, comme le confirme la visite d'État que le président Sissi a effectuée en France en décembre 2020, à l'occasion de laquelle celui-ci est décoré de la Légion d'honneur, malgré la multiplication des atteintes aux libertés qui caractérisent son régime. La France a maintenu ses liens aussi bien avec l'Irak que les émirats du Golfe, notamment les Émirats arabes unis, dont l'homme fort, Mohammed Ben Zayed, affiche une bonne entente avec le président français. En revanche, les relations avec l'Arabie saoudite de Mohamed Ben Salman se distendent.

Sur de nombreux dossiers, la politique française n'a pas toujours eu les résultats escomptés. L'affrontement avec la Turquie, irritée notamment par le soutien apporté par la France aux Kurdes du Parti de l'union démocratique (PYD), émanation du Parti des travailleurs du Kurdistan (PKK), prend un tour aigu à la suite de la politique aventuriste du président Erdogan en Méditerranée, que l'Europe comme les États-Unis hésitent à condamner fermement. En Libye, le jeu se fait de plus en plus entre la Turquie et la Russie qui y interviennent activement. L'attitude ambiguë des autorités françaises a desservi sa crédibilité. Un accord politique, débouchant sur la tenue de nouvelles élections, a finalement été trouvé en février 2021 entre les factions opposées à l'initiative des Nations unies, à la suite d'une entente Russie et Turquie sur le nom du Premier ministre, mais le risque d'un véritable éclatement du pays subsiste, la Tripolitaine étant sous protection de la Turquie, et la Cyrénaïque sous celle de la Russie.

Une situation comparable existe en Syrie, gérée par une concertation entre la Russie, la Turquie et l'Iran, présents sur le terrain. De fait, le processus de réconciliation politique au sein du comité constitutionnel créé dans le cadre de l'ONU comme celui de reconstruction du pays sont au point mort. Au Liban, le processus de réforme n'est toujours pas enclenché. Le retour de Saad Hariri chargé de former le gouvernement, alors qu'il est le symbole même de la corruption et de l'incompétence, augure mal de l'avenir de ce pays attachant. Enfin, s'agissant de la question palestinienne, la France autrefois très active a adopté une attitude de retrait. À propos du *Deal du siècle*, plan d'annexion plus que plan de paix, proposé par le président Trump, le Quai d'Orsay a simplement annoncé qu'il « l'étudiait » après avoir néanmoins « salué » les « efforts » de la Maison-Blanche. Paris semble se résigner à l'abandon de la création d'un État palestinien, qui apparaît il est vrai de moins en moins réalisable.

D'une façon générale, l'année 2020 a vu se poursuivre la marginalisation de la France dans cette zone sensible. L'image d'un pays menant une politique étrangère indépendante, équilibrée et médiatrice, ouverte au monde musulman, qui était la sienne jusqu'à Jacques Chirac, s'est largement estompée. Elle peine à marquer sa différence vis-à-vis de l'hyperpuissance américaine, qui lui impose en particulier le respect des sanctions unilatérales qu'elle inflige au nom de l'application extraterritoriale de ses lois.

Par ailleurs, la politique menée par les autorités françaises vis-à-vis de la communauté musulmane est, à tort ou à raison, de plus en plus critiquée, y compris par des pays arabes avec lesquels les relations sont traditionnellement bonnes, comme la Jordanie ou même le Maroc. L'affaire du voile, récurrente depuis 1989, et l'affichage d'une laïcité « à la française » ont contribué à cette dégradation. Les mesures envisagées dans le cadre de la lutte contre le « séparatisme », devenu projet de loi « confortant les principes républicains » de même que la déclaration du président Macron le 21 octobre 2020 à la Sorbonne s'engageant à « ne pas renoncer aux caricatures » ont suscité des manifestations violentes et des menaces contre les intérêts de la France dans l'ensemble du monde musulman, au-delà même du Moyen-Orient. Pour la première fois depuis la guerre d'Algérie, des drapeaux français et des portraits du président ont été brûlés du Maroc à l'Indonésie.

Il est vrai que le président Macron a hérité d'une situation qui, après les quinquennats de Nicolas Sarkozy et de François Hollande, s'était déjà fortement dégradée. De plus, il a été confronté à un contexte international très difficile, marqué par une politique américaine erratique et agressive, une pandémie qui a exacerbé les intérêts nationaux avec de graves conséquences économiques et sociales, un basculement géopolitique avec le retrait américain, l'effacement de l'Europe, le retour de la Russie, le jeu actif et parfois confus des puissances régionales que sont devenues l'Arabie saoudite, la Turquie et l'Iran. Cependant, il ne faut pas négliger la personnalité même d'Emmanuel Macron, animé d'un fort volontarisme personnel, adepte du parler « cash » et de la diplomatie « disruptive », même si l'« État profond » a peut-être également sa part de responsabilité dans les résultats décevants de cette politique.

France/Israël/Palestine : la loi du balancier

Dominique Vidal
Journaliste et historien, auteur de nombreux ouvrages sur le Proche-Orient

La relation qu'entretient la France avec Israël depuis sa création semble, avec le recul, obéir à la loi d'un balancier qui oscillerait sur de très longues périodes.

Après guerre en France, le mouvement sioniste – y compris l'Irgoun « révisionniste » de Menahem Begin – jouit d'une forte sympathie dans l'opinion et de solides complicités dans l'appareil d'État lui permettant d'agir au grand jour. Il peut notamment y recruter ou y faire transiter des immigrants pour organiser leur départ vers la Palestine. Le symbole, c'est l'*Exodus*, qui quitte Sète en juillet 1947 avec 4 500 survivants de la Shoah, que les Britanniques renverront vers... l'Allemagne !

La collaboration de Vichy avec le IIIe Reich et le génocide des juifs – dont un quart ont été raflés et déportés par la police – a suscité un profond sentiment de culpabilité : la création d'un État juif apparaît comme une réparation du crime, aux dépens des Palestiniens que toutefois nul ou presque ne connaît. Au lendemain de la Libération, la lutte armée des sionistes contre Londres et les « féodaux arabes » évoque la Résistance.

Les communistes français, qui condamnent le sionisme mais suivent l'URSS dans son « tournant » pro-israélien, ne sont pas en reste : *L'Humanité* célèbre, le 15 mai 1948, « la lutte que mène le peuple juif sur le territoire de la Palestine [...]. Le partisan grec, le soldat de l'armée populaire chinoise, le combattant espagnol, les démocrates du Vietnam, les patriotes indonésiens, les résistants hindous sont des compagnons de lutte des soldats de la Haganah ». Mais le principal soutien du mouvement sioniste, c'est la Section française de l'Internationale ouvrière (SFIO), parti frère du Mapaï social-démocrate de David Ben Gourion.

Cet élan est toutefois tempéré au gouvernement par la crainte de troubles dans l'Afrique du Nord française. D'où la décision de s'abstenir, le 29 novembre 1947 à l'Organisation des Nations unies (ONU), sur le partage de la Palestine. Il faudra de fortes pressions sionistes, américaines et soviétiques, relayées notamment par Léon Blum, pour que la France rallie la résolution 181 – son abstention aurait tout bloqué...

1948-1967 : de la lune de miel à la rupture

La fraternité entre sociaux-démocrates au pouvoir dans l'un et l'autre pays joue un rôle majeur quand les nationalistes algériens déclenchent, le 1er novembre 1954, le combat armé pour l'indépendance. En appuyant Israël contre ses adversaires arabes, Paris croit pouvoir gagner la guerre d'Algérie au Proche-Orient.

L'intervention israélo-franco-britannique de Suez (1956) entraîne une véritable « lune de miel ». Se préparant à punir Gamal Abdel Nasser, qui a osé nationaliser la Compagnie du canal et se rapproche du bloc de l'Est, la France s'engage – outre les livraisons d'avions de combat, de chars et de munitions – à aider Tel-Aviv à se doter des bombes A puis H. Stoppée net par Dwight D. Eisenhower et Nikita Khrouchtchev, l'aventure stimule l'insurrection en Algérie et condamne Paris, après Londres, à un irréversible déclin face au mouvement national arabe – et à la concurrence des États-Unis.

Réservé – écrit-il dans ses *Mémoires* – sur les « abusives pratiques de collaboration établies sur le plan militaire, depuis l'expédition de Suez, entre Tel-Aviv et Paris », Charles de Gaulle impulse dès 1958 un grand tournant. La guerre d'Algérie terminée, il accélère le redéploiement des relations avec le monde arabe, au service de sa quête d'indépendance vis-à-vis des États-Unis : accueil de Nikita Khrouchtchev (1960), reconnaissance de la Chine populaire (1964), discours de Phnom Penh contre la guerre au Vietnam (1966), retrait de l'organisation militaire intégrée de l'Organisation du traité de l'Atlantique nord (OTAN, 1966), « Vive le Québec libre » (1967)...

À la veille de la guerre de 1967, Paris avertit : « L'État qui, le premier et où que ce soit, emploierait les armes n'aurait ni son approbation ni a *fortiori* son appui. » Sans surprise, Israël ayant déclenché les hostilités, le président – contre l'avis du gros de la classe médiatique et politique, y compris gaulliste – décrète un embargo sur les ventes d'armes aux « pays de la confrontation », y compris la fourniture d'uranium... mais pas la livraison des pièces de rechange. « Israël a eu le sentiment d'être trahi », explique l'ex-diplomate Avi Pazner[1].

De sa conférence de presse du 27 novembre 1967, on a plus retenu le « peuple sûr de lui-même et dominateur » que la suite : Israël « organise, sur les territoires qu'il a pris, l'occupation qui ne peut aller sans oppression, répression, expulsions ; et il s'y manifeste contre lui une résistance qu'à son tour il qualifie de terrorisme ». Tout est dit. Les États-Unis vont rapidement remplacer la France dans le rôle d'allié principal d'Israël.

1969-1981 : de Pompidou à Giscard

Georges Pompidou puis Valéry Giscard d'Estaing restent fidèles à cette politique rééquilibrée – mais non à l'embargo, adouci dès 1969, supprimé en 1974. S'ils amendent dans un sens atlantiste la politique de De Gaulle, ses deux premiers successeurs en conservent la dimension proche-orientale : défendre le droit d'Israël à la sécurité et celui des Palestiniens à l'autodétermination.

De Gaulle ne parlait pas d'État ; Georges Pompidou non plus. Valéry Giscard d'Estaing évoque une « patrie ». Dès 1974, il envoie son ministre des Affaires étrangères rencontrer Yasser Arafat, puis pousse l'ONU à accorder un statut d'observateur à l'Organisation de libération de la Palestine (OLP), à laquelle il « offre » en 1975 un bureau à Paris.

Le 13 juin 1980, largement grâce à lui, le Conseil européen de Venise affirme : « Le problème palestinien, qui n'est pas un simple problème de réfugiés, doit enfin trouver une juste solution. » Et de promettre au « peuple palestinien, qui a conscience d'exister en tant que tel », qu'un « règlement global de paix » lui permettra d'« exercer pleinement son droit à l'autodétermination ». L'OLP, ajoutent les Neuf, « devra être associée à la négociation ».

1981-1995 : les deux visages de Mitterrand

Ami de longue date de l'État d'Israël, François Mitterrand, élu président, doit « faire avec » la droite nationaliste au pouvoir depuis quatre ans à Tel-Aviv. Dès août 1981, il envoie le chef de sa diplomatie rencontrer Yasser Arafat. En mars 1982, il est le premier chef de l'État français à se rendre en Israël où, devant la Knesset, il se prononce pour un « dialogue [qui] suppose que chaque partie puisse aller jusqu'au bout de son droit ce qui, pour les Palestiniens comme pour les autres, peut le moment venu signifier un État ».

Trois mois plus tard, l'armée israélienne envahit le Liban. Fin août, des frégates françaises escortent le navire grec qui exfiltre Yasser Arafat

---

1 Sauf indication contraire, les citations sont tirées des livres cités en bibliographie.

et ses *fedayin*. Dissoute, la Force multinationale ne protège pas les camps de Sabra et de Chatila, que les forces phalangistes massacrent – sous les yeux de l'état-major israélien – après l'assassinat de Bachir Gemayel, tout juste élu président du Liban. L'année suivante, à Tripoli, une opération identique sauvera le chef palestinien et ses troupes, encerclés par les troupes syriennes.

Après s'être effacée derrière le plan Reagan, la France est happée dans l'engrenage de la guerre déclenchée en 1980 par l'Irak de Saddam Hussein, dont elle est le premier fournisseur d'armes après l'URSS, contre l'Iran de l'ayatollah Khomeiny. Plus tard, Paris se retournera contre son allié irakien, qui a envahi le Koweït, et s'engagera dans la guerre du Golfe. « Comme elle aura été présente dans la guerre, la France, écoutée, respectée de tous côtés, je vous l'assure, sera présente au rendez-vous quand le dialogue reprendra enfin », déclare Mitterrand. En réalité, la diplomatie française ne jouera aucun rôle dans les négociations qui s'ébauchent. Absente de l'organisation de la conférence de Madrid (30 octobre 1991), elle ignore même les tractations secrètes d'Oslo. Le 13 septembre 1993, Itzhak Rabin et Yasser Arafat se retrouvent à la Maison-Blanche avec Bill Clinton : Paris n'y a pas même un strapontin. Comme de Gaulle le craignait, Washington maîtrise le jeu proche-oriental.

1995-2005 : Chirac I spectaculaire

Il y a deux présidents Chirac : avant et après 2005. Le premier se veut l'héritier du général de Gaulle, dont il met en scène la politique proche-orientale. Cette posture frappe d'autant plus que, Premier ministre, il semblait plus que réservé sur l'État palestinien, l'OLP et Yasser Arafat : en 1989, lors de l'invitation de ce dernier par Mitterrand au grand dam du Conseil représentatif des institutions juives de France (CRIF), le maire de Paris avait évité de lui serrer la main.

Six ans plus tard, à peine élu, Chirac reconnaît la responsabilité de la France dans le génocide des juifs. Puis il relance la coopération bilatérale, y compris militaire (limitée), avec Israël. Mais le droit de ce dernier à la sécurité va verbalement de pair avec celui des Palestiniens à un État, qui implique le dialogue avec l'OLP. Paris arrache même au printemps 1996 un cessez-le-feu qui stoppe l'opération lancée au Sud-Liban par Shimon Peres – trop tard pour empêcher, fin mai, la victoire de Benyamin Netanyahou...

Nouveau coup d'éclat à Jérusalem-Est, en octobre : la visite « privée » de Chirac et l'altercation qui l'oppose au service de sécurité en font un héros du monde arabe. Quel contraste avec Lionel Jospin, caillassé en juillet 2000 par les étudiants de l'université de Bir Zeit, après sa déclaration sur le caractère « terroriste » du Hezbollah !

Jacques Chirac mène ensuite une campagne contre l'invasion de l'Irak que George W. Bush Jr planifie. Dominique de Villepin prépare deux versions de son intervention au Conseil de sécurité – l'une de ralliement et l'autre d'opposition. Il prononce la seconde, mettant son éloquence au service d'une argumentation rétrospectivement très lucide. Applaudie, la France, incarne ce jour-là la majorité de la planète. Un bémol néanmoins : dès la fin 1995, l'héritier du général de Gaulle avait amorcé la réintégration de la France dans l'OTAN, que Nicolas Sarkozy parachèvera.

2005-2007 : Chirac II à reculons

Même temporaire, la rébellion de Chirac va lui coûter cher. Le *bashing* américain de la France s'attaque aussi à son économie. Les grandes entreprises rappellent le président à l'ordre. Ce dernier, pour calmer le jeu, rencontre en septembre 2003 les principales organisations juives à New York. En février 2005, son ami Rafic Hariri, décidé à libérer le Liban de la tutelle syrienne, est assassiné. Beyrouth accuse le jeune Bachar al-Assad, que Chirac parraine depuis cinq ans. L'Élysée prépare avec la Maison-Blanche la résolution 1559, qui appelle au retrait des troupes de Damas...

La volte-face devient ostentatoire. Le 11 novembre 2004, à Villacoublay, le président rend un hommage digne d'un chef d'État – hymne palestinien et *Marseillaise* – à la dépouille de Yasser Arafat. Le 26 juillet 2005, il déroule le tapis rouge à Roissy pour accueillir Ariel Sharon. En 2004, ce dernier invitait pourtant les juifs à fuir « immédiatement » en Israël l'« antisémitisme déchaîné » de la France. Deux ans plus tôt, il avait enterré le « processus de paix » : en répondant à l'offre historique de normalisation du monde arabe par la reconquête militaire de la Cisjordanie, le siège du président de l'OLP et peut-être son empoisonnement. Après Rabin, Arafat : en moins de dix ans, les héritiers de Zeev Jabotinsky se seraient débarrassés des deux artisans d'Oslo.

Camouflage : l'Élysée accrédite la fable d'une conversion de Sharon à la paix. Au terme d'une vie de massacres – de Kibya (1953) à la passe de Mitla (1956) et de la bande de Gaza (1971) à Sabra et Chatila (1982) –, il aurait « courageusement » décidé le retrait de Gaza. De son côté, son conseiller Dov Weissglas présentait la manœuvre comme « la dose de formol nécessaire pour qu'il n'y ait pas de processus politique avec les Palestiniens ».

S'amorce une réorientation de la diplomatie française : Paris ignore la répression en Palestine, laisse George W. Bush paralyser le « Quartet » et amplifie la coopération avec Tel-Aviv. La participation d'Alstom et de Veolia à la construction du tramway reliant Jérusalem aux colonies voisines (« illégales ») relève de la schizophrénie. En décembre 2004, le ministre de l'Intérieur Nicolas Sarkozy avait même invité son homologue israélien à exposer à Paris « la leçon [tirée] de la répression des émeutes » en

Palestine occupée. Lorsque le Hamas remporte les élections de 2006, Paris refuse tout contact avec le gouvernement d'union et s'associe à la suspension de l'aide européenne.

Où est passé le Chirac qui déclarait au Caire, en 1996, vouloir donner un « élan nouveau » à la « politique arabe de la France » ? C'est, note Jean-Pierre Filiu, « un homme d'État qui, en 2003, s'est opposé avec courage à une guerre injuste, mais pour défendre ensuite un ordre arabe profondément injuste[1] ».

Sous la pression du lobby

Si le 11-Septembre et la « guerre contre le terrorisme » qui s'ensuit constituent la toile de fond du revirement de Paris, l'influence du lobby pro-israélien pèse aussi. La France compte les populations juive et arabe les plus nombreuses d'Europe. Certains politiciens veillent à ne pas mécontenter les représentants autoproclamés de la première, quitte à humilier la seconde. Même François Mitterrand se serait plaint de « l'influence puissante et nocive du lobby juif[2] ». En 1989, il rappelle publiquement que « la politique de la France se fait à Paris, pas à Tel-Aviv ». La Seconde Intifada et sa répression susciteront un regain de violences antisémites et racistes, que le Conseil représentatif des institutions juives de France (CRIF), confisqué par sa droite, instrumentalisera : « Je dois vous faire part du malaise que je ressens devant ce qui me paraît être une incompatibilité entre la politique étrangère de la France et la politique de lutte contre l'antisémitisme », lâche Roger Cukierman en 2005.

Bref, le CRIF se veut un (petit) lobby à l'américaine. Alain Finkielkraut qualifie même son rendez-vous annuel de « tribunal dînatoire où les membres du gouvernement français comparaissent devant un procureur communautaire ». Le chantage à l'antisémitisme contre quiconque – même juif – critique Israël va jusqu'à des procès, tous perdus, contre des personnalités, de Daniel Mermet à Edgar Morin, sans oublier Charles Enderlin et son cameraman, témoin de la mort de Mohamed al-Durah.

Diffamation, puis répression : en 2009, Michèle Alliot-Marie, ministre de la Justice, invente de toutes pièces un « boycott des produits casher » pour criminaliser la campagne Boycott Désinvestissement Sanctions. Onze ans plus tard, la Cour européenne des droits de l'homme (CEDH) reconnaît le boycott comme un « droit citoyen ». La France n'exerce pas son droit de recours. Mais, à la manière d'un État-voyou, elle réaffirme la directive liberticide !

---

1 Blog « Un si Proche-Orient », *Le Monde*, 13 octobre 2019.

2 Renaud Dély, « Quand François Mitterrand parlait du "lobby juif" », *Libération*, 27 août 1999.

Entre-temps, Emmanuel Macron, après avoir qualifié l'antisionisme de « nouvelle forme de l'antisémitisme », a finalement renoncé à légiférer : le CRIF doit se contenter d'une brève résolution mal votée par l'Assemblée nationale reprenant l'insignifiante définition de l'antisémitisme par l'Alliance internationale pour la mémoire de l'Holocauste (IHRA).

Ces palinodies reflètent moins l'influence réelle du CRIF, représentatif de moins d'un Français juif sur dix, que sa surestimation par la classe politique et médiatique. Pourquoi, contrairement à Mitterrand et à Chirac, Sarkozy, Hollande et Macron se précipitent-ils au dîner du CRIF ? Pourquoi le Quai d'Orsay convoque-t-il l'ambassadeur de Chine suite à ses insultes contre un chercheur, mais pas le chargé d'affaires israélien, qui a accusé France Inter de « pratiquer la haine des juifs » pour avoir informé ses auditeurs du refus du ministre israélien de la Sécurité de vacciner les détenus palestiniens ? Pourquoi un député de l'étranger, élu dans des conditions discutables, ose-t-il régulièrement – et impunément – traiter d'antisémites ses collègues qui ne votent pas comme lui ?

Il s'agit bien de politique. Car avant la Covid, en 2019, Israël n'était que le 48e client (pour 1,5 milliard d'euros) et le 50e fournisseur de la France (1,3 milliard d'euros). Ces échanges commerciaux « ne sont pas à la mesure du poids économique de la France, ni du niveau de développement d'Israël », commentait François Petit, chef du service économique de l'ambassade à Tel-Aviv.

Il ne faut pas fantasmer l'efficacité du lobby : la réalité l'emporte désormais sur la propagande. D'après un sondage de l'Institut français d'opinion publique (IFOP) réalisé en 2018, à l'occasion du 70e anniversaire d'Israël, une nette majorité de Français en a une « mauvaise image » (57 %) et plus encore du sionisme (69 %). De surcroît, 71 % estiment qu'« Israël porte une lourde responsabilité dans l'absence de négociation avec les Palestiniens » et 57 % qu'il « constitue une menace pour la stabilité régionale ». Seuls 46 % voient en lui une « démocratie » et 28 % « un État laïque »...

2007-2021 : de Charybde en Scylla

Jacques Chirac a ouvert la brèche : Nicolas Sarkozy, François Hollande et Emmanuel Macron s'y engouffrent tour à tour. Certes, le refrain demeure : refus de la colonisation, solution des deux États, Jérusalem double capitale. Mais les couplets ont changé : l'alignement de la France sur Israël s'accentue, au détriment d'une cause palestinienne jugée obsolète.

Atlantiste et sioniste assumé, Nicolas Sarkozy abandonne explicitement la « politique arabe » : Paris doit se rapprocher de Tel-Aviv pour jouer à nouveau un rôle au Proche-Orient. Il pousse même ses partenaires européens à « rehausser » leurs relations avec Israël, auquel « nous n'avons aucune leçon à donner[1] ». Il confiera néanmoins plus tard à Barack Obama que Netanyahou est un « menteur ».

Telle n'est pas l'opinion de François Hollande, qui déclare à son ami « Bibi », en novembre 2013 : « Pour l'amitié entre Benjamin et moi-même, pour Israël et pour la France, [...] j'aurais toujours trouvé un chant d'amour pour Israël et pour ses dirigeants. » L'été suivant, de concert avec son Premier ministre Manuel Valls, il soutient la troisième agression israélienne en sept ans contre Gaza – 2 100 morts palestiniens. Tous deux tentent même, en vain, d'interdire les manifestations de solidarité.

Quant à Emmanuel Macron, il s'est plus intéressé au sionisme qu'au Proche-Orient, mais a jugé bon de dicter au Quai d'Orsay un communiqué pour « saluer les efforts du président Trump » après la présentation du plan de paix enterré depuis par Joe Biden. Que reste-t-il d'ailleurs, à l'été 2021, du « deal du siècle », censé marginaliser la question palestinienne ? Celle-ci a retrouvé de sa centralité avec la résistance des Palestiniens aux provocations kahanistes à Jérusalem, les roquettes du Hamas touchant Jérusalem et Tel-Aviv, les onze jours terribles de Gaza et les affrontements dans les « villes mixtes »... Netanyahou lui-même a dû céder la place.

C'est dire combien Macron s'est trompé. Au fond, de Gaulle compris, aucun président français n'aura eu de prise réelle durable sur le plus long conflit de l'ère des décolonisations. Lequel s'enfonce dans l'impasse, sans que Paris ne veuille ou/et ne puisse contribuer à l'en sortir.

Pour en savoir plus

Alain Gresh et Hélène Aldeguer, *Un chant d'amour. Israël-Palestine, une histoire française*, La Découverte, Paris, 2017.

Samir Kassir et Farouk Mardam Bey, *Itinéraires de Paris à Jérusalem* (2 tomes), Les livres de la Revue d'études palestiniennes, Paris, 1992.

Frédérique Schillo, *La France et la création de l'État d'Israël*, Artcom', Paris, 1997.

Dominique Vidal, *Antisionisme = antisémitisme ? Réponse à Emmanuel Macron*, Libertalia, Montreuil-sur-Seine, 2018.

1 Vincent Nouzille, *Histoires secrètes France-Israël 1948-2018*, Les Liens qui libèrent, Paris, 2018.

L'« initiative française » pour un Liban saigné par son oligarchie

Karim Émile Bitar
Directeur de l'Institut des sciences politiques de l'université Saint-Joseph de Beyrouth, directeur de *L'ENA hors les murs* et chercheur associé à l'IRIS

Le 23 janvier 2017, alors en campagne présidentielle, Emmanuel Macron avait saisi l'occasion d'un voyage à Beyrouth pour y délivrer son premier grand discours de politique étrangère. Devant les étudiants de l'École supérieure des affaires et un parterre de personnalités libanaises, il s'était démarqué de ses deux prédécesseurs et affirmait s'inscrire dans « une filiation gaullo-mitterrandienne ». Il avait enfoncé le clou en dénonçant certaines dérives et « tentations néoconservatrices » qui avaient marqué la politique française au Moyen-Orient depuis l'élection de Nicolas Sarkozy en 2007. C'est au nom de cette prise de distance avec l'interventionnisme débridé qui avait conduit à des conséquences tragiques en Irak et en Libye qu'il estimait nécessaire de chercher une solution politique et inclusive en Syrie.

Quelques années plus tard, le 6 août 2021, suite à la gigantesque explosion du port de Beyrouth quarante-huit heures auparavant (considérée comme la plus grande explosion non nucléaire de l'histoire), Emmanuel Macron lançait son « initiative française » pour le Liban, qui prévoyait la formation d'un « gouvernement de mission », chargé de mener à bien les réformes structurelles indispensables pour éviter le naufrage complet du pays. Cette initiative avait quelque chose de paradoxal : elle aurait pu conduire, de façon indirecte ou implicite, à révolutionner un système politique que la France, longtemps très influente au Liban, avait contribuer à enraciner durant la période du mandat français (1920-1943) et à maintenir ensuite à travers plusieurs décennies de complicité avec les élites en place. Elle allait en tout cas rapidement se heurter aux dures réalités libanaises, tout en marquant les limites de la politique du « en même temps » en matière diplomatique.

De la « démocratie consociative » à un système oligarchique

Le contexte dans lequel l'initiative Macron voit le jour est particulièrement tragique. Quelque temps auparavant, à compter du 17 octobre 2019, le Liban a vécu le soulèvement populaire le plus significatif de son histoire contemporaine. Pour la première fois depuis la proclamation de l'État du Grand Liban par le général Gouraud à la résidence des Pins, le 1er septembre 1920, des centaines de milliers de Libanais se révoltent dans les rues, y compris dans les régions périphériques historiquement restées à la remorque des différentes manifestations populaires, d'ordinaire concentrées à Beyrouth. Ils réclament la mise à bas d'une classe politique corrompue jusqu'à la moelle, un nouveau contrat social, et l'édification d'un État fondé sur la citoyenneté plutôt que sur les assignations à résidence communautaires et identitaires.

Au fil des ans, la « démocratie consociative » à la libanaise, système vicié dès l'origine[1], a en effet été totalement dénaturée et transformée en un système proprement oligarchique, dans lequel six leaders communautaires se partagent les postes et les prébendes, établissant souvent des alliances électorales contre nature, et gouvernant systématiquement tous ensemble au sein de gouvernements dits d'« union nationale », qui ont vite fait de se muer en gouvernements de paralysie nationale, dès lors qu'apparaissent des divergences sur le partage du « fromage[2] ».

Les six leaders en question sont Hassan Nasrallah, leader du Hezbollah chiite, mouvement lié par des liens organiques avec l'Iran ; Saad Hariri, leader sunnite ayant poursuivi les politiques néolibérales de son père Rafic (l'homme fort du Liban entre 1992 et son assassinat en 2005, période durant laquelle le Liban était gouverné par une sorte de condominium

1 Comme le signale Nawaf Salam, « les partisans du régime confessionnel omettent en général de nous rappeler que, pour la majorité des auteurs ayant développé ce concept, le modèle consociatif ne peut servir qu'à titre "exceptionnel" et "transitoire" et que l'un de ses principaux défauts est sa "rigidité", qui est source de stagnation politique ».

2 L'ancien président de la République, Fouad Chéhab (1958-1964), figure intègre ayant gagné l'admiration du général de Gaulle pour son action modernisatrice et réformatrice, avait qualifié de « fromagistes » les membres de la classe politique libanaise, animés par une « conception patrimoniale du pouvoir », au détriment des institutions et au prix d'un affaiblissement considérable de l'État.

syro-saoudien, avec l'aval des gouvernements américain et français) ; Samir Geagea, chef des Forces libanaises, lesquelles regroupaient l'essentiel des milices de la droite radicale chrétienne durant les années 1980 ; Michel Aoun, autre leader maronite, s'inscrivant dans une tradition nationale-populiste[1], et ayant été porté à la présidence de la République grâce à son alliance avec le Hezbollah, scellée en 2006, et à son éphémère réconciliation de 2016 avec son vieux rival maronite Samir Geagea ; Walid Joumblatt, le leader féodal druze qui dirige le Parti socialiste progressiste ; et Nabih Berri, roublard président de l'Assemblée nationale et chef du mouvement chiite Amal, allié au Hezbollah.

Entre ces six personnalités, s'est mise en place une sorte de « vétocratie », chacun ayant une capacité de blocage de l'ensemble du système, lequel ne ressemble plus en rien au pacte de « minorités confessionnelles associées » envisagé par Michel Chiha, rédacteur de la Constitution de 1926, ni même à la démocratie parlementaire, puisque l'Assemblée nationale n'est plus qu'une chambre d'enregistrement qui entérine les décisions prises par ceux que les Libanais appellent aujourd'hui le « gang des six », quand bien même ces décisions seraient inconstitutionnelles ou comporteraient de flagrants abandons de souveraineté.

Lorsqu'il réunit ces représentants des différentes factions libanaises à la résidence des Pins, le 6 août 2020, Macron les secoue et leur arrache une série de promesses, lesquelles resteront lettre morte.

L'effondrement de la pyramide de Ponzi et la tentative des oligarques de socialiser leurs pertes

Mais l'initiative d'Emmanuel Macron ne s'est pas heurtée uniquement à cette oligarchie politique rétive à tout changement. Parce qu'elle insistait également sur la mise en œuvre de réformes structurelles et sectorielles visant à résoudre la crise financière, parce que le président français appela les choses par leur nom en évoquant la « pyramide de Ponzi » qui avait été mise en œuvre par le gouverneur de la Banque centrale du Liban avec la complicité de la classe politique et des grands actionnaires des banques privées, parce qu'elle impliquait une négociation avec le Fonds monétaire internationale (FMI) qui aurait mis à nu les véritables chiffres de la faillite financière libanaise, l'initiative Macron se heurta également à l'opposition de l'oligarchie financière. L'ancien banquier Macron ayant compris et dévoilé publiquement le système à la Madoff en vigueur au Liban, ayant lâché le très controversé gouverneur de la Banque du Liban,

1 Les points communs entre Michel Aoun et le général Boulanger sont d'ailleurs nombreux : césarisme, état d'esprit revanchard, discours belliqueux, antiparlementarisme, tempérament fier et ombrageux.

Riad Salamé – précédemment très proche de la France –, il fit également face à une levée de boucliers de la puissante Association des banques du Liban.

Dans un pays souvent décrit comme une « bancocratie », en raison des relations incestueuses entre la politique et la finance, et où de très nombreux hommes politiques sont également actionnaires de banques privées, les intérêts privés et catégoriels ont vite mobilisé les députés membres de la Commission des finances du parlement libanais (souvent de simples fondés de pouvoir des grands banquiers du pays), lesquels ont cherché à contester les chiffres avancés par le Plan de sauvetage économique proposé par le gouvernement de Hassan Diab, suite à une mission de la banque Lazard, chiffres pourtant validés à plusieurs reprises par le FMI.

Après avoir privatisé leurs gains et engrangé des milliards de dollars durant les années fastes, les membres de l'oligarchie financière cherchaient maintenant à socialiser les pertes des banques privées et à faire assumer aux Libanais les plus défavorisés les conséquences des politiques monétaires irresponsables des dernières décennies. Grâce à l'hyperinflation et à la fin de la dollarisation de l'économie libanaise, ce fut chose faite. Les plus modestes ont subi une ponction dépassant 70 % de leur épargne, tandis que les grandes fortunes, faute de loi sur le contrôle des capitaux, fuyaient le Liban vers des cieux plus cléments, souvent « paradisiaques ».

Macron au Liban : « disrupteur stratégique » d'un système sclérosé ou « démiurge » naïf ?

Beaucoup de Libanais, toutes communautés confondues, ont été séduits et touchés par la sollicitude affichée par le président Macron durant ses visites au Liban, et par un certain volontarisme gaullien qui semblait l'inciter à prendre le taureau par les cornes et à secouer les oligarques libanais à l'heure où la population se sentait abandonnée de tous.

D'autres se sont montrés plus sceptiques, craignant que l'initiative Macron n'ait péché par une certaine naïveté et qu'elle vienne, pour finir, permettre aux oligarques de s'accrocher encore plus au pouvoir, après l'avoir bercé de promesses. Les critiques libanais de l'initiative française semblaient rejoindre le jugement porté par Bertrand Badie, cité par Mediapart[1] : « Le problème principal de Macron, c'est qu'il est arrivé au sommet du pouvoir à trente-neuf ans, c'est-à-dire trop jeune. Il se considère comme un démiurge. Ce qui explique sa conviction d'avoir raison, son défaut d'esprit critique et son goût éperdu de la communication. »

1 René Backmann, « Pourquoi Macron joue la cellule diplomatique de l'Élysée contre le Quai d'Orsay », Mediapart, 17 novembre 2020.

Ce côté « démiurge » et cette soif insatiable de « communication » sont apparus au grand jour durant les deux expéditions libanaises du président Macron, et nombreux sont les Libanais qui ont vu en lui un sauveur, un roi thaumaturge, notamment lorsque, contrairement aux responsables politiques libanais conspués, il a pris des bains de foule (dans un quartier soigneusement choisi) pour réconforter les Libanais victimes de l'explosion du port.

D'autres insisteront sur la « naïveté[1] » du président français ou pointeront le fait que son initiative n'était pas suffisamment musclée et qu'il aurait dû y ajouter le spectre des sanctions contre les responsables politiques libanais[2], notamment le gel de leurs avoirs détenus en France et en Europe[3].

L'ancien diplomate Denis Bauchard le constate amèrement : malgré son « volontarisme évident », Emmanuel Macron « n'a pu faire bouger les *zaïms*, les grands féodaux qui, avec la complicité du Hezbollah, entendent conserver leurs privilèges ». Il ajoute : « Le retour de Saad Hariri, chargé de former le gouvernement, alors qu'il est le symbole même de la corruption et de l'incompétence, augure mal de l'avenir de ce pays attachant. »

De la figure tutélaire du général de Gaulle aux politiques du « coup d'éclat permanent »

Avec le recul, peu de Libanais tiennent Emmanuel Macron pour responsable de l'échec de l'initiative française. Ils lui sont majoritairement reconnaissants d'avoir du moins tenté quelque chose. Ils incriminent plutôt la roublardise, la rouerie et la duplicité de leurs propres élites politiques et financières qui ont abusé de la bonne foi du président français, pour parvenir, une fois encore, à s'accrocher à leurs sièges et à leurs privilèges.

L'administration américaine du président Trump porte elle aussi une part de responsabilité dans l'échec de la formation du « gouvernement de mission » préconisé par la France. En effet, le Premier ministre désigné, Mustapha Adib, était sur le point de présenter une formule gouvernementale incluant des figures indépendantes et respectées, lorsque le secrétaire

1 Terme utilisé par un diplomate du Quai d'Orsay, anonymement cité par René Backmann, *ibid*.

2 Voir « Macron et le Liban : "La carotte, mais pas le bâton" », entretien avec l'ancien directeur général du ministère libanais des Finances, Alain Bifani. Propos recueillis par Armin Arefi, *Le Point*, 2 décembre 2020.

3 Voir la pétition publiée par *Le Monde* le 3 avril 2021 : « Monsieur le président, gelez les actifs d'origine douteuse détenus en France par les responsables libanais », lancée par Karim Émile Bitar, Issam Khalifé, Ghassan Salamé, Nicolas Sarkis, Elian Sarkis, Paula Yacoubian, ensuite signée par plusieurs milliers de citoyens libanais.

d'État américain Mike Pompeo décida, sans se concerter avec la France, de décréter des sanctions pour corruption contre deux leaders libanais proches du Hezbollah ou de ses alliés. Ces sanctions, ne visant qu'un seul camp politique, apparaissaient politisées et sont venues braquer le Hezbollah, qui a immédiatement durci sa position.

Il n'en reste pas moins que même les Libanais les plus macronistes restent nostalgiques de la figure tutélaire du général de Gaulle, lequel entretenait une relation privilégiée avec le Liban, où il avait vécu entre 1929 et 1931, époque où il dirigeait les deuxième et troisième bureaux à l'état-major des troupes du Levant. Il alla jusqu'à déclarer, le 27 juillet 1941 : « Dans tout cœur de Français digne de ce nom, je puis dire que le nom seul du Liban fait remuer quelque chose de très particulier et j'ajoute que c'est d'autant plus justifié que les Libanais, libres et fiers, ont été le seul peuple dans l'histoire du monde, à travers les siècles, quels qu'aient été les péripéties, les malheurs, les bonheurs, les destins, le seul peuple dont jamais le cœur n'a cessé de battre au rythme du cœur de la France... »

Ce beau témoignage d'affection s'est traduit en actes, chaque fois que le Liban se retrouva menacé par les guerres des axes régionaux ou bombardé par Israël, comme en décembre 1968, où de Gaulle prit immédiatement, sans même consulter son gouvernement, la décision d'un embargo sur les armes françaises à Israël, décision très mal accueillie par une opinion publique à l'époque encore très majoritairement pro-israélienne. Après de pareils gestes d'amitié, les politiques menées par Nicolas Sarkozy et, dans une moindre mesure, par ses successeurs apparaissent comme de simples tentatives de « coups d'éclat permanents », faute d'une véritable stratégie qui permettrait à la France de faire entendre sur la scène internationale une voix discordante mais puissante, au lieu de devenir une puissance moyenne, alignée et contrariée.

Pour en savoir plus

Denis Bauchard, « La France et le Moyen-Orient : une année difficile », *L'ENA hors les murs. Regards sur 2020*, janvier 2021.

Clotilde de Fouchecour et Karim Émile Bitar (dir.), *Le Cèdre et le Chêne. De Gaulle et le Liban, les Libanais et de Gaulle*, Geuthner, Paris, 2015.

Inès Gil, « Liban : le risque d'effondrement », *Les Clés du Moyen-Orient*, 17 décembre 2020.

Henry Laurens, « La France et le Liban : un panorama historique », *Revue des deux mondes*, septembre 1990, p. 158-166.

Christian Lequesne et Maurice Vaïsse (dir.), *La Politique étrangère de Jacques Chirac*, Riveneuve, Paris, 2013.

Stéphane MALSAGNE, *Sous l'œil de la diplomatie française. Le Liban de 1946 à 1990*, Geuthner, Paris, 2017.

Nawaf SALAM, *Le Liban d'hier à demain*, Sindbad/Actes Sud/L'Orient des livres, Arles/Beyrouth, 2021.

La diplomatie climatique française après la COP21

Adrien Estève
Chercheur postdoctoral au Ceri de Sciences Po

Adopté le 12 décembre 2015, à l'issue de deux semaines d'intenses discussions organisées dans le cadre de la 21e Conférence sur les changements climatiques (COP21), l'accord de Paris apparaît comme un important succès pour la diplomatie française. Celle-ci s'active en coulisse depuis plusieurs mois autour de l'ambassadrice chargée des négociations, Laurence Tubiana, pour bâtir un consensus entre les États parties et capitaliser sur les volontés d'entente exprimées par les États-Unis et la Chine.

Célébré par le président de la République François Hollande et le ministre des Affaires étrangères et président de la COP21 Laurent Fabius, ce texte restaure provisoirement la confiance dans les négociations internationales prévues par la Convention-cadre des Nations unies sur les changements climatiques (CNUCC) de 1992. Après le rendez-vous manqué de la conférence de Copenhague en 2009 et l'échec retentissant du protocole de Kyoto, signé en grande pompe en 1997 mais durablement impacté par la décision des États-Unis de ne pas le ratifier le 29 mars 2001, la gouvernance onusienne montre sa capacité à rassembler les gouvernements derrière des mesures visant à limiter le réchauffement global.

Le texte prévoit une réduction des émissions carbonées, susceptible de contenir « l'élévation de la température nettement en dessous de deux degrés par rapport aux niveaux préindustriels » et de poursuivre « l'action menée pour limiter l'élévation de la température à 1,5 °C par rapport aux niveaux préindustriels ». Afin de dépasser les réserves de pays émergents comme le Brésil et l'Inde, les partisans de l'accord, et en particulier les hôtes français de la conférence, se sont appuyés sur le principe de responsabilité commune mais différenciée inscrit à l'article 7 de la déclaration de Rio de 1992. En raison de leur responsabilité historique dans la dégradation de l'environnement et des moyens dont ils disposent, les pays industrialisés ont le devoir de prendre une part plus importante dans la lutte contre le changement climatique. Les pays émergents contribuent aux efforts selon leurs moyens et peuvent prétendre à des financements spéciaux pour mettre en œuvre une politique de transition qui n'inhibe pas leur développement économique. Le succès de la politique étrangère française en matière de climat se mesure dès lors à l'aune du succès de cet accord maintes fois menacé depuis la COP21.

Promotion et défense de l'accord de Paris face au retrait des États-Unis

Au lendemain de l'événement (30 novembre-12 décembre 2015), la campagne pour la ratification du texte occupe une part importante de l'effort diplomatique français, car un seuil minimum de 55 État parties représentant 55 % des émissions mondiales est requis pour qu'il entre en vigueur.

Les députés français ratifient les premiers le texte le 17 mai. Sous l'égide de la ministre de l'Écologie et nouvelle présidente de la COP21 Ségolène Royal, Paris fait pression sur l'Union européenne (UE) pour obtenir sa ratification indépendamment de celle des États membres, ce qu'elle obtiendra par un vote au Parlement européen le 4 octobre. Une étape essentielle est entre-temps franchie lorsque la Chine et les États-Unis, responsables de près de 40 % des émissions mondiales de gaz à effet de serre, ratifient l'accord en marge du sommet du G20 de Hangzhou, le 3 septembre.

Le quorum étant officiellement atteint le 5 octobre, le texte entre en vigueur le 4 novembre, soit trois jours avant l'ouverture de la conférence de Marrakech sur les changements climatiques (COP22), au cours de laquelle les modalités d'application du texte doivent être discutées, et quatre jours avant les élections présidentielles américaines. Alors que Ségolène Royal se félicite d'avoir « fait le plus dur » et annonce la COP22 comme celle « des solutions »[1], ces élections, réputées acquises à la candidate démocrate Hillary Clinton, vont remettre en cause les efforts déployés par la diplomatie française.

---

1 Propos tenus dans le cadre de la matinale d'Europe 1 le 4 novembre 2016, <www.europe1.fr/politique/laccord-de-paris-sur-le-climat-entre-en-vigueur-vendredi-2890712>.

Le 9 novembre 2016, la victoire de Donald Trump marque un revirement complet de la politique climatique américaine, et gèle les négociations, pourtant essentielles, qui se tiennent au même moment à la COP22. Dans la continuité d'un programme qui entend assurer la primauté absolue des intérêts économiques et industriels des États-Unis (« *America First* ») face à la Chine et de prises de position ouvertement climato-sceptiques, le nouveau président fait de la sortie de l'accord de Paris une priorité très symbolique de son début de mandat. Dans ses déclarations publiques, et contre les preuves scientifiques accumulées depuis des décennies par le Groupe d'experts intergouvernemental sur l'évolution du climat (GIEC), il remet ainsi ouvertement en cause l'origine anthropique du phénomène de réchauffement global et conteste ses possibles impacts délétères sur un territoire américain pourtant touché plus fréquemment par des événements météorologiques extrêmes.

Durant les premiers mois de l'année 2017, des personnalités particulièrement hostiles aux enjeux environnementaux et climatiques sont en parallèle nommées à des postes clés de la nouvelle administration. Ainsi, le lobbyiste de l'industrie pétrolière Scott Pruitt prend la tête de la puissante Environmental Protection Agency (EPA) et l'ancien gouverneur du Texas Rick Perry celle du Département de l'Énergie. Donald Trump annule les principaux décrets fédéraux signés par Barack Obama en matière de lutte contre le changement climatique et supprime de nombreuses réglementations environnementales fédérales qui pèsent sur l'exploitation des énergies fossiles à travers son *America First Energy Plan*. Il conclut cette séquence en annonçant officiellement le retrait des États-Unis de l'accord de Paris le 1er juin 2017.

La sidération provoquée par les élections américaines et les premières décisions de l'administration Trump handicape l'application de l'accord, et notamment l'élaboration commune des « plans climat » qui doivent être mis en place dans chaque État partie. Habituellement volontariste, la France peine à relancer les discussions alors qu'elle organise son propre scrutin présidentiel en l'absence du président sortant, François Hollande, défenseur des acquis de la COP21.

L'élection d'Emmanuel Macron, peu disert en matière écologique durant sa campagne, conduit toutefois à formuler une première réponse diplomatique aux actions du président américain : l'initiative scientifique *Make Our Planet Great Again* (détournement du slogan de campagne de Donald Trump « *Make America Great Again* »). Lancée en anglais par le président français au lendemain de l'annonce du retrait des États-Unis, elle a vocation à attirer en France, à l'aide d'appels à projet financés à hauteur de 60 millions d'euros, des chercheurs étrangers, notamment américains, pour travailler sur le changement climatique. Cette diplomatie scientifique signale surtout la volonté de la France de combler le vide laissé par la première puissance mondiale, et de montrer qu'elle peut continuer à jouer un rôle moteur en matière de climat au niveau international. En parallèle, et de manière plus confidentielle, l'Élysée lance des discussions avec les Nations unies pour organiser un événement international autour du financement de la lutte contre le changement climatique à l'occasion du deuxième anniversaire de l'accord de Paris, le 12 décembre 2017.

Assurer la continuité du multilatéralisme et des négociations internationales

Intitulé « *One Planet Summit* » (OPS), ce nouveau forum climatique prend acte du blocage provisoire des négociations internationales et affiche sa volonté de les compléter, voire de les redynamiser, en accordant plus de place aux acteurs non étatiques. La montée en puissance de ces derniers se confirme lors de la Conférence sur les changements climatiques de Bonn (COP23) prévue du 6 au 17 novembre.

Face à la lenteur bureaucratique des discussions interétatiques, privées de leadership, des villes, des régions, des fondations philanthropiques et des entreprises organisent des événements parallèles et des journées d'étude consacrées à l'action climatique. Ces coalitions d'acteurs ne sont pas nouvelles dans ces forums internationaux, mais elles représentent pour la France un espoir de pouvoir poursuivre les discussions sur les mécanismes de mise en œuvre de l'accord de Paris, et notamment son financement par le Fonds vert pour le climat.

Lancé en 2011 lors de la conférence de Durban (COP17), ce fonds est un instrument majeur de financement des politiques climatiques dans les pays en voie de développement. Depuis la COP21, sur la base des engagements pris lors de la conférence de Copenhague (COP15), les pays industrialisés ont prévu de transférer près de 100 milliards de dollars d'investissements annuels à l'horizon 2025. Le retrait du gouvernement américain de l'accord de Paris a eu pour effet immédiat de mettre fin à la contribution des États-Unis, qui s'arrête à 1 milliard d'euros contre les 3 milliards promis initialement, rendant nécessaire le recours à de nouvelles sources de financement.

Aux côtés des États, les entreprises occupent ainsi une place privilégiée dans la programmation de la première édition du « One Planet Summit », le 12 décembre 2017. Ce forum est supervisé par la France, le secrétariat général des Nations unies et la Banque mondiale. Des banques et des assurances y font part de leur volonté de s'impliquer dans le financement de la transition écologique. Outre la garantie de ne plus financer ou assurer des entreprises qui exploitent des énergies fossiles comme le charbon ou les sables bitumineux (des « désinvestissements »), elles prévoient de verdir la finance en émettant, par exemple, des « obligations climat » destinées à stimuler les investissements verts[1].

Aux côtés des promesses de certains États, comme la France, d'augmenter leurs contributions au Fonds vert, cet engagement du secteur privé est présenté comme un succès par la diplomatie française. Il pose toutefois la question du suivi de ces promesses et lie désormais intimement la réussite de la diplomatie française à sa capacité à garantir le maintien des objectifs financiers fixés à l'occasion de la COP21. Des doutes persistent par ailleurs sur la capacité de ces nouveaux forums à relancer les négociations. Ces réserves semblent confirmées par l'inertie de l'année 2018, ponctuée par la démission fracassante du ministre de la Transition écologique et solidaire Nicolas Hulot, le 28 août.

L'accord *a minima* obtenu lors de la conférence sur les changements climatiques de Katowice (COP24), le 15 décembre, le montre bien. S'il valide le principe des « contributions déterminées au niveau national » (CDN) comme instruments de l'action climatique des États et fixe l'échéance de leur dépôt à 2020, il ne répond pas clairement aux conclusions du dernier rapport du Groupe d'experts intergouvernemental sur l'évolution du climat (GIEC), qui appelle les pays à diminuer par deux leurs émissions d'ici à 2030 pour éviter les effets les plus graves du réchauffement climatique[2].

La relance de la diplomatie climatique française prend forme début 2019, dans un contexte national marqué par la crise des Gilets jaunes et le début des grèves étudiantes pour le climat, lancées par le mouvement Fridays for Future. En amont de l'annonce du lancement de la Convention citoyenne pour le climat le 25 avril, puis de l'officialisation du Haut Conseil pour le climat et la création du Conseil de défense écologique le 15 mai, la France organise à Nairobi, le 14 mars, un troisième One Planet Summit consacré à l'Afrique, et adopte une attitude offensive au sommet du G20 d'Osaka des 28 et 29 juin. Dans les semaines qui précèdent l'événement, face aux positions climatosceptiques de Donald Trump et du nouveau président brésilien Jair Bolsonaro, le président français, aux côtés de ses homologues allemand et chinois, pèse pour que la déclaration finale intègre l'ambition climatique de l'accord de Paris, ce qui isole les États-Unis, seul non-signataire du texte.

1 Voir, par exemple, les engagements pris par Axa, <www.axa.com/fr/magazine/axa-prend-de-nouvelles-mesures-contre-le-changement-climatique>.

2 Intergovernmental Panel on Climate Change (IPCC), Special Report « Global Warming of 1.5°C », 8 octobre 2018, <www.ipcc.ch/sr15>.

Pour poursuivre ses efforts en matière de financement, la France organise une réunion de reconstitution du Fonds vert pour le climat les 24 et 25 octobre à Paris. Les pays donateurs, notamment européens, acceptent d'augmenter leurs contributions pour maintenir les engagements de l'accord de Paris en dépit du retrait américain. Enfin, si la conférence de Madrid sur les changements climatiques (COP25) n'aboutit à aucune avancée sensible sur le front des négociations internationales, elle a le mérite de relancer une réflexion, amorcée dès la COP21, sur la neutralité carbone à l'horizon 2050 dans les pays du G20. Cet objectif est aujourd'hui inscrit dans la stratégie climatique de la Chine, mais aussi dans celle de l'UE, confirmée par les États membres à la veille du Sommet mondial sur l'ambition climatique du 11 décembre 2020[1].

Alors que l'année 2020 devait être celle de la mise en place des plans climat nationaux destinés à atteindre les objectifs de l'accord de Paris, seuls 75 États sur 194 ont déposé des engagements chiffrés à l'échéance prévue, le 31 décembre 2020. La pandémie de Covid-19 et le report de la conférence sur les changements climatiques de Glasgow (COP26) ont permis à certains pays de se soustraire provisoirement à cette obligation, mais cette échéance fait déjà de 2021 une année décisive pour le succès du texte, alors que les objectifs fixés en 2015 semblent de plus en plus inatteignables. Comme le montre l'ONU Environnement dans son dernier rapport, et malgré un recul des émissions mondiales dû aux mesures de confinement, la marge de manœuvre pour contenir le réchauffement planétaire à 1,5 °C à la fin du siècle est très étroite[2]. Si la France a contribué à la poursuite des négociations internationales et à la continuité du multilatéralisme, le succès de l'Accord de Paris dépend désormais de la capacité des pays industrialisés à accélérer leurs efforts, notamment en s'accordant sur des plans de relance verts capables de favoriser la transition vers une économie décarbonée.

Pour en savoir plus

Stefan C. Aykut et Amy Dahan, *Gouverner le climat ? 20 ans de négociations internationales*, Presses de Sciences Po, Paris, 2015.

Stefan C. Aykut, Jean Foyer et Edouard Morena (dir.), *Globalising the climate. COP21 and the climatisation of global debates*, Routledge, Londres, 2017.

1 Commission européenne, « President von der Leyen to present new EU emissions reduction target to international partners at "High Ambition Summit" », *Daily News*, 11 décembre 2020, <https://ec.europa.eu/commission/presscorner/detail/en/mex_20_2389>.

2 Programme des Nations unies pour l'environnement (PNUE), « Rapport 2020 sur l'écart entre les besoins et les perspectives en matière de réduction des émissions », 1er décembre 2020, <www.unep.org/emissions-gap-report-2020>.

Adrien Estève, *Introduction à la théorie politique environnementale*, Armand Colin, Malakoff, 2020.

Jean-Frédéric Morin, Amandine Orsini et Sikina Jinnah, *Global Environmental Politics. Understanding the Governance of the Earth*, Oxford University Press, Oxford, 2020.

Quid du multilatéralisme ?

Chloé Maurel
Docteure en histoire, chercheuse partenaire SIRICE
(université Sorbonne Paris-IV-Paris-I)

La France occupe depuis 1945 une place importante dans l'Organisation des Nations unies (ONU). Elle bénéficie en effet d'un siège de membre permanent au Conseil de sécurité et du droit de veto, comme les quatre autres puissances victorieuses de la Seconde Guerre mondiale (États-Unis, Royaume-Uni, Chine, Russie). Toutefois, elle n'a pas exercé son droit de veto durant plus de vingt-cinq ans et, depuis 2013, elle milite pour la suspension de ce droit quand le Conseil de sécurité traite de massacres et d'atrocités de masse en cours. Il est vrai que le veto – ou la menace du veto – a bien souvent paralysé l'ONU. Il a, par exemple, été utilisé à plusieurs reprises par la Russie pour empêcher une action des Casques bleus en Syrie. Depuis la fin de la Guerre froide, ce sont les États-Unis qui y ont le plus recouru, notamment pour défendre Israël.

Cette initiative de la France est désormais soutenue par une centaine de pays. Et le discours de Dominique de Villepin devant le Conseil de sécurité de l'ONU en février 2003, s'opposant à l'entrée en guerre des États-Unis en Irak, avait eu un retentissement mondial et marqué positivement les esprits.

Gouvernance mondiale de l'environnement et volonté de renforcer l'ONU

La France joue un rôle moteur dans l'action mondiale en faveur de l'environnement. En 2015, elle a accueilli la COP21 (21e conférence des parties à la Convention-cadre des Nations unies sur les changements climatiques) et soutenu l'accord de Paris sur le climat. En son temps, Jacques Chirac avait déjà proposé la création d'une nouvelle agence de l'ONU spécialisée dans l'environnement. Certes, le Programme des Nations unies pour l'environnement (PNUE) existe depuis 1972, mais il s'agissait de le renforcer en le plaçant au rang d'organisation internationale.

Aujourd'hui, suite à l'initiative lancée en 2017 par Laurent Fabius et le « Groupe d'experts pour le Pacte », la France porte à l'ONU le projet d'un « Pacte mondial pour l'environnement ». Une résolution de l'ONU a été adoptée en 2018 en ce sens. Le Pacte, qui pourrait être adopté au Sommet de la Terre de 2022, serait un traité multilatéral, doté de force juridique, visant à consacrer les droits environnementaux, les droits et devoirs des citoyens et des gouvernants vis-à-vis de la planète. Ce projet novateur, dans lequel la France est en pointe, développerait le droit international de l'environnement et contribuerait à l'émergence d'un cadre juridique mondial protecteur de la nature.

En outre, la France soutient l'idée du renforcement des Casques bleus, qui mènent les opérations de maintien de la paix (OMP) de l'ONU depuis 1948. Actuellement, douze OMP sont en cours, dont six en Afrique et quatre au Moyen-Orient. Des Casques bleus français sont notamment en opération au Liban depuis de longues années dans le cadre de la Force intérimaire des Nations unies au Liban (FINUL).

Dans la continuité des idées exprimées par le secrétaire général Boutros Boutros-Ghali en 1992 dans son *Agenda pour la paix*, Paris défend la constitution de forces des Nations unies permanentes, bien équipées, armées et entraînées, prêtes à intervenir à tout moment sur n'importe quel terrain de conflit. C'est d'ailleurs l'esprit de la Charte de l'ONU qui prévoit un Comité d'état-major de l'ONU, qui existe effectivement depuis 1945, mais est en sommeil depuis des décennies. L'actuel secrétaire général de l'ONU, Antonio Guterres, porte le projet de renforcer le rôle des Casques bleus. La participation de la France aux réflexions est importante ; en adoptant, en 2005, la doctrine de la « responsabilité de protéger », l'ONU universalise en quelque sorte la notion française de « droit d'ingérence », et élargit son champ d'action et celui de ses Casques bleus.

En 2019, l'Allemagne ayant été élue pour deux ans membre non permanent du Conseil de sécurité, la France a organisé avec ce pays une présidence franco-allemande : France et Allemagne se sont montrées soudées et ont organisé des présidences jumelées, chose inédite jusqu'alors, en mars et avril 2019. De plus, elles ont lancé, en avril 2019 à New York, une Alliance pour le multilatéralisme, aspirant à rassembler les pays de bonne volonté pour renforcer l'ONU.

En 2021, la France, devenue, du fait du Brexit et du roulement des pays, un des seuls pays de l'Union européenne (UE) au Conseil de sécurité (avec l'Irlande et l'Estonie), participe aux réflexions sur la réforme de la représentativité de cette structure : comme l'avait proposé Kofi Annan en 2005, on pourrait procéder à un élargissement. Il s'agit de permettre aux membres du G4 (Brésil, Inde, Allemagne, Japon), voire à d'autres pays comme l'Afrique du Sud, de devenir membres permanents ou semi-permanents du Conseil de sécurité.

Une action humaniste et progressiste ?

La patrie des droits de l'homme milite également à l'ONU pour l'adoption de résolutions et traités progressistes : elle plaide par exemple pour l'abolition universelle de la peine de mort, la lutte contre le financement du terrorisme, la fin des arrestations arbitraires et des disparitions forcées.

La France a aussi organisé, à l'initiative de l'historien Justin Vaïsse, le Forum à Paris sur la paix en novembre 2018 qui, depuis, se tient en principe chaque année. Ce forum est une enceinte multilatérale, qui réunit une cinquantaine de représentants étatiques, ainsi que des associations et organisations non gouvernementales (ONG), des experts et des *think tanks*, autour du thème de la paix. Financé notamment par des fondations et des entreprises, il a réuni en 2018 plus de six mille participants. Il sélectionne des projets allant dans le sens de la paix et du développement, et les soutient dans leur réalisation. Il a aussi donné lieu, à l'initiative du président Emmanuel Macron, à l'Appel de Paris 2018 pour la confiance et la sécurité dans le cyberespace, qui vise à protéger les populations contre les cyberattaques, défendre la propriété intellectuelle, empêcher les truquages d'élections.

En outre, la France prône l'adoption d'un traité onusien sur les multinationales, capable de sanctionner les entreprises qui ne respectent pas les droits de l'homme – et elles sont nombreuses, notamment par l'entremise de leurs sous-traitants en Asie. Après l'adoption pionnière par la France, en 2017, d'une « loi sur le devoir de vigilance des multinationales », l'ONU a lancé des négociations multilatérales en vue de l'adoption d'un traité mondial contraignant les multinationales à respecter les droits humains et l'environnement. En octobre 2020 s'est ouverte à Genève la 6e session de négociation de ce traité mondial progressiste qui vise à contrôler les pratiques des multinationales et à les forcer à respecter les droits humains et les règles d'un « travail décent », comme le préconise l'Organisation internationale du travail (OIT).

Dans le domaine de la culture, avec la Convention sur la diversité culturelle adoptée en 2005 par l'Organisation des Nations unies pour l'éducation, la science et la culture (Unesco) sur l'impulsion notamment de la France et du Canada, c'est la notion française d'« exception culturelle » qui a réussi à s'imposer aux autres pays, contre la conception américaine, plus mercantile. Cette convention est entrée en vigueur en 2007 et a permis, grâce au Fonds international pour la diversité culturelle (FIDC) de soutenir de nombreux projets visant à protéger et à vivifier les cultures minoritaires.

L'Unesco, dont le siège est situé à Paris, est dirigé depuis 2017 par une Française, Audrey Azoulay, ancienne ministre de la Culture. Elle s'attache à promouvoir la protection du patrimoine mondial, souvent en proie aux destructions comme en Syrie ou en Irak, et à défendre les langues et cultures autochtones en voie de disparition, ainsi que le rôle des femmes dans la science, avec le prix L'Oréal-Unesco pour les femmes scientifiques, créé en 1997.

Paris est aussi le siège de nombreuses organisations internationales comme l'Organisation de coopération et de développement économique (OCDE), l'Organisation internationale de la francophonie (OIF), l'Organisation mondiale de la santé animale (OIE), ou des institutions européennes comme l'Agence spatiale européenne (AIE) ou l'Autorité européenne des marchés financiers (AEMF).

En novembre 2018, l'Unesco a organisé à Paris le Forum sur la gouvernance de l'Internet, au cours duquel le président français a appelé géants du Web et gouvernements à réguler ensemble l'Internet sur une base démocratique. L'Unesco comme l'Union internationale des télécommunications (UIT) sont des enceintes multilatérales où se développent, à l'initiative de la France, des réflexions pour avancer dans cette direction.

La patrie des droits de l'homme critiquée et condamnée par l'ONU

Pourtant, par plusieurs autres aspects, la France est loin d'être exemplaire. En mars 2019, elle a été mise en cause pour « usage violent et excessif de la force » par Michelle Bachelet, haut-commissaire de l'ONU aux droits de l'homme, en raison des violences policières lors des manifestations de Gilets jaunes ; et, en 2018, la France a été condamnée par la Cour européenne des droits de l'homme à verser plus de 30 000 euros à la fille d'une victime de violences policières.

Le Conseil des droits de l'homme de l'ONU a émis en janvier 2018 quelque trois cents recommandations à la France, dénonçant notamment une surpopulation carcérale chronique, un traitement indigne et souvent dégradant des détenus, de même qu'un traitement indigne des Roms, des personnes handicapées, ainsi que des réfugiés et demandeurs d'asile (notamment des enfants), souvent parqués dans des camps de rétention, où tous leurs droits sont bafoués. Les actions menées par la France en vertu de sa loi antiterroriste de 2017 ont souvent enfreint les droits de l'homme et les libertés fondamentales, ce qui lui a valu d'être épinglée par l'ONU et Amnesty international. En 2020, le projet de loi « sécurité globale » a été critiqué par des rapporteurs de l'ONU qui en dénonçaient le caractère liberticide.

En matière de politique étrangère, les interventions de la France en Afrique, souvent en faveur de régimes dictatoriaux ou corrompus (Gabon, Congo, Togo, Burkina Faso, Cameroun, Djibouti, Tchad, République centrafricaine...) ne sont pas à son honneur. Africains et associations de défense des droits de l'homme dénoncent depuis longtemps la « Françafrique ».

Dans le domaine de l'armement, la France, puissance nucléaire ayant longtemps pratiqué des essais nucléaires dans le Sahara puis dans le Pacifique (très nocifs pour l'environnement), dispose de 280 têtes nucléaires déployées et de 10 à 20 autres en réserve, soit un total de 300 armes nucléaires. Sa contribution aux actions de l'ONU en faveur du désarmement manque pour le moins d'ardeur. Elle n'a d'ailleurs pas ratifié le traité d'interdiction des armes nucléaires (TIAN), traité contraignant adopté sous l'égide de l'ONU, ratifié par cinquante-deux États et entré en vigueur fin janvier 2021.

Partenaire commercial majeur, la France est le deuxième pays européen exportateur vers le continent africain. Cependant, cette relation est teintée de crispations, en lien avec la mémoire traumatique du passé colonial et postcolonial. Au sujet du génocide au Rwanda (1994-1995), la France a longtemps rejeté toute responsabilité mais, en juin 2020, le Conseil d'État a autorisé la consultation temporaire anticipée de certains dossiers de François Mitterrand conservés aux archives nationales, ce qui a permis d'éclairer le rôle de la France dans cet événement. De même, concernant l'assassinat du chef d'État burkinabé Thomas Sankara en 1987 et l'éventuelle responsabilité de la France, le président Macron, en visite au Burkina Faso, a annoncé en 2018 la levée du secret défense. Une volonté de transparence porteuse d'espoirs.

Enfin, suite au rapport Savoy-Sarr de 2018 sur les restitutions d'objets d'art africains détenus par les musées occidentaux, et conformément aux recommandations de l'Unesco, en 2020, la France a rendu des pièces historiques comme le trésor de Béhanzin au Bénin et le sabre d'Oumar Tall au Sénégal, rompant avec le pillage qui avait cours pendant la période coloniale. Ce geste s'inscrit dans la continuité de l'appel à la restitution des objets d'art africains qu'avait lancé depuis Paris, dès 1978, le directeur général de l'Unesco, le Sénégalais Amadou Mahtar M'Bow.

Aujourd'hui, même si le multilatéralisme est en crise, l'action de l'ONU et de ses agences spécialisées reste indispensable : depuis la fin de la Guerre froide, cette organisation est devenue la première puissance humanitaire de la planète, et reste la seule enceinte internationale représentative, universelle et démocratique. La France l'a bien compris et s'attache à renforcer l'ONU, à la rendre plus démocratique encore et plus efficace, pour gérer les grands enjeux mondiaux, comme le terrorisme, le dérèglement climatique, les réseaux mafieux et de cybercriminalité, les conflits armés – autant de problèmes qui franchissent les frontières étatiques, et ne peuvent donc être résolus que par une action multilatérale.

Pour en savoir plus

Mélanie Albaret, Emmanuel Decaux, Nicolas Lemay-Hébert et Delphine Placidi-Frot (dir.), *Les Grandes Résolutions du Conseil de sécurité des Nations unies*, Dalloz, Paris, 2012.

Bertrand Badie, *L'Hégémonie contestée. Les nouvelles formes de domination internationale*, Odile Jacob, Paris, 2019.

Bertrand Badie et Guillaume Devin, *Le Multilatéralisme. Nouvelles formes de l'action internationale*, La Découverte, Paris, 2007.

Guillaume Devin, Franck Petiteville et Simon Tordjman (dir.), *L'Assemblée générale des Nations unies. Là où le monde se parle depuis 75 ans*, Presses de Sciences Po, Paris, 2020.

Nicolas Haupais (dir.), *La France et l'arme nucléaire*, CNRS éditions, Paris, 2019.

Philippe Moreau-Defarges, *Une histoire mondiale de la paix*, Odile Jacob, Paris, 2020.

Régine Perron, *Histoire du multilatéralisme. L'utopie du siècle américain de 1918 à nos jours*, Presses universitaires de Paris-Sorbonne, Paris, 2014.

Jean-Marc de la Sablière, *Indispensable ONU*, Plon, Paris, 2017.

Quand la France méconnaît les puissances du Sud

Carlos R. S. Milani
Politiste et professeur de relations internationales,
Institut d'études sociales et politiques de l'université d'État de Rio de Janeiro

Comprendre les relations internationales suppose de tenir compte de facteurs politiques, économiques, culturels, sociaux, technologiques, géographiques et naturels qui sont à la fois structurels et systémiques, mais aussi de bien saisir le rôle des agents (États, organisations internationales, firmes et finances transnationales, organisations non gouvernementales [ONG] et mouvements sociaux, opinions publiques, religions, etc.), leurs motivations et l'influence des valeurs qu'ils soutiennent, qui sont difficilement mesurables. Ce que le théoricien Edward Carr nommait « science de l'international » doit identifier les scénarios de renouvellement de l'ordre mondial face aux transformations du capitalisme, aux nouvelles pratiques de la guerre et de la sécurité intégrant de plus en plus les « *big data* » dans les dynamiques politiques de contrôle sur l'individu et les sociétés, aux acteurs transnationaux de la société civile, mais aussi face à la compétition énergétique et économique croissante entre les États, confrontés aux changements climatiques. En outre, on ne peut pas négliger le rôle des leaderships politiques, des représentations, des demandes de reconnaissance et des perceptions des décideurs en matière de politique étrangère.

En 2021, le monde est le théâtre d'événements et de phénomènes qui témoignent de la transformation profonde du système international : le combat pour l'hégémonie entre les États-Unis et la Chine, les ruines du néolibéralisme impuissant face aux défis sanitaires et climatiques, la concurrence entre les nations qui ébranle les échiquiers géopolitiques régionaux, ainsi que la redistribution des pouvoirs économiques et politiques entre l'Amérique du Nord, l'Europe, la Chine, la Russie et quelques pays émergents (dont l'Inde, l'Iran, la Turquie, l'Afrique du Sud, le Nigeria et le Brésil). Ces puissances moyennes du Sud, qui se distinguent des puissances moyennes d'antan (dont l'Australie, le Canada, la Suède), exigent de jouer un rôle géopolitique, économique et normatif dans la construction de ce nouvel ordre mondial. Elles déploient des stratégies diplomatiques pour faire reconnaître leur statut et obtenir un pouvoir de décision dans les instances institutionnelles du système international. Elles réclament des normes internationales qui reflètent aussi leur trajectoire de construction nationale.

Comment la France réagit-elle à ces diplomaties des puissances émergentes, en particulier face aux besoins d'actions collectives en matière de santé et de climat ? La diplomatie française reconnaît-elle l'importance de ces pays, dont l'émergence ou le retour (comme l'appellent souvent les Chinois) ébranle le monopole de l'Occident ? Depuis la fin de la Guerre froide, la France méconnaît les diplomaties émergentes. Néanmoins, il faut d'emblée reconnaître que le sens politique de « pays émergent » présente des failles, notamment en raison de l'hétérogénéité du groupe.

La Chine se détache de l'ensemble avec une netteté extraordinaire : puissance économique confirmée, elle est en passe de devenir une puissance stratégique, militaire et culturelle rivalisant avec les États-Unis. Vis-à-vis de l'Organisation des Nations unies (ONU) et de l'Organisation mondiale du commerce (OMC), la Chine a de quoi être satisfaite, puisqu'elle dispose d'un siège permanent avec droit de veto et que son économie bénéficie toujours du statut de pays en développement dans ses relations commerciales avec les pays développés. Il ne faudrait d'ailleurs pas oublier les ambiguïtés de sa position sur la réforme du Conseil de sécurité, sachant que l'Inde et le Japon notamment demandent à en devenir membres. Dans le domaine du développement, Pékin cherche à légitimer sa trajectoire au niveau multilatéral, avec le soutien des pays du G-77, mais propose aussi des changements institutionnels – comme les réformes récentes de la Banque mondiale et du Fonds monétaire international (FMI).

La « méconnaissance » française viendrait d'une difficulté à appréhender le système international dans sa diversité, de concevoir les facteurs d'intégration sociale dans les processus de mondialisation et de régionalisation, bref de répondre intelligemment aux requêtes des puissances régionales du Sud. Autrement dit, elle renvoie à une incapacité à reconnaître un système international qui ne se limite plus au Concert européen. Au nom d'une gloire passée et en raison d'une arrogance blessée, la diplomatie peut déployer des instruments d'humiliation au lieu de construire avec d'autres puissances, en fait aussi importantes que la France dans le système international, un discours et une pratique diplomatiques qui reflètent aussi une réalité plurielle sur le plan national français et au niveau européen.

Des efforts en matière de diplomatie culturelle et scientifique

La France reste certes une référence pour les amateurs de littérature et de philosophie, les échanges universitaires et la coopération dans les domaines les plus divers (médecine, génie civil et architecture, sciences sociales), malgré la forte concurrence des États-Unis, de l'Allemagne, du Japon, de la Chine, de l'Espagne (notamment en Amérique latine), entre autres.

Elle a aussi lancé d'importants projets bilatéraux. Dans les domaines culturel et scientifique, l'année du Brésil en France (2005), puis l'année de la France au Brésil (2009) ont favorisé une redécouverte mutuelle à un moment propice aux négociations entre les deux nations voisines grâce à la Guyane. Mentionnons, par exemple, les quatre visites présidentielles en 2005, 2006, 2008 et 2009 ; l'entente entre les présidents Sarkozy et Lula ; l'accord sur la fabrication franco-brésilienne de sous-marins à propulsion nucléaire ; la défense commune de la réforme du système de gouvernance de la sécurité alimentaire au sein de l'Organisation des Nations unies pour l'alimentation et l'agriculture (FAO) en 2009, entre autres moments forts, auxquels s'est ajoutée la diplomatie culturelle. La coopération scientifique concerne différentes disciplines : les programmes Capes-Cofecub et Saint-Hilaire pour les sciences sociales, Brafitec pour les futurs ingénieurs, ou encore Brafagri pour les sciences agroalimentaires, l'agronomie et les études en médecine vétérinaire.

Avec d'autres puissances du Sud, la France a également mené des projets culturels reconnus internationalement. Tel fut le cas de l'année de l'Inde en France (« Namasté France ») en 2016, avec des expositions des peintures des femmes du Mithila et des peintures contemporaines de Anju Chaudhuri. Comme « Bonjour India » pour la culture française en Inde, une festivité qui a déjà connu plusieurs éditions, « Namasté France » a présenté au public français de nombreux aspects de la culture indienne (musique, théâtre, beaux-arts, gastronomie) pendant plus de deux mois.

Pareillement, des années culturelles croisées avec la Chine ont été décidées lors des visites d'échanges en 1999 et en 2000 par Jiang Zemin et Jacques Chirac : l'année de la Chine en France s'est déroulée d'octobre 2003 à juillet 2004, et l'année de la France en Chine d'octobre 2004 à juillet 2005. Les deux pays ont également promu l'ouverture de centres culturels. Cette opération bilatérale s'est renouvelée en 2014-2015. En 2021, la France et la Chine célèbrent l'année franco-chinoise du tourisme culturel.

Avec 300 millions de locuteurs, le français est la cinquième langue la plus parlée après le chinois, l'anglais, l'espagnol et l'arabe, en concurrence directe avec la langue portugaise. Les principaux locuteurs quotidiens sont actuellement en Afrique (environ 60 % du total). L'apprentissage du français progresse (+ 8 % d'élèves et d'étudiants au niveau mondial). Le français est la quatrième langue sur Internet, rayonnant aussi dans les médias internationaux, tels que TV5 monde et le groupe France médias monde[1].

Néanmoins, ces efforts ne produisent pas toujours les résultats attendus. Le Mexique en est un bon exemple. En visite officielle en 2009, Nicolas Sarkozy avait proposé à Felipe Calderón de promouvoir les relations entre les deux pays en organisant en 2011 l'année du Mexique en France. Celle-ci a été officiellement inaugurée au musée d'Orsay le 3 février 2011. Le Mexique serait l'invité d'honneur sur tout le territoire français, et le budget alloué aux quelque 360 activités était de l'ordre de 50 millions d'euros, répartis à parts égales entre les deux gouvernements, avec le soutien minoritaire de sponsors. Les représentants mexicains participeraient aux salons et foires professionnels (Foire internationale de Paris, salon du Bourget, Vinexpo, etc.). Les organisateurs avaient prévu des ateliers, forums et colloques, notamment dans les domaines de la santé, de la science et de l'éducation.

Or, le lancement est intervenu dans un contexte diplomatique envenimé par l'affaire Florence Cassez, ressortissante française interpellée en 2005 pour enlèvements et possession d'armes, condamnée en 2009 à soixante ans de prison par la justice mexicaine, condamnation confirmée en seconde instance en février 2011. En réaction, et de manière peu diplomatique, Nicolas Sarkozy a décidé unilatéralement de dédier l'année du Mexique à Florence Cassez. Le 5 mars, le ministère des Affaires étrangères mexicain déclare que « la France a violé le pacte culturel ». Il n'en fallait pas plus pour provoquer une crise diplomatique majeure. Mexico n'a pas supporté cette ingérence qualifiée d'arrogance française. Les manifestations culturelles et scientifiques prévues ont été annulées[2].

Commerce, politique migratoire, multilatéralisme : un pays à la peine

Depuis 1990, il existe un vif débat en France autour des effets présumés du commerce international et des migrations sur l'emploi[3]. D'une part, cette controverse exprime une crainte face à l'essor de la produc-

---

1 <http://snip.ly/qpwp48>, <http://observatoire.francophonie.org/2018/synthese.pdf>.

2 Voir, par exemple, <www.excelsior.com.mx/node/714334> et <www.lexpress.fr/culture/l-annee-du-mexique-aura-dure-un-mois-et-5-jours_970338.html>.

3 Voir, par exemple, le rapport de Jean Arthuis de 1993 (« Rapport d'information sur l'incidence économique et fiscale des délocalisations hors du territoire national des activités industrielles et de services »). Voir aussi Olivier Cortès Sébastien et Jean Pisani-Ferry, *Trade*

tion manufacturière dans les pays dits « à bas salaires ». Les « économies émergentes », ayant en général des taux de croissance plus élevés que les pays développés et dont la part dans les échanges mondiaux de biens manufacturiers ne cesse de croître, sont au cœur de cette polémique. Or, la part des pays émergents dans les importations françaises reste faible. Leur taux de pénétration sur le marché français est sensiblement moins élevé que celui des pays développés. En dépit de cette réalité économique, les médias insistent sur cette idée reçue par la plupart des décideurs politiques sans débattre du modèle de développement en France et en Europe, en cherchant des boucs émissaires dans les relations économiques et commerciales avec les puissances du Sud. Les échanges de la France avec les économies émergentes représentent environ 1 % du produit national, contre 20 % environ pour les échanges avec les économies développées.

D'autre part, dans le domaine migratoire, le bilan n'est pas non plus positif, les médias présentant souvent les migrants de l'Est et du Sud comme un danger pour les emplois des Français. En outre, ces migrants font l'objet d'un racisme croissant dans l'Hexagone. Certes, les questions clés en ces matières sont décidées notamment à Bruxelles, mais le rôle de la France n'y est pas négligeable, par exemple, sur le dossier migratoire et humanitaire au sujet des réfugiés syriens à travers l'accord signé avec la Turquie en 2016 ou encore dans le cadre de l'accord commercial Union européenne-Mercosur. Question cachée dans le débat : en matière d'accès aux marchés des puissances du Sud, que ce soit en Afrique, en Amérique latine ou en Asie, la compétition est rude avec les États-Unis, la Chine, l'Allemagne, la Russie, mais aussi l'Afrique du Sud, l'Inde, la Turquie et le Brésil (actuellement très affaibli, du fait du gouvernement Bolsonaro). Le jeu des influences change dans les mondes en développement et les disputes sont de plus en plus fréquentes dans des zones auparavant « revendiquées » par la France comme ses « prés carrés ».

Depuis les années 1990, les puissances du Sud sont plus engagées dans les relations internationales. Elles essaient souvent de consolider leur rôle en tant qu'acteurs constructifs (des « *bridge-builders* ») du multilatéralisme. La campagne pour le Conseil de sécurité menée par le Brésil, l'Inde et, plus discrètement, par l'Afrique du Sud s'est généralisée dans le discours diplomatique, désormais recadrée comme un appel à plus de responsabilité, de pluralisme et de représentativité, en particulier de la part des États non représentés du monde en développement. Le but annoncé par les puissances du Sud est d'apporter un peu d'air frais dans une structure gelée selon les rapports de force de 1945. Leur objectif à long terme, l'obtention

---

with Emerging Countries and the Labour Market. The French Case, n° 1996-04, mars, CEPII, <www.cepii.fr/pdf_pub/wp/1996/wp1996-04.pdf>.

d'un siège permanent au Conseil, montre à quel point ces puissances sont prêtes à jouer un rôle important dans les prises de décision.

L'ordre international actuel se révèle ainsi multipolaire mais déséquilibré, en premier lieu en raison de la déconnexion entre la gouvernance politique et la géo-économie du monde. En deuxième lieu, les nombreux défis auxquels se heurtent les organisations multilatérales sont liés au manque de légitimité résultant de l'inadéquation du cadre institutionnel libéral-occidental de l'après-guerre à ce nouveau monde, au sein duquel les puissances du Sud demandent une plus grande diversité identitaire et idéologique.

Les réformes de représentation et celles liées à la diversité impliqueraient que l'Occident, dont la France, ne se définisse plus comme le seul centre politique et culturel (civilisation, source de légitimité, valeurs morales) et donc abandonne l'usage traditionnel des stratégies d'humiliation, pour revenir aux hypothèses développées par Bertrand Badie. Dans ce contexte, la France profite mal des jeux de la mondialisation et attaque les puissances du Sud sur la base d'un souverainisme du Sud, mais cette position entre souvent en contradiction avec une rhétorique de la grandeur et d'un passé glorieux. Cette identité française est aussi mal perçue dans le Sud, souvent critiquée pour une « colonialité du savoir et du pouvoir » et des pratiques qui relèvent de l'ethnocentrisme occidental[1].

Pour en savoir plus

Bertrand Badie, *Le Temps des humiliés. Pathologie des relations internationales*, Odile Jacob, Paris, 2014.

Trine Flockhart, « The coming multi-order world », *Contemporary Security Policy*, vol. 37, n° 1, 2016, p. 3-30.

Carlos R. S. Milani, « Les pays émergents dans l'actuel ordre mondial : changements et légitimité politique », *La Revue internationale et stratégique*, vol. 82, n° 2, 2011, p. 52-62.

Carlos R. S. Milani et Magno Klein, « South-South cooperation and foreign policy : challenges and dilemmas in the perception of Brazilian diplomats », *International Relations*, vol. 35, n° 2, 2021, p. 277-298.

Oliver Stuenkel, *Post-Western World. How emerging powers are remaking world order*, Polity, Cambridge (R.-U.), 2016.

Javier Alberto Vadell, « The BRICS initiative as a challenge to contemporary IPE », *in* Ernesto Vivares (dir.), *The Routledge Handbook to Global Political Economy Conversations and Inquiries*, Routledge, Abingdon/New York, 2020, vol. 1, p. 311-327.

1 Walter Mignolo, *La Idea de América Latina. La herida colonial y la opción decolonial*, Gedisa Editorial, Barcelone, 2007 ; Anibal Quijano, *Colonialidade do poder. Eurocentrismo e América latina*, CLACSO, Buenos Aires, 2005.

La politique européenne de la France depuis 2005

Francis Wurtz
Ancien député européen (1979-2009) et président de la Gauche unitaire européenne-Gauche verte nordique (1999-2009), préside le Conseil de l'Institut d'études européennes (Paris-VIII)

La Constitution de la Ve République confère au président les quasi pleins pouvoirs en matière de politique européenne. Il s'agit donc de cerner, pour les quatre chefs de l'État qui se sont succédé depuis une quinzaine d'années, les marqueurs spécifiques de leur action sur les grands enjeux européens. L'année 2005 est celle du référendum sur le projet de traité constitutionnel européen (TCE), qui se solda par le succès retentissant du « non », le plus puissant séisme politique qu'ait connu la France dans son rapport à l'Europe depuis le rejet de la Communauté européenne de défense (CED) en 1954. C'est notre point de départ.

Jacques Chirac face à l'échec du référendum sur le traité constitutionnel européen

La présidence de Jacques Chirac a été marquée par plusieurs étapes importantes que l'ancien eurosceptique a fait siennes par pragmatisme politique : adoption du Pacte de stabilité en 1997, lancement de l'euro entre 1999 et 2002 et réalisation de l'élargissement à l'Est en 2004. Alors qu'il a su affirmer des positions non conformistes, tant sur la guerre d'Irak qu'à propos de l'occupation israélienne des Territoires palestiniens, sa politique européenne est plutôt effacée, hormis en matière de défense européenne.

La fin de son second mandat approchant, il décida de consulter la population sur le projet de TCE, habilement présenté par ses concepteurs comme destiné à susciter *a priori* un large consensus. C'était sans compter avec ce que Jean-Claude Juncker, alors président de l'eurogroupe, nomma le « débat vertueux dont la qualité impressionne », qui gagna toute la société. Face à cet échec retentissant, Jacques Chirac tenta vainement de sembler tenir compte des attentes de la société sans s'éloigner des impératifs européens, en prônant « une Europe des projets ».

Son Premier ministre, Dominique de Villepin, en énuméra cinq : « Faisons en sorte que les douze pays de l'euro puissent [...] dialoguer avec la Banque centrale européenne, dans le respect de son indépendance » – allusion au « gouvernement économique » aussi prisé à Paris que suspect à Berlin. Défendons la Politique agricole commune « à l'heure où les États-Unis veulent nous concurrencer dans ce domaine ». Dans le domaine de l'innovation et de la recherche, « l'Europe doit relever le défi [...], mettre ensemble toutes ces compétences avec les entreprises, pour préparer l'avenir ». Alors que « nous avons ouvert la voie dans le domaine du contrôle des frontières, la lutte contre l'immigration clandestine, dans le domaine de la défense, il faut aller plus loin ». Enfin, le « dernier grand projet, c'est une véritable démocratie européenne [en instituant] un véritable service civil européen »[1].

Force est de constater que ces projets n'ont ni rassuré les partenaires de la France sur la fiabilité du « mouton noir de l'Europe » ni répondu aux aspirations de la société en matière de progrès social et de souveraineté populaire.

Nicolas Sarkozy, « une voix décidée et bruyante »

Nicolas Sarkozy fit de l'épreuve politique de son prédécesseur un tremplin. En précisant que le futur traité européen – le TCE étant réputé caduc – serait ratifié en France par voie parlementaire, il suscita d'emblée le soulagement et la reconnaissance de ses pairs. Pour assurer une réécriture du TCE et réussir sa ratification, il échafauda un plan accordant un rôle moteur à la présidence allemande (premier semestre 2007) puis française (second semestre 2008) de l'Union européenne (UE), se présentant en partenaire de premier plan aux côtés de la chancelière. Il en résulta un TCE *bis*, dans une mouture délibérément illisible pour des non-spécialistes : le traité de Lisbonne, en vigueur depuis 2009. Confronté en 2008 au rejet de celui-ci par une majorité de citoyens irlandais, Nicolas Sarkozy avait déclaré que ceux-ci n'avaient d'autre choix que de revoter !

Cynique mais efficace, dopé par la présidence française de l'UE en pleine tempête financière suite à la faillite de Lehman Brothers, doublée par une grave crise diplomatique due au conflit russo-géorgien, Nicolas

1 Entretien avec Élise Lucet, France 3, 22 juin 2005.

Sarkozy bénéficia, au second semestre 2008, de conditions optimales pour laisser libre cours à son exercice préféré : le leadership. Il contribua à « politiser l'Europe », critiquant la BCE ou la Commission, débattant avec le Parlement de Strasbourg, s'invitant à l'eurogroupe habituellement réservé aux ministres des Finances, prônant « une Europe qui agit »...

Soucieux de ne pas apparaître en position de faiblesse face à Angela Merkel, il multiplia les initiatives l'associant étroitement à la chancelière, afficha fièrement l'accord franco-allemand sur des mesures de protection de la zone euro, réunit un G20 pour y faire entendre « une voix européenne décidée et bruyante » (*dixit* Alain Duhamel), promettant de réformer la finance mondiale en commençant par « en finir avec les paradis fiscaux » ! Un élan vite retombé, une fois relâchée la mobilisation des opinions publiques...

Sur le plan diplomatique, sa médiation éclair dans le conflit entre Moscou et Tbilissi, comme « président de l'Europe », lui permit de s'attribuer la cessation durable des combats entre les deux armées. D'autres initiatives n'ont pas connu le même succès. Le projet d'Union pour la Méditerranée (UPM) s'appuyant, au nom de la « stabilité », sur les présidents Zine El-Abidine Ben Ali et Hosni Moubarak, rejetés peu après par leurs peuples respectifs, fut contesté par Berlin, puis reformaté en simple instrument de « revitalisation du processus de Barcelone », qui, mis en place en 1995, s'enlisait au profit des nouvelles priorités orientales de l'UE élargie...

Les relations UE-Israël méritent une mention spéciale. Depuis plusieurs mois, les « 27 » discutaient du rehaussement des relations avec Tel-Aviv, aux termes duquel Israël aurait acquis le statut de « quasi-État membre », à en croire Javier Solana, alors chef de la diplomatie européenne. Cette perspective fut bloquée le 4 décembre 2008 par le Parlement européen, dont l'accord préalable à toute signature était requis. Cela n'empêcha pas la présidence française de l'UE de décider, quatre jours plus tard, d'ouvrir la voie à la signature de cet accord plus qu'insolite. Le 27 décembre, la guerre de Gaza eut raison du zèle de l'Élysée.

Dans d'autres domaines, les initiatives françaises se sont soit inscrites dans le calendrier européen – proposition d'un Pacte européen de l'immigration (dont relève la « directive retour » ou « directive de la honte ») et adoption du « paquet énergie-climat » –, soit inspirées des priorités traditionnelles de Paris, comme le renforcement de l'Europe de la défense (parallèlement à la réintégration du commandement intégré de l'Organisation du traité de l'Atlantique nord [OTAN]) ou l'appel à une « réforme structurelle des accords de Schengen »[1].

1 La guerre de Libye de 2011 n'est pas citée ici, car ce n'est pas une initiative européenne. L'Allemagne, par exemple, s'est abstenue lors du vote à l'ONU.

La posture « progressiste » de François Hollande

L'une des divergences notables entre la politique européenne de Nicolas Sarkozy et celle de François Hollande devait être la réaction au traité sur la stabilité, la coordination et la gouvernance (TSCG) faisant de la discipline budgétaire une « règle d'or ». Le premier l'avait, avec Angela Merkel, porté sur les fonts baptismaux. Durant la campagne présidentielle, le second s'était engagé à le « renégocier ». À peine élu, le nouveau président eut comme priorité de… le faire ratifier, se contentant, parallèlement, d'un miniprogramme d'investissements de 1 % du produit intérieur brut (PIB), reposant en partie sur une réaffectation de crédits existants.

Ce « pêché originel » restera l'un des marqueurs du quinquennat : le révélateur d'une méthode propre à rompre la confiance des citoyens dans l'action du chef de l'État sur le front européen. Ce soupçon de duplicité se manifestera à nouveau lors de la crise entre l'eurogroupe et la Grèce d'Alexis Tsipras. François Hollande se plaça en médiateur entre l'aile la plus dure des créanciers européens, partisans de l'expulsion de la Grèce de la zone euro, et le gouvernement grec, réclamant un allègement des obligations budgétaires et de la dette colossale du pays. Or, si la France a clairement manifesté son hostilité à l'exclusion de la Grèce, son représentant à l'eurogroupe a fait systématiquement chorus avec ses partenaires sur les « réformes » draconiennes imposées à Athènes.

La crise de l'accueil des réfugiés, également en 2015, a aussi écorné l'image « de gauche » du gouvernement français. Opposé à Angela Merkel comme à la Commission – mais sur une base droitière –, le Premier ministre Manuel Valls refusa tout « mécanisme permanent de relocalisation » et limita drastiquement la contribution de la « patrie des droits de l'homme » à la résolution de la tragédie humaine en cours : « Nous sommes prêts à accueillir des réfugiés dans le cadre des 30 000 (auxquels Paris s'était déjà engagé), mais pas plus ! » En réalité, la France en recueillit beaucoup moins.

François Hollande ne fut pas avare de propositions parfois alléchantes – harmonisation de la fiscalité ou création d'une taxe sur les transactions financières –, mais vouées à l'échec, faute d'engagement fort et durable. Au total, ce quinquennat donna davantage l'impression d'une posture « progressiste » que celle d'une volonté politique de promouvoir un virage social et démocratique dans l'UE.

Sur le plan diplomatique, on se souvient de la « contribution » de Paris aux négociations sur le nucléaire iranien : tandis que l'UE y joua un rôle symbolique mais constructif, le représentant français, Laurent Fabius, y gagna le sobriquet d'« homme de fer contre l'Iran », tant il fit montre d'un manque de volonté d'aboutir. On retiendra néanmoins une initiative franco-allemande positive : la médiation dans le conflit russo-ukrainien, qui conduira aux accords de Minsk.

Discours brillants et résultats mitigés d'Emmanuel Macron

À une époque où bien des politiques avaient l'« Europe honteuse », Emmanuel Macron a choisi de jouer l'« ambition européenne » face au « défaitisme ambiant » incarné par Marine Le Pen.

Le pari étant risqué, il a déployé sans relâche une offensive politique volontariste sur un registre qui se veut émancipé de la rhétorique sclérosée des caciques bruxellois. Il s'est distingué en produisant plusieurs discours de référence. Le premier fut prononcé à Athènes, aux côtés d'Alexis Tsipras... On en retiendra l'« examen critique, sans concession, de ces dernières années », le nouveau président fustigeant « ceux qui dirigeaient l'Europe [lors du rejet du TCE en 2005, et qui] ont fait comme si de rien n'était », reconnaissant que « nous n'avons pas été à la hauteur de la promesse européenne » lors de la crise grecque de 2015, affirmant son « choix de refonder l'Europe aujourd'hui, maintenant », en travaillant à la « reconquête de notre souveraineté [...] dans et par l'Europe ». Un thème central décliné dans le discours de la Sorbonne – sécurité, défi migratoire, lien avec l'Afrique et la Méditerranée, développement durable, innovation, « puissance » économique et monétaire.

Dans les faits, la France suit les grands axes décidés en commun – négociations post-Brexit, « Pacte vert », transition numérique, « nouvelle stratégie industrielle », nouveau « pacte sur la migration et l'asile », « partenariat renforcé avec l'Afrique », etc. – en s'efforçant d'imprimer sa marque dans ses domaines prioritaires. Avec des résultats mitigés.

On se souvient du projet d'Emmanuel Macron de doter la zone euro d'un budget « de plusieurs points de PIB », d'un parlement propre à la zone et d'un organe de pilotage économique commun aux États membres de l'euro. Il se contentera d'un modeste et très contrôlé « Instrument budgétaire pour la convergence et la compétitivité »... Son intéressante initiative en direction de la Russie et en faveur d'une « nouvelle architecture de confiance et de sécurité en Europe » ne convainquit pas davantage ses partenaires.

Ses « priorités » n'aboutiront que dans deux ou trois domaines. D'abord, en matière de défense européenne, avec la mise en place de l'Initiative européenne d'intervention, à laquelle se sont ralliés neuf États, dont la Grande-Bretagne, sans que les partenaires de la France se pressent pour s'enliser dans la guerre au Sahel. Ensuite, concernant la lutte antimigrants, avec la création peu glorieuse de l'Agence européenne de garde-frontières et de garde-côtes. Enfin, à propos de l'ouverture des négociations d'adhésion avec la Macédoine du Nord et l'Albanie, en 2019, dont il ne voulait pas et qu'il réussit à bloquer en y opposant son veto, contre l'avis de la Commission et de la grande majorité des États membres.

Dans la seconde moitié de son quinquennat, le président a saisi toutes les opportunités d'asseoir son influence dans les lieux de pouvoir européen. Ainsi, l'accession, à l'été 2019, de la conciliante Ursula von der Leyen – comparée au candidat initialement pressenti – à la présidence de la Commission dut beaucoup à Emmanuel Macron ; le portefeuille, exceptionnellement large, obtenu pour le commissaire français Thierry Breton (marché unique, nouvelle stratégie industrielle, numérique, défense, espace...) en fut un corollaire.

Un an plus tard, face à la pandémie de Covid-19, suite à l'offensive brutale et humiliante des « États frugaux » contre l'Europe du Sud qui a failli conduire à l'éclatement de l'UE, l'accord franco-allemand sur le principe d'un lourd emprunt commun, qui a ouvert la voie au plan de relance européen assorti d'une subvention massive aux pays membres les plus affectés par la crise, constitua indubitablement une réussite.

Sur le plan des relations internationales, en revanche, on ne relève guère de plus-value française dans les positions de l'UE. Paris adopte une attitude « politiquement correcte » sur le nouveau président américain – en l'adulant –, la Chine – en la clouant au pilori – ou le pouvoir israélien – en le ménageant jusqu'à l'extrême limite du possible. Il n'est plus question de l'« état de mort clinique » de l'OTAN. Même Recep Tayyip Erdogan, le président turc, redevient fréquentable, car, « si vous dites : "[...] nous ne pouvons plus travailler avec vous [...]", ils ouvrent les portes et vous avez trois millions de réfugiés syriens qui arrivent en Europe[1] » !

Semestre français et enjeux de l'après-Covid-19

La France prendra la présidence de l'UE au premier semestre 2022, en pleine campagne électorale... La devise choisie (« relance, puissance, appartenance ») promet une floraison d'initiatives estampillées « Macron ». On parlera agro-écologie, climat, mécanisme carbone aux frontières, révolution numérique et nouveaux emplois, taxe GAFA, Europe de la santé, maîtrise de l'immigration, « autonomie stratégique » et défense européenne, souveraineté face à la concurrence chinoise... La Conférence sur l'avenir de l'Europe, une idée française censée donner la parole aux citoyens pour un débat « sans tabou », devrait tirer ses conclusions sous cette présidence.

Intervenant après le départ d'Angela Merkel et en pleine ère Biden, le « semestre français » sera particulièrement suivi. Qu'adviendra-t-il des

1 Emmanuel Macron sur France 5, le 22 mars 2021.

« vaches sacrées » bousculées par la Covid-19 telles que le Pacte de stabilité ou la proscription de toute « Union de transfert » ? L'UE se laissera-t-elle entraîner, derrière Washington, dans une nouvelle Guerre froide contre la Russie et surtout la Chine, au nom de « valeurs » qu'elle laisse fouler aux pieds en Méditerranée comme au Proche et Moyen-Orient ? La montée des périls politiques en son sein menacera-t-elle son existence ? Tout est possible, mais rien n'est inéluctable.

Pour en savoir plus

Étienne BALIBAR, *Europe, crise et fin ?*, Le Bord de l'eau, Latresne, 2016.

Sylvie BERMANN, *Goodbye Britannia. Le Royaume-Uni au défi du Brexit*, Stock, Paris, 2021.

Luuk VAN MIDDELAAR, *Quand l'Europe improvise. Dix ans de crises politiques* (trad. du néerlandais par Daniel Cunin), Gallimard, Paris, 2018.

Dominique VIDAL (dir.), *Les Nationalistes à l'assaut de l'Europe* (conclusion de Bertrand Badie), L'Harmattan, Paris, 2020.

L'interventionnisme, pour maintenir la place de la France dans le monde

Aurélie Vittot
Cheffe de bureau à l'IHEDN, enseignante à Sciences Po Paris

À la fin de la Guerre froide, le rôle stratégique que joue la dissuasion nucléaire dans les relations internationales s'érode. Le format du Conseil de sécurité des Nations unies, hérité de la Seconde Guerre mondiale, est remis en cause. Prenant conscience de ce changement de paradigme, les décideurs français des années 1990 vont renforcer la participation de leur pays aux opérations de maintien de la paix pour légitimer son statut de membre permanent au Conseil de sécurité. Dans ce contexte, la puissance militaire s'impose rapidement comme un outil de préservation du rang de la France dans le monde.

Dès lors, l'interventionnisme va devenir une constante de la politique étrangère française – à l'exception de la guerre en Irak en 2003, à laquelle le président Jacques Chirac refusera de participer – et s'inscrire dans une logique transpartisane. Pour pallier le défaut de légitimité des interventions militaires unilatérales et se dissocier du rôle postcolonial de « gendarme de l'Afrique », les responsables français vont progressivement chercher à internationaliser l'engagement de leurs armées. Comment l'histoire a-t-elle façonné la politique française d'intervention ? Comment qualifier cette politique au XXIe siècle ? Comment, enfin, dans un contexte de durcissement de la compétition stratégique entre puissances, maintenir la place de la France et de l'Europe dans le monde ?

La politique d'intervention de l'Hexagone semble être le fruit d'un double legs. D'une part, l'expérience coloniale a permis à la France de développer une culture expéditionnaire et une capacité de projection, notamment sur le continent africain. Le réseau de bases militaires accordé à Paris en Afrique ainsi que les liens tissés avec nombre de dirigeants africains garantissent des interventions rapides. Cela s'explique, entre autres, par la proximité géographique des troupes prépositionnées et une connaissance renforcée du terrain. Il est important de souligner que les représentants africains aux Nations unies constituent également des relais d'opinion non négligeables pour la France, tout comme la francophonie forme un puissant réseau sur le plan diplomatique.

D'autre part, la politique d'intervention dépend encore largement de la vision du général de Gaulle. En effet, ce dernier a forgé les institutions de la Ve République à son image et la France, par le rôle central que joue l'Élysée dans la prise de décision et un contrôle parlementaire exercé uniquement *a posteriori*, fait aujourd'hui figure d'exception dans le paysage des démocraties occidentales. Conformément à l'article 15 de la Constitution de 1958, le président de la République est le chef des armées. Par conséquent, les élites militaires ont une place subordonnée, bien que la personnalité du ministre des Armées puisse parfois renforcer le poids de l'hôtel de Brienne, comme l'a démontré le tandem Hollande-Le Drian de 2012 à 2017.

À ce cadre institutionnel s'ajoute un récit stratégique hérité de la Guerre froide, qui peine à se réinventer. Les dirigeants français, quelle que soit leur couleur politique, ont tendance à simplifier et même à fantasmer le gaullisme. Ils résument ainsi bien souvent la politique étrangère française à la notion de « grandeur » sans prendre en compte les évolutions du système international et des rapports de forces depuis les années 1960. Si les fondements de la politique française d'intervention extérieure forgés par l'histoire perdurent au-delà des changements de génération au sein de la classe dirigeante, il semblerait que l'emploi des forces armées soit aujourd'hui à géographie variable, selon les théâtres d'opérations considérés.

Une puissance moyenne à vocation globale ? État des lieux de la politique d'intervention

Au Proche et au Moyen-Orient, la politique française d'intervention se distingue de celle menée depuis plusieurs décennies sur le continent africain. En effet, depuis l'effondrement de l'Union soviétique et jusqu'à une période récente, les États-Unis ont été les seuls à prendre le relais des puissances européennes dans la région. Dès lors, la France intervient généralement au sein de coalitions menées par les États-Unis. Son opposition à la guerre en Irak en 2003 a eu un impact positif sur la perception de la France par les opinions publiques arabes, dans un contexte d'anti-américanisme croissant. Néanmoins, les ambiguïtés de la diplomatie française lors des printemps arabes, couplées à l'internationalisation de certaines questions de politique intérieure (voile, caricatures), contribuent à ternir l'image de l'Hexagone dans la région.

Depuis 2003, Paris s'est engagé à deux reprises au Proche- et au Moyen-Orient : en Libye en 2011, pour protéger la population civile contre le régime de Mouammar Kadhafi, et au Levant contre l'État islamique à travers l'opération Chammal, qui compte actuellement 600 militaires français. Face à la résurgence de la menace terroriste en Irak et en Syrie, les membres de l'Alliance atlantique ont décidé, lors du sommet des 17 et 18 février 2021, de renforcer leur présence militaire dans la région. Les activités de la mission de formation sont étendues à d'autres localités que Bagdad et les effectifs déployés en Irak passeront progressivement de 500 à 4 000 instructeurs.

Sur le continent africain, l'interventionnisme français, sous-tendu par des partenariats économiques, politiques (accords de défense et de coopération) et militaires (forces de présence stationnées au Sénégal, en Côte d'Ivoire, au Gabon et à Djibouti, et formation des armées africaines), répond à plusieurs objectifs : protéger les ressortissants français, lutter contre le terrorisme au Sahel, défendre les intérêts économiques de l'Hexagone et un certain nombre d'acteurs politiques considérés comme amis et perçus par Paris comme des facteurs de stabilité. Les interventions en Afrique jouent également un rôle politique en démontrant que la France dispose encore d'un outil militaire au service de ses ambitions diplomatiques et de sa politique de puissance.

Bien que voulant affirmer sa capacité à agir en tant que nation-cadre au Sahel, la France, qui engageait 5 100 militaires au sein de la force Barkhane, ne peut se passer de l'assistance américaine tant en matière de renseignement que de logistique. Par ailleurs, elle est aujourd'hui confrontée à deux défis concomitants. D'abord, une concurrence internationale exacerbée, comme en témoignent la politique expansionniste et les investissements économiques de la Chine sur le continent – qui viennent concurrencer l'aide publique française au développement –, mais également la présence de la société militaire privée russe Wagner en Libye, en République centrafricaine ou au Soudan. Ensuite, la remise en question par une partie des acteurs locaux des modèles et conditions de partenariats. Une volonté de refonder les relations franco-africaines sur de nouvelles bases, plus égalitaires et moins empreintes de paternalisme, s'affirme en effet depuis plusieurs années. Les opinions publiques française comme africaines se montrent également de plus en plus réticentes aux engagements prolongés, souvent synonymes de risques d'enlisement.

Pour répondre à ce double défi, mais aussi alléger son empreinte – la présence française au Sahel coûte environ un milliard d'euros par an –, la France privilégie deux axes. Le premier consiste à multilatéraliser ses interventions, *via* la *task force* européenne Takuba, par exemple (groupement de forces spéciales, auquel participent plusieurs dizaines d'Estoniens, de Tchèques et de Suédois). Le second vise à consolider les armées du continent, à travers le programme de renforcement des capacités africaines de maintien de la paix (Recamp) lancé en 1997 et la création du G5 Sahel en 2014.

S'agissant d'un potentiel retrait français du Sahel, celui-ci doit se faire « intelligemment pour ne pas, notamment, que les Russes et les Chinois viennent occuper le vide qu'on aura laissé », souligne en décembre 2020 François Lecointre, chef d'état-major des armées. Le désengagement doit donc être progressif afin de ne pas entraîner un effondrement politique, notamment de la zone dite des « trois frontières », à la croisée du Mali, du Burkina Faso et du Niger. Le manque de coordination et de commandement unifié au sein du G5 Sahel rend en effet difficile le passage du témoin aux armées nationales, régulièrement accusées de commettre des exactions aux dépens des populations civiles.

Si l'hypothèse d'un futur réajustement des troupes françaises au Sahel – présence allégée axée sur le contre-terrorisme, qui s'appuie essentiellement sur un recours accru aux forces spéciales et aux opérations aériennes menées par des drones armés – répond à un objectif politique, elle intervient également dans un contexte d'exacerbation de la compétition stratégique mondiale et d'accroissement rapide des tensions sur d'autres théâtres, où Paris pourrait devoir intervenir. « Ce que nos soldats gagnent ici [au Sahel] en aguerrissement, ils le perdent en capacité à faire de la haute intensité », souligne François Lecointre. L'attention des armées se porte sur la menace de conflits plus durs, nécessitant de passer par le cadre d'une coopération multinationale et faisant craindre aux décideurs français un risque de déclassement encore plus marqué.

Risque de déclassement et quête d'une autonomie stratégique européenne

Malgré une érosion de son statut depuis 1945, la France a su développer des moyens d'action autonomes lui permettant de continuer à se comporter comme une grande puissance. Au sein de l'Union européenne, elle est désormais le seul État disposant de l'arme nucléaire et d'un siège de membre permanent au Conseil de sécurité de l'ONU. Bien que dotée d'un certain nombre d'atouts, la puissance française est aujourd'hui confrontée à l'affirmation sur la scène internationale d'acteurs non occidentaux comme la Chine ou la Russie et à la stratégie du « pivot » américain vers l'Asie, qui s'est traduite depuis l'arrivée au pouvoir de Barack Obama par un désengagement partiel des États-Unis en Europe.

Le lancement des nouvelles Routes de la soie en 2013, l'activisme de la Chine – dans le Pacifique sud (notamment en Nouvelle-Calédonie), mais également en Afrique, comme en témoigne l'ouverture en 2017 à Djibouti de la première base militaire chinoise à l'étranger – ont conduit la France à réajuster sa politique en Asie. Paris renforce le partenariat stratégique établi avec le Japon et utilise désormais les ventes d'armes comme moteur de sa diplomatie dans la région (vente de 36 avions de combat Rafale à l'Inde en 2016 et de 12 sous-marins Barracuda à l'Australie en 2019 – cette dernière transaction a même été qualifiée de « contrat du siècle » pour l'industrie française de l'armement).

Quant à la résurgence de la menace russe, elle est perceptible à travers l'invasion de la Géorgie en 2008, l'annexion de la Crimée en 2014, l'intervention militaire en Syrie en 2015 – qui constitue la première intervention militaire du Kremlin en dehors des frontières de l'ancienne Union soviétique depuis la guerre d'Afghanistan (1979-1989) –, le soutien aux forces du maréchal Haftar en Libye ou encore la présence du groupe Wagner en République centrafricaine et au Soudan. Face à cet activisme, le président français Emmanuel Macron a tenté, à travers la mise en place d'un « dialogue stratégique » à l'été 2019, un timide rapprochement avec Moscou. Fortement critiqué par les États baltes et la Pologne, ce geste politique peine à porter ses fruits et les tensions entre l'Union européenne et la Russie se sont accrues après la tentative d'empoisonnement de l'opposant politique Alexeï Navalny en septembre 2020 et son arrestation en janvier 2021. Dans ce contexte, comment répondre à la fragilisation de l'architecture de sécurité européenne héritée de la Guerre froide ? Quel sens politique donner à l'Alliance atlantique ?

La France fait partie des États ayant le plus milité en faveur du développement d'une défense européenne et ce, dès les projets de Communauté européenne de défense, dans les années 1950. Cette posture s'explique par le fait que le renforcement d'une capacité de défense européenne est perçu comme un multiplicateur de puissance et un moyen de préserver le leadership militaire français en Europe. Néanmoins, la construction d'une Europe de la défense et d'une autonomie stratégique européenne est confrontée à de vives divergences politiques entre les pays de l'Est, qui considèrent la menace russe comme structurante, et les pays du Sud, qui se focalisent sur la lutte contre le terrorisme et les enjeux migratoires.

Même Paris et Berlin peinent à développer une vision commune du fait de cultures stratégiques historiquement opposées. Les deux capitales, qui ont en effet des lectures différentes du système international et de l'environnement stratégique européen, ne partagent pas la même perception des menaces et de leurs priorités de défense, et ne parviennent pas à s'accorder sur l'avenir du lien transatlantique et l'implication des États-Unis dans la sécurité européenne. Le leadership français semble ainsi se heurter à un certain isolement, d'autant que l'interventionnisme en Afrique et la rhétorique autonomiste paraissent toujours suspects outre-Rhin.

Malgré le Brexit, la coopération militaire franco-britannique devrait perdurer. Les deux pays sont en effet dotés de statuts équivalents – possession de l'arme nucléaire et siège permanent au Conseil de sécurité des Nations unies – et liés par de solides accords, comme en témoignent le sommet de Saint-Malo de 1998 et les traités de Lancaster House signés en 2010.

Ainsi partagée entre un lien franco-britannique historique et fiable, et la nécessité de consolider le couple franco-allemand au lendemain du Brexit afin de relancer l'Europe de la défense dans un contexte de tensions exacerbées dans son voisinage proche, la France cherche aujourd'hui à renforcer son leadership à l'échelle européenne. Cette position dominante sur le « Vieux continent » doit lui permettre de maintenir son rang, malgré la réémergence d'anciennes puissances comme la Chine, la Russie ou la Turquie, qui cherchent, elles aussi, à se saisir des enjeux de sécurité et à forger un système international plus favorable à leur croissance et à leur rayonnement.

Pour en savoir plus

Frédéric Charillon (dir.), *La France dans le monde*, CNRS Éditions, Paris, 2021.

Julian Fernandez et Jean-Baptiste Jeangène Vilmer (dir.), *Les Opérations extérieures de la France*, CNRS Éditions, Paris, 2020.

Robert Frank, *La Hantise du déclin. La France de 1914 à 2014*, Belin, Paris, 2014.

Maurice Vaïsse, *La Puissance ou l'influence ? La France dans le monde depuis 1958*, Fayard, Paris, 2009.

Vu d'outre-Manche

Andrew Williams
Professeur de relations internationales à l'université de St. Andrews, Écosse

Le débat sur la politique étrangère de la France vu de Grande-Bretagne a été dominé par le Brexit depuis le vote de 2016. Il convient désormais d'examiner ce qui subsiste de nos relations, après une longue période où beaucoup de décisions étaient affectées par l'adhésion à l'Union européenne (UE) et leur contexte.

La Chine et la Russie tentent de dominer ce que le géographe Halford Mackinder (1861-1947) nommait le « *World Island* ». Plusieurs pays (notamment les États-Unis, l'Allemagne, la Grande-Bretagne avec ses deux porte-avions flambant neufs, et plusieurs États de la région indo-pacifique, dont l'Australie et le Japon) semblent prêts à affronter l'expansion chinoise. Le fait que le Premier ministre Boris Johnson ait choisi pour conseiller un chef de la prospective de Kings College London, John Bew, qui se spécialise dans la *Realpolitik*, est un signal de plus que nous avons peut-être perdu espoir en un monde où le libéralisme aurait triomphé de l'histoire, pour reprendre les termes de Francis Fukuyama. Nous nous dirigeons vers des confrontations plutôt symboliques, éventuellement vers la guerre. Dans ce nouveau monde, où va la France ?

Un pays rattrapé par la réalité

On peut faire état d'un grand désaccord en France même. Le phénomène des Gilets jaunes et l'élitisme universitaire sont clairement liés. Selon le Centre d'étude de la vie politique française (Cevipof, cité par *Le Monde*, le 21 février 2021), le président Macron a lui-même placé « les défaillances de la méritocratie… au cœur du programme ». Certes, l'élitisme existe partout mais, vu par quelqu'un qui a travaillé dans les systèmes britannique et français, le problème tient à la rigidité du second, à l'énorme écart entre les « grandes écoles » et les « facs », à la trajectoire souvent incompréhensible de « bas » en « haut » – khâgne, etc. –, et à la difficulté de changer de parcours en cours de route. Il est vrai que les parcours britanniques sont souvent bien plus difficiles pour la classe ouvrière et les minorités. Si Emmanuel Macron semble conscient de ce gaspillage de talents, il y a très peu de mouvement. Depuis la Grande-Bretagne, cela traduit une sclérose du système français, dont découlent des scléroses en série.

Depuis 1940, Charles de Gaulle suscite un culte bien plus fort que celui de Winston Churchill (récemment traité de colonialiste raciste au College qui porte son nom, ce qui a provoqué très peu de remous). Chaque président semble vouloir l'imiter. On a relevé, en Grande-Bretagne, que le président Macron, dont le chien s'appelle Jupiter, avait assumé des propos gaulliens très tôt dans son mandat. Comme le général, il a voulu être au-dessus de la mêlée, mais il a été « *mugged by reality* » (« rattrapé par la réalité »). Depuis l'épisode des Gilets jaunes, il ressemble beaucoup plus à Jacques Chirac. En 2003, des millions de manifestants avaient apprécié son refus de la guerre en Irak et sa fermeté face à Washington. Voilà un leader « européen » qui valait le coup ! Mais nous craignons que Macron ne soit pas de Gaulle, et que Johnson ne soit pas Churchill, même s'il a écrit un livre à son sujet.

Quant au couple franco-allemand, il nous semble moins fort que pendant la Guerre froide, même si nul ne le reconnaît explicitement. Mais la France a besoin de le maintenir à tout prix. Les différences technologiques, l'attitude face à l'État – les Allemands sont plus libéraux –, le poids de l'histoire, tout est difficile. De Gaulle avait défini les années 1960, et le gaullisme les années 1970 et 1980. Depuis 1990, comme l'a reconnu François Mitterrand, ce n'est plus possible. Alors jouer un gaullisme « nouveau » comporte des risques. Les États-Unis de Biden s'attacheront probablement plus à Berlin qu'à Paris, mais Macron a l'avantage pendant un ou deux ans, avec la relève de la garde à l'Union chrétienne-démocrate d'Allemagne (CDU).

Sur la politique de sécurité, la France nous semble beaucoup plus à l'aise avec les Britanniques qu'avec les Allemands, très réticents quand il est question d'interventions musclées. La France et la Grande-Bretagne sont les seules nations européennes qui collaborent au Conseil de sécurité de l'ONU, elles figurent parmi les rares nations nucléaires et, surtout, ont les moyens d'agir. Toutes deux gardent beaucoup d'influence au Moyen-

Orient, ce qu'illustre *Le Bureau des légendes* (série très appréciée en Grande-Bretagne !).

Sur les océans, seuls les Américains et les Britanniques ont des porte-avions, parmi les nations sur lesquelles la France peut compter. Et les histoires bilatérales des années 1990 en Afrique (qui expliquent en partie les tragédies au Rwanda et en République démocratique du Congo [RDC]) appartiennent au passé (même si le Rwanda continue à hanter la France). Il n'est pas vrai que la France *et* la Grande-Bretagne ensemble ne comptent plus, elles disposent des forces armées les plus redoutables de tous les pays européens et démocratiques. Ainsi, les choses ne devraient pas changer en matière de sécurité. La France et la Grande-Bretagne partagent les mêmes mers, les mêmes problèmes de terrorisme, des problèmes postcoloniaux similaires. Elles partagent beaucoup sur le front du renseignement et la Grande-Bretagne fait partie des « *5 eyes* » (États-Unis, Grande-Bretagne, Canada, Australie, Nouvelle-Zélande). L'exclure des projets de satellites européens était stupide.

Il faut créer de nouveaux mythes

Je ne peux pas conclure sans mentionner le livre récent de l'ex-ambassadrice française à Londres, Madame Sylvie Bermann, *Goodbye Britannia*. Selon elle, les dirigeants politiques britanniques ont menti sur toute la ligne au sujet du Brexit, surtout Johnson ; les Brexiters sont convaincus que la Grande-Bretagne a gagné la guerre (et que les Européens ne l'ont pas compris), les Britanniques n'ont jamais été envahis depuis 1066, et l'UE porte atteinte à notre souveraineté, etc. Ce n'est pas faux, et les pro-UE en Grande-Bretagne en conviennent. L'historien Alan Milward a démontré que l'UE redoublait et renforçait la souveraineté nationale, comme les Allemands et les Français l'ont compris depuis longtemps. Ensemble, nous sommes plus forts économiquement. C'est probablement la vérité pour la plupart des cosmopolites londoniens, issus de la London School of Economics, d'Oxbridge, de St. Andrews. Même Johnson semblait le croire quand il était maire de Londres.

Mais la Grande-Bretagne a longtemps eu des désaccords profonds avec l'idée même d'« Europe ». Depuis un moment, la gauche britannique (et française !) est de plus en plus anti-néolibérale. Ces deux gauches ont été convaincues par l'économiste Yanis Varoufakis (université d'Essex) que la Grèce avait été malmenée par une UE impitoyable, pour les besoins d'une austérité vite oubliée pour les « Grands », après la Covid.

Beaucoup de Français et de Britanniques ne pensent pas que l'UE soit démocratique. C'est un argument communément partagé par la population hors des grandes villes, alors que, depuis les années 1980, les dirigeants de l'Union prônent une économie « globale », au-dessus des voix du *demos*.

Ironie des ironies, c'est la Grande-Bretagne qui menait ce mouvement. Mais le Brexit prouve que le *demos* existe. Les pêcheurs de Bretagne et de Plymouth ont beaucoup plus en commun qu'avec les ressortissants de Saint-Germain ou Aix-en-Provence. Ils sont nos Gilets jaunes. Il ne s'agit pas d'un dialogue capitaliste « rationnel », mais de « qui gouverne ? », la question la plus importante en science politique. Les Français seraient-ils en désaccord si on leur posait la même question ? J'en doute.

Quelles solutions ? Une réintégration « fonctionnaliste », argument bien britannique (souligné par Guillaume Devin), acceptée par les fondateurs de la CE des années 1950, dont Jean Monnet. Une Europe « à deux vitesses » ? Tous les Britanniques ne s'accordent pas sur la citoyenneté européenne, mais pourquoi ne pas la proposer à celles et ceux qui en veulent, à titre « honoraire » ? Les symboles ont plus de sens que l'« acquis communautaire », dont la plupart des Britanniques (et des Français) se soucient peu. Il faut créer de nouveaux mythes, si l'on veut contrer ceux relevés par Madame l'Ambassadrice. À l'heure qu'il est, j'ignore comment.

Comment la France se voit, comment le monde la perçoit

Akram Belkaïd
Journaliste au *Monde diplomatique* et chroniqueur au *Quotidien d'Oran*

L'image de soi est rarement en conformité avec la vision qu'en ont les autres. C'est particulièrement frappant dans le cas de la France qui, dans bien des domaines, continue de se voir comme un exemple à suivre par le reste du monde. La question de la laïcité en est une bonne illustration. Il ne s'agit pas ici de louer ou de critiquer le modèle français de séparation de l'État et des religions. Mais il est intéressant de relever que, dans le discours politique comme dans la production intellectuelle, il est rare que l'on reconnaisse en France qu'il s'agit d'abord et avant tout d'une exception difficilement adaptable ailleurs, et pas simplement dans le monde musulman. Il suffit d'examiner les cas allemand, anglais ou états-unien pour s'en rendre compte.

Se poser en exemple à suivre

Or le postulat implicite sur lequel reposent nombre de discours sur la laïcité, qu'elle soit « de combat » – comprendre plus radicale que celle qui fut pensée au début du XXe siècle – ou plus apaisée, est que ce modèle constitue, ou devrait constituer, un aboutissement parfait dans la répartition des rôles au sein de n'importe quelle société. Voilà pourquoi les dirigeants français réagissent si mal aux articles critiques du *New York Times* ou du *Washington Post* à propos des polémiques récurrentes sur l'islam en France. Pour eux, l'éditorialiste américain qui s'indigne des velléités d'interdire le voile dans l'espace public devrait refréner ses critiques et se rendre compte que cette séparation intransigeante pourrait même faire du bien à son propre pays.

Cette vision française offre une belle opportunité à qui veut courtiser les cercles de décision parisiens ou les milieux littéraires germanopratins. Au début des années 1990, l'homme politique algérien Saïd Saadi fit sensation en prônant l'application de la laïcité à la française. Dans son pays, ce fut, au mieux, une source d'incompréhension, au pire, une volée d'anathèmes et de menaces diverses. La violence des réactions traduisait certes la montée de l'intégrisme, mais elle montrait aussi le caractère exogène d'un tel concept dans une société imprégnée de religiosité au quotidien. En France, à l'inverse, ce fut un concert de louanges. « Laïque », cet homme politique, dont on ne saurait ici contester la sincérité de l'engagement pour la démocratie, apparut pour nombre d'observateurs et d'officiels comme ce qui pouvait arriver de mieux pour l'Algérie.

Autre exemple : en avril 2011, alors que les révoltes arabes battaient leur plein, des rebelles libyens dépêchés par leur camp à Paris pour y obtenir de l'aide militaire contre le régime de feu Mouammar Kadhafi n'hésitèrent pas à prétendre que leur programme politique prévoyait d'instaurer un régime laïque. Pour qui connaît cette société, une telle affirmation relève d'une aimable plaisanterie ou, si l'on veut être indulgent, d'un engagement sur le très long terme. L'effet médiatique fut en partie obtenu et la cause des rebelles vit son capital sympathie augmenter et qu'importe si, par la suite, une partie de ces insurgés a rejoint le camp islamiste.

Autre certitude française en décalage avec le réel : la France serait la patrie universelle des droits de l'homme. Certes, l'héritage des Lumières et de la Révolution française ne saurait être négligé. Que l'on soit à Rabat, Bogotá ou Kuala Lumpur, ce passé prestigieux continue à faire référence, notamment grâce aux enseignements académiques ou, ici et là, à une tradition francophile des élites. Mais qu'en est-il de la réalité contemporaine ? La France, patrie des droits de l'homme ? Qui y croit vraiment hors de ses frontières ?

Sa place de troisième exportateur mondial d'armements, son soutien à des régimes dictatoriaux dans le monde arabe et en Afrique subsaharienne brouillent cette image fantasmée. Bien sûr, la France n'est pas plus critiquée sur ce sujet que la Grande-Bretagne ou les États-Unis. Elle l'est même moins, du fait de sa moindre participation – exception qui confirme néanmoins la règle – à l'invasion de l'Irak en 2003 par les États-Unis et leurs alliés. Mais, en 2021, les ventes d'armes à l'Arabie saoudite, engagée dans un conflit meurtrier au Yémen, ne passent pas, surtout à l'heure où l'administration Biden retire son soutien à Riyad dans cette guerre. De même, la défense militaire systématique de régimes africains autocratiques, comme cela a été le cas au Tchad, discrédite cette revendication d'exemplarité.

Une image qui se dégrade

Son actualité intérieure contribue aussi à dégrader l'image de la France. À l'automne 2018, les images des violences policières exercées contre le mouvement des Gilets jaunes ont fait le tour du monde et ont été très commentées. Dans de nombreux pays autoritaristes, cela sert même d'argument pour justifier la violence contre des manifestants pour peu qu'elle paraisse moins importante que ce qui s'est passé dans l'Hexagone. Ainsi, en Algérie, le régime, critiqué pour sa répression contre le Hirak (le mouvement de protestation populaire pacifique) a beau jeu de répéter que celle-ci est bien moins violente que ce que les manifestants français ont subi entre 2018 et l'extinction du mouvement, à l'été 2019.

À bien des égards, on a l'impression que seule la France ignore que la vision la plus partagée dans le monde est que les pays scandinaves sont les plus démocratiques et les plus enclins à défendre les droits de l'homme. La décision du Danemark, en 2021, de renvoyer les migrants syriens chez eux n'a pas encore altéré cette perception. Et quand, en juin 2021, l'organisation Reporters sans frontières publie son classement annuel en matière de liberté de la presse, où le trio de tête est régulièrement constitué par la Norvège, la Finlande et la Suède et que la France ne figure qu'en 34e position, cela ne provoque aucun débat majeur, comme si une excellence « intrinsèque » en matière de respect et de promotion des droits de l'homme excusait un tel rang.

Ces considérations amènent une autre réflexion. Membre permanent du Conseil de sécurité, détentrice de l'arme nucléaire, la France se voit comme une puissance militaire de premier plan. Ses interventions en Afrique (Libye, Mali, Tchad, Centrafrique, Côte d'Ivoire) mais aussi au Proche-Orient (Syrie, Liban, Irak) ou en Asie (Afghanistan) prouvent sa capacité de projection, mais aussi l'efficacité de ses forces armées. Dans le monde, la réalité de cette puissance militaire ne fait aucun doute, même si personne ne discutera la prééminence des États-Unis, de la Chine ou même de la Russie. Mais cette perception commence à être érodée par le blocage de la situation au Mali. Certes, l'armée française n'y subit pas de déroute, et les éliminations de plusieurs chefs djihadistes constituent de vrais succès. Mais l'enlisement qui guette ses troupes, la persistance de la menace islamiste et l'absence de progrès politiques sur la scène malienne alimentent, notamment en Afrique et dans le monde arabe, le récit d'une défaite française préjudiciable à son rang de grande puissance.

Enfin, il est un domaine où la France ne semble guère revendiquer une place de choix alors qu'elle y excelle. Malgré la limite de ses moyens financiers, en mathématiques, sciences expérimentales, recherche fondamentale, ce pays tient la dragée haute à ses concurrents. Pourtant, la France ne se voit guère en nation scientifique de premier plan.

Les auteurs

Frédéric Amiel — Chercheur, coordinateur général des Amis de la Terre France, il a coécrit avec Marie-Laure Guislain, *Le néolibéralisme va-t-il mourir ? Et comment faire pour que ça aille plus vite*, L'Atelier, Ivry-sur-Seine, 2020.

Yves Aubin de La Messuzière — Ancien ambassadeur.

René Backmann — Journaliste, chroniqueur de politique internationale à Mediapart.

Bertrand Badie — Sciences Po Paris.

Dominique Bari — Journaliste.

Denis Bauchard — Conseiller spécial Moyen-Orient, IFRI (Institut français des relations internationales).

Akram Belkaïd — Journaliste au *Monde diplomatique* et chroniqueur au *Quotidien d'Oran*.

Karim Émile Bitar — Directeur de l'Institut de sciences politiques de l'université Saint-Joseph de Beyrouth, directeur de *L'ENA hors les murs* et chercheur associé à l'Institut de relations internationales et stratégiques (IRIS).

Pierre Buhler — Ancien ambassadeur de France, à Singapour et en Pologne, ancien président de l'Institut français, chargé d'enseignement à Sciences Po.

Jean-Pierre Chevènement — Membre honoraire du Parlement, ancien ministre.

Yves Doutriaux — Conseiller d'État, ancien ministre plénipotentiaire.

Aymeric Elluin — Chargé de plaidoyer armes à Amnesty International France.

Marc Endeweld — Journaliste indépendant, il collabore à *La Tribune*, au *Monde diplomatique*, à *Vanity Fair* et au *Canard enchaîné*.

Adrien Estève	Chercheur postdoctoral au Centre de recherches internationales (Ceri) de Sciences Po.
Robert Frank	Historien, spécialiste de l'Europe et des relations internationales.
Jean de Gliniasty	Directeur de recherche à l'IRIS (Institut de relations internationales et stratégiques), auteur de *Petite Histoire des relations franco-russes*, L'Inventaire, Paris, 2021.
Philip S. Golub	Professeur, Université américaine de Paris (AUP).
Pierre Grosser	Sciences Po Paris.
Christian Lequesne	Politiste, spécialiste de l'Union européenne, Sciences Po-Ceri (Centre d'études et de recherches internationales).
Aude Leroy	Grand reporter à Europe 1, spécialiste des questions de défense et de sécurité
Agnès Levallois	Maîtresse de recherche à la Fondation pour la recherche stratégique (FRS), vice-présidente de l'iReMMO, chargée de cours à Sciences Po.
Chloé Maurel	Docteure en histoire, chercheuse partenaire SIRICE (université Sorbonne Paris-IV-Paris-I).
Carlos R. S. Milani	Politiste et professeur de relations internationales, Institut d'études sociales et politiques de l'université d'État de Rio de Janeiro.
Fanny Pigeaud	Journaliste, collabore notamment à Mediapart sur des sujets liés à l'actualité du contient africain.
Alain Ruscio	Historien, spécialiste de l'histoire coloniale.
Georges-Henri Soutou	Historien, membre de l'Institut de France.
Hans Stark	Professeur de civilisation allemande à Sorbonne Université.
Maurice Vaïsse	Professeur émérite des universités (Sciences Po), spécialiste de la politique étrangère et militaire de la France.
Dominique Vidal	Journaliste et historien, auteur de nombreux ouvrages sur le Proche-Orient.
Aurélie Vittot	Cheffe de bureau à l'Institut des hautes études de défense nationale (IHEDN), enseignant à Sciences Po Paris.
Andrew Williams	Professeur de relations internationales à l'université de St. Andrews, Écosse.
Francis Wurtz	Ancien député européen (1979-2009) et président de la Gauche unitaire européenne verte nordique (1999-2009), préside le

Conseil de l'Institut d'études européennes (Paris-VIII).

Olivier Zajec Professeur en science politique, université Jean-Moulin-Lyon-III, directeur de l'Institut d'études de stratégie et de défense (IESD).

CPI
FIRMIN-DIDOT
27650 Mesnil-sur-l'Estrée

Composition Facompo, Lisieux.
Achevé d'imprimer par CPI Firmin Didot
à Mesnil-sur-l'Estrée en août 2021.
Dépôt légal : août 2021
Numéro d'imprimeur : 165519
Imprimé en France